Das Geheimnis der neuen Führungskräfte

Harsha Gramminger

Das Geheimnis der neuen Führungskräfte

Leistungsstarke Teams mit dem Triple-L-Leadership-Konzept

Harsha Gramminger
Köln, Deutschland

ISBN 978-3-658-37418-1   ISBN 978-3-658-37419-8 (eBook)
https://doi.org/10.1007/978-3-658-37419-8

Die Deutsche Nationalbibliothek verzeichnet diese Publikation in der Deutschen Nationalbibliografie; detaillierte bibliografische Daten sind im Internet über http://dnb.d-nb.de abrufbar.

Springer
© Der/die Herausgeber bzw. der/die Autor(en), exklusiv lizenziert an Springer Fachmedien Wiesbaden GmbH, ein Teil von Springer Nature 2022
Das Werk einschließlich aller seiner Teile ist urheberrechtlich geschützt. Jede Verwertung, die nicht ausdrücklich vom Urheberrechtsgesetz zugelassen ist, bedarf der vorherigen Zustimmung des Verlags. Das gilt insbesondere für Vervielfältigungen, Bearbeitungen, Übersetzungen, Mikroverfilmungen und die Einspeicherung und Verarbeitung in elektronischen Systemen.
Die Wiedergabe von allgemein beschreibenden Bezeichnungen, Marken, Unternehmensnamen etc. in diesem Werk bedeutet nicht, dass diese frei durch jedermann benutzt werden dürfen. Die Berechtigung zur Benutzung unterliegt, auch ohne gesonderten Hinweis hierzu, den Regeln des Markenrechts. Die Rechte des jeweiligen Zeicheninhabers sind zu beachten.
Der Verlag, die Autoren und die Herausgeber gehen davon aus, dass die Angaben und Informationen in diesem Werk zum Zeitpunkt der Veröffentlichung vollständig und korrekt sind. Weder der Verlag, noch die Autoren oder die Herausgeber übernehmen, ausdrücklich oder implizit, Gewähr für den Inhalt des Werkes, etwaige Fehler oder Äußerungen. Der Verlag bleibt im Hinblick auf geografische Zuordnungen und Gebietsbezeichnungen in veröffentlichten Karten und Institutionsadressen neutral.

Umschlagillustration: Dr. Dorothee Knell 2022, München und Palma de Mallorca

Lektorat/Planung: Manuela Eckstein
Springer ist ein Imprint der eingetragenen Gesellschaft Springer Fachmedien Wiesbaden GmbH und ist ein Teil von Springer Nature.
Die Anschrift der Gesellschaft ist: Abraham-Lincoln-Str. 46, 65189 Wiesbaden, Germany

Geleitwort: Harshas Buch Triple-L-Leadership-Konzept

Zeiten des Umbruchs führen gewohnte Pfade oft in eine Sackgasse und verlangen nach einer neuen Orientierung. Welche neuen Impulse das sein können und wie erfolgreich oder gar erfüllend diese sein könnten, darüber gibt es viele Meinungen. Oft hört man, dass man seine Komfortzone verlassen sollte, dass man auf seine innere Stimme hören und ganz neu anfangen sollte. Gefühlt gibt es tausende Ratschläge und ebenso viele Bücher, die bei dieser Orientierungssuche helfen wollen.
Und nun gibt es noch eins: Das Triple-L-Leadership Konzept.

Mit Recht fragt sich der interessierte Leser, warum soll er denn genau dieses Buch lesen und nicht eines der vielen anderen?

Ein Blick auf die Autorin kann hier weiterhelfen:

Frau Dr. med. Harsha Gramminger war und ist Sportlerin, Ingenieurin, Ärztin, Unternehmerin, Coach, Speakerin, Unternehmensberaterin, Mutter und multikultureller praxisbezogener Überzeugungstäter aus Leidenschaft.

Ihr Lebensmotto lautet: *In einem gesunden Körper ruht ein gesunder Geist.*

Diese facettenreiche Persönlichkeit birgt nicht nur einen reichhaltigen Schatz an Lebenserfahrung in sich, sondern entwickelt Lösungsansätze aus einem einzigartigen ganzheitlichen Blickwinkel.

Unser Leben ist komplexer geworden und so gibt es nicht nur den einen Lösungsansatz auf drängende Zeitfragen, sondern es gilt eine Vielzahl an Stellschrauben zu justieren, bis das gewünschte Ziel erreicht werden kann.

Alles beginnt bei einem selbst. Nur wer sich selbst kennt – wie der Volksmund sagt – wer mit sich im Reinen ist, der ist in der Lage neue Strukturen und Freiräume zu erkennen, diese umzusetzen und zu füllen. Wer sich kennt, erkennt auch sein Gegenüber und ist offen für Andersartigkeit und für neue Wege.

Erfahren Sie in diesem Buch mehr über die drei Menschen- und Führungstypen.

Was zeichnet den **Kreativen** aus, warum benötigt er an seiner Seite den **Erhalter** und in welchem Umfeld vollbringt der **Macher** wahre Wunder?

Was ist eigentlich die Psycho-mentale Ausrichtung und warum sollten erfolgreiche UnternehmerInnen diese kennen?

Und weil Frau Dr. Gramminger einen ganzheitlichen Ansatz pflegt gehören **Ernährung** – Du bist, was Du isst -, **Sport** – Sitzen, das neue Rauchen – und **Entspannung** zur erfolgreichen Umsetzung des Triple-L-Leadership-Konzeptes.

Ich wünsche Ihnen viel Freude und reichhaltige neue Orientierungsanreize beim Lesen dieser kurzweiligen Lektüre, aber vor allem wünsche ich Ihnen:

Lust, Leidenschaft und noch mehr Lebenskraft!

Herzlichst

Ihr

Hermann Scherer
Bestsellerautor, Speaker

Danksagung

An der Entstehung eines Buches sind immer auch die verschiedensten „Helferlein" beteiligt. Beim vorliegenden Buch möchte ich allen voran Mirjam Saeger erwähnen, die mir immer beratend zur Seite stand, wenn ich einen Knoten im Hirn hatte und die Worte nicht weiterfließen wollten.

Heike Fuckert, hat ihre Expertise genutzt, um mit mir ihre Erfahrungen aus ihrer Tätigkeit in den mittleren und höheren Führungsetagen zu teilen.

Mein Bruder Uwe Gramminger war mein liebster Kritiker und Grammatik-Profi.

Manuela Eckstein vom Verlag Springer Gabler hat dem Buch nicht nur den professionellen Ratgeber-Touch gegeben, sondern ist auch für die Entstehung dieses Buches mit verantwortlich.

Meine Freundin und Künstlerin Dorothee Knell hat die Skizze fürs Cover geliefert.

Die klaren Darstellungen der Menschentypen stammen aus der Feder von Eva Strobel.

Herzlichen Dank Ihnen/Euch allen, für die fantastische Zusammenarbeit!
Harsha Gramminger
Köln, im April 2022

Warum und für wen dieses Buch?

Dieses Buch richtet sich an Führungskräfte, Abteilungsleiter und Vorstände, an Menschen mit Entscheidungsbefugnissen und Personalverantwortung, die bemerkt haben, dass ihre Führungskompetenzen und -qualitäten noch nicht völlig ausgereift oder erschöpft sind. Menschen, die wissen, dass sich etwas ändern muss. Die merken, dass es so, wie es bisher gelaufen ist, nicht weitergehen kann. Die einen weiteren Schritt auf der Karriereleiter erklimmen möchten und ihr Team weiterentwickeln wollen. Menschen, die vielleicht in ihrem Job Anzeichen bemerken, dass ihnen bald ein Quereinsteiger vor die Nase gesetzt wird und die deshalb up-to-date sein möchten. In der heutigen Zeit müssen Manager flexibel sein, sonst sind sie weg vom Fenster. Viele Unternehmen werden schließen müssen, letztendlich manche auch aufgrund von Corona. Wer heutzutage als Mensch und als Unternehmen nicht flexibel ist, spielt bald nicht mehr mit auf der Bühne des Arbeitslebens.

Dieses Buch wendet sich aber auch an die Teammitglieder solcher Führungskräfte, die ihren Vorgesetzten einen sanften Wink mit dem Zaunpfahl verpassen wollen. Wenn Sie beispielsweise ein Teammitglied sind und Ihre Meetings von einem stark hierarchischen Führungsstil geprägt sind, keiner dem anderen zuhört und Sie selber nicht zu Wort kommen, wäre es doch eine Idee, Ihrem Teamleiter dieses Buch zukommen zu lassen mit den Worten: „Ich bin neugierig, wie Sie dieses Buch finden, denn ich habe es mit Interesse gelesen."

Wenn Sie dieses Buch gelesen haben, dann wissen Sie mehr über sich selbst. Sie wissen, wie Sie ticken und können sich selbst besser akzeptieren. Wer sich selbst besser akzeptieren und erkennen kann, ist auch in der Lage, seinem Gegenüber die Möglichkeit zu geben, sich zu erkennen und zu akzeptieren. Das Ziel des Umgangs miteinander ist besseres Verständnis. Sie haben nach der Lektüre dieses Buches Verständnis für die Andersartigkeit anderer Menschen und wissen, wie Sie damit zukünftig umgehen können. Sie wissen, wie

Sie das Potenzial Ihrer MitarbeiterInnen besser nutzen können und die Größe anderer Menschen ohne Angst zulassen können.

Begrenzen Sie nicht länger Ihre Führungsqualität und sich selbst, indem Sie zulassen, dass Ihnen Ängste und alte Glaubenssätze in Richtung Weiterentwicklung und Veränderung im Weg stehen. Haben Sie keine Angst davor, sich und Ihr Leben zum Positiven zu verändern, indem Sie Glaubenssätze loslassen. Der Stau in Ihrer Lebenskraft, der sich gebildet hat, darf und muss gelöst werden. Dieser Prozess der Ablösung kann erst einmal Angst verursachen, schließlich wollen Sie nicht unbedingt Ihr gesamtes Leben verändern. Bei der Beschäftigung mit alten Glaubenssätzen kommt es aber häufig dazu, dass viele Dinge infrage gestellt werden. Leben Sie überhaupt im richtigen Land? Haben Sie den richtigen Job? Befinden Sie sich in der richtigen Familienkonstellation? Wenn bei diesen Fragen schon Widerstand gegen die möglichen Antworten und die damit einhergehende, mögliche Weiterentwicklung entsteht, dann bitte keine Sorge, das ist völlig normal. Sollten Sie an irgendeiner Stelle in diesem Buch einen solchen Widerstand spüren, dann legen Sie das Buch entweder weg oder überspringen die betreffende Stelle. Vielleicht erinnern Sie sich zu einem späteren Zeitpunkt wieder an die Inhalte, wenn Sie bereit dafür sind.

Vielleicht wurde Ihnen dieses Buch geschenkt oder irgendetwas hat Sie unbewusst zum Titel hingezogen. Jetzt, beim Lesen der ersten Zeilen, denken Sie aber: Ich brauche keine Beratung, bei mir ist alles okay. Sie wundern sich, warum Ihre Familie, Ihre Freunde oder Ihre Kollegen Ihnen „helfen" möchten, denn es geht Ihnen gut. Sie fragen sich sogar im Gegenteil: Was wollen die alle von mir? Mir geht´s prima, vielleicht brauchen eher die Anderen Hilfe! Dann betrachten Sie dieses Buch gerne als Nachschlagewerk. Nutzen Sie die Inhalte immer dann, wenn Sie bereit dafür sind. Der richtige Moment wird kommen. Hier ein Beispiel aus meiner eigenen Geschichte dafür, dass der richtige Zeitpunkt nicht immer planbar ist und auch, dass unsere Weiterentwicklung nicht immer dort zu finden ist, wo wir sie suchen.

Die aktualisierte Version des Buches finden Sie unter:
https://doi.org/10.1007/978-3-658-37419-8

Inhaltsverzeichnis

1 Das Triple-L-Konzept . . . 1
1.1 Vital Leadership und Triple L . . . 3
1.2 Die WG . . . 4
1.3 Generationenkonflikte . . . 6
1.4 Blinde Flecken und Weiterentwicklung . . . 7

2 Jeder tickt anders – erkennen Sie sich selbst! . . . 9
2.1 Energie und Menschentypen . . . 10
2.2 Wahrnehmung – gut oder schlecht? . . . 11

3 Typologie und Veränderung . . . 13
3.1 What's in for you? Fünf gute Gründe für Veränderung . . . 15
3.2 Bereitschaft zur Veränderung . . . 17
   3.2.1 Was Unzufriedenheit mit uns macht . . . 17
   3.2.2 Wozu wohlfühlen im Unternehmen? . . . 19
   3.2.3 Wagen Sie das Experiment . . . 22
3.3 Start in die Veränderung . . . 24
   3.3.1 Entwickeln Sie ein Verständnis für sich selbst . . . 25
   3.3.2 Überdenken Sie Strukturen und schaffen Sie Freiräume . . . 27
   3.3.3 Nehmen Sie sich Start-ups zum Vorbild . . . 28

4 Wege zum Gegenüber – die Menschentypen 29
4.1 Nehmen Sie ein persönliches Screening vor 32
4.2 Erkennen Sie Ihr Gegenüber 33
4.3 Öffnen Sie sich für Andersartigkeit 36
4.4 Denken Sie daran: Anders ist gut 38

5 Das Triple-L-Konzept in der Praxis 41
5.1 Beispiel: Meeting in der Getränkeindustrie 42
5.2 Wie Sie lustvoll leben, die Sinne nutzen und Ihre Wahrnehmung stärken 46
5.3 Beispiel: Meeting in der Bekleidungsbranche 55

6 Die drei Menschentypen im Detail 61
6.1 Erkennen Sie den Kreativen 62
    6.1.1 Körperliche Merkmale 62
    6.1.2 Ihre Stärken als Führungstyp 63
    6.1.3 Daran sollten Sie im Umgang mit sich und anderen denken 63
    6.1.4 Was Ihnen gut tut und was Sie brauchen, um sich wohl zu fühlen 64
    6.1.5 Tipps für den Alltag 66
    6.1.6 Meditation 68
    6.1.7 Achtsamkeitsübungen 73
    6.1.8 Wie fördern Sie den Kreativen? 74
    6.1.9 Kreative und die Zusammenarbeit mit anderen 76
6.2 Erkennen Sie den Macher 79
    6.2.1 Körperliche Merkmale 79
    6.2.2 Ihre Stärken als Führungskraft 80
    6.2.3 Daran sollten Sie im Umgang mit anderen denken 81
    6.2.4 Was Ihnen gut tut und was Sie brauchen, um sich wohl zu fühlen 81
    6.2.5 Tipps für den Alltag 84
    6.2.6 Meditation 89
    6.2.7 Achtsamkeit 93
    6.2.8 Wie fördern Sie den Macher? 94
    6.2.9 Macher und die Zusammenarbeit mit anderen 95

6.3		Erkennen Sie den Erhalter	97
	6.3.1	Körperliche Merkmale	98
	6.3.2	Ihre Stärken als Führungskraft	99
	6.3.3	Daran sollten Sie im Umgang mit anderen denken	100
	6.3.4	Was Ihnen gut tut – und was Sie brauchen, um sich wohl zu fühlen	101
	6.3.5	Tipps für den Alltag	104
	6.3.6	Meditation	110
	6.3.7	Achtsamkeit	113
	6.3.8	Wie fördern Sie den Erhalter?	113
	6.3.9	Erhalter und die Zusammenarbeit mit anderen	115
Literatur			116

7 Psycho-mentale Eigenschaften — 119

7.1		Das Zusammenspiel.........?????	121
7.2		In welchem psycho-mentalen Zustand befinden Sie sich?	123
	7.2.1	Die durch das Prinzip der Klarheit agierende Führungskraft	123
	7.2.2	Die durch das Prinzip der Dynamik agierende Führungskraft	126
	7.2.3	Die durch das Prinzip der Trägheit agierende Führungskraft	128
7.3		Den psycho-mentalen Zustand besser erkennen – Beispiele	130
7.4		Einfluss der Ernährung auf das psycho-mentale Verhalten	134
7.5		Die Beziehung zwischen Führungstyp und psycho-mentalem Zustand	137
	7.5.1	Die psycho-mentalen Zustände des Kreativen	137
	7.5.2	Die psycho-mentalen Zustände des Machers	141
	7.5.3	Die psycho-mentalen Zustände des Erhalters	142
7.6		Was bringen diese Erkenntnisse Ihrem Unternehmen?	147
	7.6.1	Interpretation eines Teammeetings in der Bekleidungsbranche	148
	7.6.2	Welcher Führungstyp für welche Meetingphase?	152
	7.6.3	Wie geht es weiter?	153

8 Anleitungen und Rezepte   155
     8.1 Wechselatmung   155
     8.2 Sonnengruß   156
     8.3 Kitchari   158
     8.4 Getränke   160
     8.5 Sieben-Tage-Detox-Kur   161

Schlusswort   163

Über die Autorin

Foto: Dominik Pfau

Dr. Harsha Gramminger, ist Ärztin, Ayurveda-Spezialistin, Buchautorin und Speakerin. Seit über einem Vierteljahrhundert unterstützt sie Menschen und Organisationen dabei, gesund zu werden, wieder in ihre Mitte zu kommen und voller Lebenskraft tätig zu sein.

Harsha Gramminger studierte zunächst Industrial Engineering und startetet anschließend ein Zweitstudium der Volkswirtschaftslehre. Als sich die Möglichkeit bot, Humanmedizin zu studieren, hatte sie ihren Weg gefunden. Mit dem Doktortitel in der Tasche begann sie ihre Spezialisierung als Ayurveda-Ärztin und brachte ayurvedische Behandlungen und Produkte zunächst nach Italien und dann nach Deutschland. Da es hierzulande keinerlei Strukturen gab, wurde sie als Ärztin auch Unternehmerin und importierte Ayurvedaprodukte aus Indien – später nur noch die Rohstoffe, um die Produkte in Europa nach hiesigen Qualitätsstandards herstellen zu lassen. In der Eifel baute sie eine Ayurvedaklinik auf und bildete Ärzte und Therapeuten in der altindischen Heilkunst aus. Weil es bei neuen Ideen immer vermehrter Aufklärung bedarf, wurde sie zudem politische Botschafterin des Ayurveda bei der Europäischen Union. Zusammen mit anderen Ärzten und Therapeuten gründete sie die European Ayurveda Association (EUAA) und beriet sowohl das EU-Parlament als auch die indische Regierung bei der Kooperation.

Heute leitet Harsha Gramminger erfolgreich Workshops für Führungskräfte und begleitet UnternehmerInnen und Unternehmen in ein gesünderes und bewussteres Leben. Sie hält Vorträge zu Gesundheitsthemen und veranstaltet Bootcamps für Teams, um dynamische Prozesse in Gang zu setzen und Blockaden sowie limitierende Glaubenssätze aufzulösen. Ausgewählte Seminare und Coachings für Führungskräfte werden auch modulartig als Webinare mit Live-Calls angeboten.

In Ihrer gesamten Arbeit steht das Individuum an erster Stelle, was zur Folge hat, dass nach und nach alle Zahnräder im Unternehmen perfekt ineinandergreifen, Innovationen Gehör und praktische Umsetzung finden. **Kontakt**
Dr. Harsha Gramminger

Dr. Harsha Gramminger
VITAL LEADERSHIP

Am Kunstfeld 1
D-51069 Köln
Tel.: +49 (0) 221 60 85 89 50
Fax: +49 (0) 221 60 85 89 49
E-Mail: TripleL@harshagramminger.de
www.harshagramminger.de

Die ursprüngliche Version einiger Titelseiten wurde überarbeitet: Der Name von Herrn Hermann Scherer wurde am Ende des Geleitworts eingefügt und der Name des Fotografen Herrn Dominik Pfau wurde auf Seite XV im Abschnitt „Über die Autorin" hinzugefügt.

1

Das Triple-L-Konzept

„Triple L" – nicht schon wieder ein neues Konzept! Lean, Change, New Work: Konzepte, wie Sie Ihr Unternehmen zum Erfolg führen, dabei Ihre Mitarbeiterinnen und Mitarbeiter mitnehmen, sodass sie glücklich und zufrieden zur Arbeit kommen und sich selbst dabei nicht vergessen, schießen wie Pilze aus dem Boden. Und vermutlich haben Sie auch schon einige davon ausprobiert. Flexible Arbeitszeiten gibt es bei Ihnen schon – aber natürlich im vorgegebenen Rahmen, und vielleicht haben Sie sogar schon einen Tischkicker herumstehen, der langsam, aber sicher verstaubt. Doch trotz aller Konzepte und Mühen, trotz aller Investitionen merken Sie, dass es nicht (mehr) so richtig rund läuft in Ihrem Unternehmen. Jeder Tag bietet neue Herausforderungen, und nicht nur positive. Sie arbeiten Stunde um Stunde, leider viel zu viel. Irgendwie läuft es zwar, aber andererseits spüren Sie die Stagnation, auch wenn die Zahlen sie noch nicht ausdrücken. Ihre Ziele haben Sie zum wiederholten Male nicht erreicht, der Druck wächst. Der Gewinn fällt nicht mehr so aus wie geplant.

Ihre Probleme aus dem Job nehmen Sie mit nach Hause. Schlafstörungen und vielleicht sogar Bluthochdruck sind die Folge. Ihre Kinder und Ihren Partner[1] nehmen Sie zwar wahr, sind aber zunehmend genervt von Ihnen, schließlich versteht niemand, was genau Sie jeden Tag leisten und mit welchen Herausforderungen Sie es zu tun haben. Vielleicht hatten Sie auch schon

---

[1] Wir haben unser Bestes gegeben, um sämtliche Geschlechter in diesem Buch anzusprechen und weitestgehend genderneutrale Begriffe gewählt. Trotzdem kann es vorkommen, dass aus Gründen der besseren Lesbarkeit bei Personenbezeichnungen und personenbezogenen Substantiven ausschließlich die männliche Form verwendet wird. Entsprechende Begriffe gelten im Sinne der Gleichbehandlung aber grundsätzlich für alle Geschlechter und beinhalten keine Wertung.

vermehrt Ängste oder sogar eine Panikattacke. Sie spüren inneren Druck. Vielleicht schaffen Sie sich durch schnellen Sex ab und zu noch Erleichterung, Befriedigung ist das aber schon lange nicht mehr.

Dabei haben Sie schon so vieles ausprobiert. Team Building, Social Media und sogar Pflanzen im Büro, aber nachhaltigen Erfolg konnten Sie mit keiner der Maßnahmen erzielen. Sie haben den Eindruck, Ihr Team schleppt sich durch die Tage. Genauso wie Sie selbst auch. Stagnation an allen Fronten. Sie bemerken, dass es in Ihrem Team zu Unstimmigkeiten kommt, jeden Tag ein wenig mehr. Harmonie herrscht schon längst nicht mehr in der Abteilung, stattdessen gibt es eine Störung im System. Gesprochen haben Sie schon mit allen, nur viel herausgekommen ist dabei nicht. Sie haben in Einzelgesprächen gefragt, ob alles in Ordnung ist und nur stummes Nicken erhalten. Was sollen Sie auch sonst fragen, schließlich sind Sie kein Therapeut. Eigentlich tun Sie und Ihre Führungskräfte genau das, was sie sollen, aber sie merken trotzdem, dass irgendetwas nicht stimmt.

Es scheint, als ob alle Kanäle, sowohl körperlich als auch geistig irgendwie verstopft sind, und zwar nicht nur bei Ihnen selbst, sondern in Ihrem gesamten beruflichen Umfeld. Sie fühlen sich schon lange nicht mehr im sogenannten „Flow". Nichts fließt, überall ist Stau. Und in diesem Stau befinden Sie sich. Mittendrin. Ihr Ziel scheint in weite Ferne gerückt zu sein.

Mein Name ist Dr. Harsha Gramminger und seit über einem Vierteljahrhundert helfe ich Menschen und Organisationen dabei, gesund zu werden, wieder in ihre Mitte zu kommen und voller Lebenskraft tätig zu sein. Mit diesem Buch und meinem Triple-L-Konzept möchte ich Ihnen Wege aus dem Stau aufzeigen. Für mehr Lust, Leidenschaft und Lebenskraft. Für mehr Flow, mehr Erfolg und Vitalität – eben ganzheitliches Vital Leadership. Was ich darunter verstehe?

Nun, stellen Sie sich vor, Sie können alle verstopften Kanäle, egal ob in Ihrem Körper, Geist oder auch Unternehmen wieder richtiggehend freipusten! Sämtliche Systeme werden von Stauungen befreit. Von der kleinsten Zelle Ihres Körpers bis hin zu Ihren äußeren Lebensumständen kommen Sie mit dem Triple-L-Konzept wieder in Ihre Lebensfreude. Sie befreien sich mental von sämtlichen Schlacken, die sich angesammelt haben und fühlen – und leben – täglich Ihre ganz persönliche Lebenskraft. Sie gewinnen durch körperliche Optimierung mehr Lust an allem, was Sie täglich tun. Sie wenden das Triple-L-Konzept für mehr Lust, Leidenschaft und Lebenskraft nicht nur für sich selbst, sondern auch positiv in Ihrem Umfeld an und entdecken, welcher Menschentyp Sie sind. Hierdurch erfahren Sie, wie Sie auch bei anderen erkennen können, mit welchem Menschentypen Sie es zu tun haben.

Bei diesem Traum muss es nicht bleiben. Denn mit dem Triple-L-Konzept lernen Sie, wie Sie ohne jahrelange Therapie mit Extremsituationen besser umgehen können. Sie erkennen, an welcher Stelle es besser ist, sich Hilfe zu holen. Sie entdecken Ihr Wachstumspotenzial und lernen sich selbst kennen. Durch das Triple-L-Konzept in diesem Buch erhalten Sie Werkzeuge an die Hand, die Sie langfristig dabei unterstützen werden, Ihr Leben, sei es im Job oder im Privaten, so zu leben, wie Sie es sich wünschen. Die Umsetzung des Triple-L-Konzepts führt zu einem Führungsstil, der mehr ist als nur ein weiteres Konzept. Einem Führungsstil, der Sie selbst und Ihr Umfeld als das wahrnimmt, was Sie sind: Menschen mit unterschiedlichsten Herausforderungen und Bedürfnissen.

Durch meine jahrzehntelange Erfahrung in der Begleitung von Menschen und Organisationen möchte ich Ihnen in diesem Buch neue Wege aufzeigen. Wege, die Ihnen vielleicht auf den ersten Blick etwas ungewohnt scheinen. Als Ayurveda-Spezialistin lade ich Sie ein, sich diesem Ungewohnten zu öffnen, denn ich möchte Sie mitnehmen auf eine Reise zu sich selbst. Sich selbst zu erkennen ist die Basis von Vital Leadership.

1.1 Vital Leadership und Triple L

Unsere Wirtschaft braucht gesunde und vitale Führungskräfte. Das Triple-L-Konzept unterstützt Sie dabei, genau diese Vitalität zu erlangen – durch die drei L: Lust, Leidenschaft und Lebenskraft. Wie wäre es, wenn Sie jeden Tag energiegeladen und motiviert Ihre Arbeit angehen? Wenn Sie aus voller Kraft kreativ und produktiv sein könnten? Mit dem Triple-L-Konzept erreichen Sie genau das. Es hilft Ihnen zu verstehen, welcher Führungstypus Sie sind und was Sie tun müssen, damit Sie (wieder) gesund und vital werden. Mit einem besseren Verständnis Ihrer geistigen, emotionalen und körperlichen Eigenschaften kreieren Sie die besten Arbeitsbedingungen für sich, Ihre Führungskräfte und Ihre Teams. Beim Triple-L-Konzept geht es darum Lust, Leidenschaft und Lebenskraft in die Führungsetagen der Unternehmen zu bringen.

Sie fragen sich jetzt sicher, wie sie (wieder) Lust auf ihre unternehmerische Tätigkeit entwickeln können? Wie Sie zurückkommen zu dem Gefühl, das Sie vielleicht in den Anfangszeiten Ihrer Tätigkeit hatten? Sie waren voller Elan, Zuversicht und Energie? Ich werde ihnen erläutern, wie Sie z. B. Ihre Sinne schulen können, damit Sie mehr Genuss in Ihr Leben und damit mehr Lust auf sämtliche Ihrer Unternehmungen bekommen. Wie Sie Ihre innere Offenheit wieder neu nutzen und Ihre fünf Sinne im Laufe des Unternehmeralltags einsetzen. Sie werden erfahren, wie Sie immer wieder Ihr persönliches

Wohlbefinden erlangen und positiver gestimmt sind. Das bildet die Voraussetzung für innovative Entwicklungen.

Das zweite „L" steht für Leidenschaft. Mit Leidenschaft können Sie Berge versetzen. Ihr innerer Motor lässt Sie nicht mehr müde werden, Sie brennen vor Leidenschaft, solange, bis die Idee umgesetzt ist. Doch es ist kein Ausbrennen, denn wenn Sie Ihre Leidenschaft spüren, gibt es weder Stress noch Burnout, sondern Sie werden von Ihren eigenen, vom Körper ausgeschütteten, Endorphinen getragen.

Das dritte magische „L" steht für Lebenskraft. Wenn Sie als Führungskraft in Ihrem „Saft" stehen, sozusagen vor Kraft strotzen, weil Sie sich selber gesundheitlich optimiert haben und fit bis in die Zehenspitzen sind, werden Sie einen klaren Verstand haben, der keine Müdigkeit zeigt, sondern in jeder Lage klar beurteilt.

1.2 Die WG

Ein kurzer Blick zurück: Als Studentin, ich war Mitte zwanzig, wohnte ich in einer wunderbaren WG. Es war eine Edel-WG in einer Villa am Stadtrand von Hamburg. Berufstätige und Studenten wohnten und lebten zusammen, und wir hatten ein angenehmes Miteinander. Häufig setzten wir uns zusammen und sprachen über unsere Bedürfnisse, unsere Sorgen und Nöte und natürlich über den lästigen Wochenplan. Aus irgendeinem Grund hatte ich von Anfang an den Eindruck, meine Mitbewohner würden mich angreifen. Mir wurde vorgeworfen, ich würde mich nicht so richtig auf alles „einlassen", sondern stattdessen meine Gefühle und meine Meinung nicht offen aussprechen. Bei jedem Gespräch kam das Thema wieder auf den Tisch. Ich dachte mir damals nur: „Was haben die ständig? Ich bin doch hier! Ich rede doch!" Ich konnte nicht verstehen, was meine Mitbewohner für ein Problem mit mir hatten. Sie waren dabei sehr liebevoll und geduldig mit mir, trotzdem sperrte sich etwas in mir dagegen, mich völlig zu öffnen. Ich war okay, so wie ich war – alle anderen hatten meiner Meinung nach zu viel Zeit, um ihr Leben ständig zu analysieren. Ich wollte meine Ruhe, und so verhielt ich mich letztendlich auch, ich isolierte mich und nahm immer seltener an den Gesprächsrunden teil.

Im Haus wohnten auch Therapeuten, und wir führten regelmäßig Meditationen und auch Gruppenprozesse durch. Einige Meditationen, die wir ausprobierten, hatten einen sehr körperlichen, dynamischen Anteil. Meine Mitbewohner hatten immer viel „rauszulassen". Unterdrückte Gefühle aus der Kindheit, alte Verletzungen, alles kam bei ihnen hoch. Teilweise ekstatische

Bewegungen und manchmal auch eine Art Urschrei waren die Folge. Bei mir liefen diese Prozesse ruhig und beherrscht ab, bei mir war schließlich alles in Ordnung. Ich spürte keinen Drang, wild herumzuhüpfen, zu schreien oder mich zu verändern, stattdessen fand ich, dass die anderen irgendwie psychisch gestört waren. Irgendwann, eines schönen Tages, fuhr ich in meinem dunkelblauen VW Käfer auf einer Landstraße, als auf einmal ein mächtiger Brüller aus meinem tiefsten Inneren herauskam. Der Brüller wollte gar nicht enden und war erschreckend laut. Einfach so, aus dem nichts. Morgens, nach einem wie immer „nervigen" Gespräch mit meinen Mitbewohnern hatte ich noch eine extreme Enge im Brustbereich gespürt. Wieder einmal fühlte ich mich eingeschränkt von den ewigen Gesprächen, die aus meiner Sicht doch zu nichts führten.

Erschrocken lenkte ich mein Auto auf den Standstreifen, öffnete die Tür und atmete tief durch. Ich war wie befreit, als ob ein Korken sich aus einer Sektflasche gelöst hätte. Ich lachte, ich heulte, ich schrie. Glücklicherweise war die Landstraße nur wenig befahren. Nach einiger Zeit, als ich mich beruhigt und etwas innegehalten hatte, konnte ich weiterfahren. Auf einmal erkannte ich, dass der gesamte Widerstand tatsächlich nur in mir gelegen hatte! Alle hatten es gut mit mir gemeint. Es waren liebe Menschen, die mir nur helfen wollten. Mir schien es fast so, als ob durch den Schrei eine schützende Schicht, die sich um mein Herz und meine Emotionen gelegt hatte, mit einem Mal aufgebrochen war. Ich hatte mich von einem Moment auf den anderen verändert, mein Schutzwall war zerbrochen. Vorher war ich immer die „Coole" gewesen, nichts konnte mich schocken, denn ich stand mit beiden Beinen fest im Leben – „Gesäusel", das war nichts für mich. Auf einmal jedoch hatte ich Zugang zu meinen Gefühlen.

Nicht nur zu meinen eigenen, sondern auch zu denen der anderen. Ich fühlte, spürte, liebte, lebte! Es war befreiend und wunderbar. Ich hatte wieder Zugang zu meiner Lust, Leidenschaft und Lebenskraft erhalten. Alte Glaubenssätze, wie zum Beispiel: Du musst stark sein. Stell dich nicht so an, die ich tief verwurzelt in meinem Unterbewusstsein getragen hatte, hatten begonnen, sich aufzulösen. Die komplette Auflösung des engen Korsetts, in das ich mich begeben hatte, dauerte ab diesem Zeitpunkt noch einige weitere Jahre, da ich doch einiges aufzuarbeiten hatte. Als ältestes von elf Kindern hatte ich schon früh die Führungsrolle inne, musste stark sein und durfte keine Schwäche zeigen. Wie sehr mich diese Glaubenssätze aus der Kindheit aber noch als junge Erwachsene beeinflusst hatten, das war mir bis zum meinem Befreiungsschrei nicht bewusst gewesen.

Was hat das nun mit Ihnen und Ihrem Unternehmen zu tun? Keine Sorge, ich möchte nicht, dass Sie sofort rechts heranfahren, alles hinter sich lassen und sich mit einem Urschrei befreien. Mit meiner Geschichte möchte ich Ihnen aber Mut machen, sich für Neues zu öffnen. Denn Lust, Leidenschaft und Lebenskraft gibt es nicht im Schonwaschgang und schon gar nicht in alten Strukturen.

1.3 Generationenkonflikte

Vielen Führungskräften der alten Generation, die noch im autoritären Führungsstil verhaftet sind, geht es heute noch ähnlich wie mir damals. Sie tragen einen Panzer um ihr Herz und ihre Gefühle. Sie sind es gewohnt, Befehle zu geben. Emotionen sind im Business aus ihrer Sicht fehl am Platz. Sie kapseln sich ab. Der Leitsatz „An der Spitze ist es einsam" ist ihr täglicher Beweis dafür, wie es in der Abteilung zu laufen hat. Isolation ist meist die Folge. Die Führungskräfte trauen sich nicht, den Chef, der nicht zugänglich ist, aus seiner Reserve zu locken, zu groß ist ihre Angst vor Konsequenzen.

Dabei ist es insbesondere für Manager, nicht nur aus der alten Garde, enorm wichtig, sich zu öffnen. Sicher beschäftigen auch Sie sich ausgiebig mit rationalen Dingen. Zahlen, Daten und Fakten sind essenzielle Grundlagen für das Wachstum Ihres Unternehmens. Für diese Aufgaben benötigen Sie hauptsächlich Ihre linke Gehirnhälfte, die logisch und rational denkt. Lust müssen Sie dazu vermeintlich gar nicht haben. Aber, und dazu möchte ich Sie ermuntern, die Nutzung beider Gehirnhälften wird dazu führen, dass nicht nur Sie Ihr gesamtes Potenzial sehen und ausleben können, sondern auch dazu, dass Sie das Potenzial der Menschen um sich herum entdecken. Jeder von uns kann vom rein intuitiven Denken auch zum instinktiven Denken wechseln. Nur damit entfaltet sich die individuelle Kreativität jedes Einzelnen. Werden Sie zur integrierten, leidenschaftlichen Führungspersönlichkeit, die als solche von den Menschen um Sie herum angenommen wird und die nicht nur durch Autorität führt, sondern durch Wirkung und Vorbild.

In diesem Buch geht es nicht um Zahlen, Daten und Fakten. Sie wissen sicherlich genau, wie Sie den Umsatz Ihres Unternehmens optimieren können. In diesem Buch geht es darum, was noch möglich sein kann, wenn Sie Ihre Intuition nutzen und zulassen. Die Magie des Lebens passiert, wenn sowohl die planerische, linke Gehirnhälfte, als auch die gefühlsorientierte, rechte Gehirnhälfte zusammenarbeiten. Wenn Lust, Leidenschaft und Lebenskraft in Balance sind. Geben Sie dieser Magie eine Chance und Raum zur Entwicklung.

1.4 Blinde Flecken und Weiterentwicklung

Viele Vorgesetzte, vielleicht auch Sie, haben sogenannte „blinde Flecken" in manchen Bereichen, sei es im Privaten oder im Beruflichen. Beide Gehirnhälften arbeiten längst nicht so zusammen, wie sie sollten. Jetzt sagen Sie vielleicht: „Ich? Nein, auf keinen Fall. Ich weiß genau, was in meinem Gehirn, meiner Familie, meiner Abteilung oder meinem Unternehmen vor sich geht." Ist das wirklich so? Lassen Sie mich Ihnen dazu eine kleine Geschichte erzählen, wie unsere Wahrnehmung uns manchmal einen Streich spielen kann.

Als junge Ärztin hatte ich ein wunderbares Team um mich herum. Wir arbeiteten fleißig, waren kreativ und erfolgreich. Neben meiner Tätigkeit als behandelnde Ärztin leitete ich eine Akademie und auch der Online-Vertrieb einer ergänzenden Produktreihe lag in meiner Verantwortung. Nachdem alle Prozesse etabliert waren und alles genauso lief, wie ich es mir vorgestellt hatte, beschloss ich, mich aus dem Team zurückzuziehen. Die Mitarbeiter wussten genau, was sie wann zu tun hatten, sie brauchten mich vermeintlich nicht mehr. Ich zog mich zurück, um mein eigenes Ding zu machen, ich hatte neue Ideen, die ausgearbeitet und umgesetzt werden wollten. Körperlich war ich zwar noch präsent, geistig hatte ich mich aber abgekapselt.

Durch dieses Verhalten hatte ich die Nabelschnur zu meinem Team unwissentlich gekappt. Die Leistung des Teams fiel ab und Überforderung machte sich breit. Meine rationale Seite konnte nicht verstehen, woran der Leistungsabfall lag, schließlich hatten die Mitarbeiter alles, was sie brauchten. Sie waren geschult für ihre Aufgaben und der Arbeitsaufwand hielt sich absolut im Rahmen.

Was ich damals nicht verstanden habe, war, dass meine MitarbeiterInnen meine Aufmerksamkeit brauchten, um ihren Job richtig gut zu machen und nicht nur „Dienst nach Vorschrift". Durch meinen Rückzug fühlten sie sich nicht mehr wertgeschätzt und auch der tägliche Input, die geistige Nahrung, die ich vorher mit meinen teils verrückten und unkonventionellen Ideen geliefert hatte, fehlten ihnen. Es dauerte einige Zeit, bis ich begriff, dass meine geistige und körperliche Anwesenheit wichtig für die Menschen in meinem Team gewesen war. Ich selbst kannte dieses Bedürfnis nicht von mir, ich war mir immer selbst genug gewesen und immer schon eine sehr autarke Person. Ohne Probleme hätte ich auf einer einsamen Berghütte oder auch auf einer Insel leben können. Aber – so war es nicht für mein Team.

Jeder Typ Mensch ist anders. Manche brauchen mehr Lob als andere, manche wünschen sich, dass sie und ihre Arbeit explizit gesehen und anerkannt werden. Manche sind Herdentiere und brauchen Menschen um sich herum, um sich wohlzufühlen.

Aus dieser Situation durfte ich lernen, dass ich, obwohl ich der Meinung gewesen war, über alles „Bescheid zu wissen", trotzdem einen dicken, blinden Fleck hatte. Ich durfte lernen, dass jeder Mensch anders tickt und niemand genauso ist wie ich. Nach einiger Zeit ergriff ich also Maßnahmen zur Verbesserung der Stimmung im Team. Es gab wieder mehr gemeinsame Meetings, mehr physische Präsenz meinerseits, und ich sorgte dafür, dass sämtliche Informationen und auch die Energie sowohl von mir zum Team als auch in die andere Richtung frei fließen konnten. Über gemeinsame Meditationen, Ausbildungen und Kurse wurden meine MitarbeiterInnen in ihrem Sein bestärkt. In kürzester Zeit verbesserte sich damit das Klima – und auch unser Output. Lust an der Arbeit, Leidenschaft im Entwickeln von neuen Konzepten und Lebenskraft waren in mein Team zurückgekehrt.

Um an Ihren blinden Flecken zu arbeiten, dürfen Sie sich selbst erkennen. Sie selbst sind die Basis für Vital Leadership – mit Lust, Leidenschaft und Lebenskraft.

2

Jeder tickt anders – erkennen Sie sich selbst!

Vielleicht haben Sie sich schon einmal gefragt, warum manche Menschen Dinge anders angehen als Sie selbst. Wenn Sie dieses Buch gelesen haben, dann werden Sie verstehen, warum es Menschen gibt, die schon morgens um sieben Uhr zur Höchstform auflaufen, dafür aber um drei Uhr nachmittags nach Hause möchten. Andere trödeln dafür morgens im Büro und erreichen ihren Leistungszenit erst ab dem späten Nachmittag. Mit den Tipps und Hinweisen aus diesem Buch schärfen Sie Ihren Blick dafür, welche Menschentypen wann am leistungsfähigsten sind, und können Ihr Team entsprechend aufstellen. Denn jeder Menschentyp sollte seinen Rhythmus leben, um optimale Leistungen zu erbringen.

Wenn Sie die Tipps in diesem Buch berücksichtigen, werden Sie feststellen, dass das Gefüge in Ihrer Abteilung oder Ihrem Unternehmen besser und harmonischer wird. Das Arbeitsklima verbessert sich. Auch ihre MitarbeiterInnen und Führungskräfte werden mehr Verständnis füreinander und für die unterschiedlichen Persönlichkeitstypen haben. Verständnis alleine ist zwar schon gut, doch dieses Verständnis bietet noch weitere Vorteile. Es ist wichtig für den Teamspirit. Gut funktionierende Teams sind mehr als nur berufliche Einheiten. Es sind Menschen, die gemeinsam an einem Strang ziehen, einen gemeinsamen Herzschlag haben und ihren Verstand nicht nur separat, sondern gemeinsam als großes Ganzes nutzen. Dieses Ganze ist mehr als die Summe seiner Teile. Trotzdem verlieren die Teammitglieder nicht ihre Einzigartigkeit, sondern wissen sie stattdessen mehr denn je zu schätzen. Sie ergänzen sich, fordern und fördern sich. Auch sie selbst werden sich mit

Ihren individuellen Stärken und Schwächen besser kennenlernen, und das ermöglicht Ihnen, anderen Menschen ebenfalls mehr Akzeptanz entgegenzubringen.

2.1 Energie und Menschentypen

Manche Menschen schöpfen Energie nicht aus ihrem Inneren, sondern benötigen eine äußere Zufuhr von Energie. Ich selbst bin früher davon ausgegangen, dass alle Menschen ihre Energie, genauso wie ich auch, aus ihrem Inneren schöpfen. Die Situation als junge Ärztin und Chefin belehrte mich eines Besseren.

Daher mein Tipp an Sie: Nehmen Sie jeden, so, wie er ist. Manche Menschen brauchen Kontakt zu anderen Menschen. Manche sitzen lieber allein im Büro. Es gibt kontaktfreudige Menschen, die in Gesellschaft zur Höchstform auflaufen, und andere wiederum brauchen ihre Ruhe. Menschen umzuerziehen funktioniert nur bedingt und vielleicht auch nur für eine kurze Zeit, zum Beispiel im Rahmen eines Projekts. Aber, wenn Sie dauerhaft eine gute Arbeitsatmosphäre in Ihrem Team haben möchten, dann ist es wichtig, die Andersartigkeit der Persönlichkeiten Ihrer MitarbeiterInnen zu erkennen und zu respektieren.

Vielleicht fragen Sie sich jetzt, wie Sie erkennen sollen, was für ein Typ Mensch ihr Mitarbeiter oder Ihre Führungskraft überhaupt ist. Ganz einfach: Öffnen Sie sich für Ihre Intuition. Jeder von uns hat sie, nur leider haben viele von uns verlernt, sie zu nutzen. Aber, wenn Sie offen für Neues sind, können Sie durch die Kombination beider Hirnhälften Ihre Intuition wieder aktivieren. Auf die unterschiedlichen Möglichkeiten, die es gibt, um Ihre Intuition zu fördern, gehe ich im Laufe des Buches noch ausführlich ein. Ein Mittel dazu und ein sehr guter Anfang dafür ist die Wechselatmung (*mehr dazu im Anhang*), die sie, wenn sie mögen, gerne sofort einmal ausprobieren können. Mit dieser und ähnlichen, leicht durchzuführenden Übungen gelingt es Ihnen, dass Ihre beiden Gehirnhälften wieder harmonisch zusammenarbeiten.

Auch Meditationen sind gut geeignet. Die meisten von uns stehen permanent unter Stress. Das erschwert es den beiden Hirnhälften, zusammenzuarbeiten. Meist wird bei bestimmten Aufgabenstellungen nur eine Hirnregion angesprochen. Die andere Hälfte, die für das Quäntchen Kreativität sorgen könnte, fehlt Ihnen für die Aufgabe, die zu bewältigen ist. Um beide Regionen zu synchronisieren, nehmen Sie sich zum Beispiel nachmittags etwas Zeit, um durch Bewegung und Stille im Wechsel wieder zu sich selbst zu finden. Das kann durch eine spezielle Meditation passieren, aber auch durch

Bewegung und Ruhe. Ein Waldspaziergang von zehn bis 15 Minuten ist dafür schon ausreichend. Auch Akträume oder Räume der Stille in Unternehmen sind ein sehr gutes Mittel, um wieder in den „Flow" zu kommen, und seine Mitte zu finden. Sie sind auf jeden Fall eine Überlegung wert, auch für Ihr Unternehmen.

Wenn wir angespannt sind und nicht mehr klar denken können, dann kann unsere Wahrnehmung getrübt sein. Wir nehmen nicht mehr richtig wahr, was um uns herum passiert. Wir werden „eng" und sind dadurch nicht mehr in der Lage, unserem Gegenüber offen und unvoreingenommen zu begegnen. Anstatt den Überblick über das Große und Ganze zu behalten, fokussieren wir uns zu sehr auf Einzelheiten. Um diesen Zustand zu beenden und wieder klar denken zu können, müssen wir immer zuerst die Enge und Angespanntheit, die sich in unserem Geist und vielleicht auch unserem Körper angesammelt haben, loslassen, um wieder offen für neue, kreative Ideen zu werden. Kreativität und gelebte Intuition können leicht wieder erreicht werden, wenn wir unserem Biorhythmus auch im Berufsleben folgen. Die Verbindung vom Außen mit dem Innen, dem Großen mit den Details ist sehr wichtig, um lösungsorientiert zu arbeiten.

2.2 Wahrnehmung – gut oder schlecht?

Achten Sie immer auf Ihre Wahrnehmung. Sobald Sie die Augen aufschlagen, fangen Sie an zu bewerten. Wenn Sie morgens denken, dass der Tag nur schlecht werden kann, dann ist die Wahrscheinlichkeit, dass der Tag Ihnen genau das liefert, was Sie denken, sehr hoch. Ihre Wahrnehmung beschränkt sich dann automatisch auf die Dinge, die nicht gut laufen, und so bestätigt sich Ihre Meinung. Alles läuft wie auf Autopilot. Schöne Dinge, wie den plätschernden Bach, an dem Sie vorbeilaufen, oder den Vogel, der singt, nehmen Sie gar nicht mehr wahr. Die sogenannte „selektive Wahrnehmung" hat Sie voll im Griff.

Mein Tag war früher immer dann „schlecht", wenn ich etwas mit Zahlen erledigen musste. Rechnungen schreiben oder mit dem Steuerberater sprechen waren für mich ein Graus. Ich merkte dann im Laufe des Tages, wie meine Schultern immer weiter in Richtung meiner Ohren wanderten. Die Anspannung baute sich von Minute zu Minute weiter auf, bis ich irgendwann völlig verkrampft hinter meinem Schreibtisch saß. Auf einmal wurde der Stuhl unbequem, mein Rücken tat mir weh, ich runzelte die Stirn und kniff die Augen zusammen – und alles nur, weil ich mir einredete, dass die Arbeit schrecklich ist. Wahrscheinlich kennen auch Sie solche Momente und Tätigkeiten, die Sie herausfordern.

Um in solchen Momenten wieder zu sich selbst zu finden, gibt es einige, kleinere Übungen, die Sie (fast) überall durchführen können. Ich zum Beispiel rufe gerne laut meinen Namen einige Male. Das bringt meine Aufmerksamkeit sofort wieder zu mir und ich starte mit frischem Elan in meine täglichen Herausforderungen. Einige Schritte gehen, ein Raumwechsel oder auch ein großer Schluck Wasser beleben ebenfalls. Langfristig lohnt es sich, darüber nachzudenken, ungeliebte Aufgaben zu delegieren oder sogar outzusourcen. Alles, bei dem der Outcome, also das Ergebnis, in keiner Relation zum von Ihnen eingesetzten Energieaufwand steht, sollten Sie nach Möglichkeit loslassen.

Das können nicht nur Aufgaben oder Materielles sein, sondern auch Gewohnheiten oder auch Beziehungen zu Menschen, die Ihnen nicht guttun. Vital Leadership ist nur dann möglich, wenn Sie erkennen, wer Sie selbst sind und was Ihnen guttut. Vielleicht fragen Sie sich gerade, wie Sie sich selbst erkennen sollen. Ich verrate Ihnen etwas: Ein Blick in den Spiegel reicht dazu nicht aus. Erfahren Sie in den folgenden Kapiteln mehr über die Führungstypen. Erkennen Sie sich selbst – und andere.

3

Typologie und Veränderung

Haben Sie sich auch schon einmal gefragt, woran es liegt, dass manche Menschen gut miteinander auskommen, andere wiederum gar nicht? Hätten Sie auch gerne manchmal eine „Gebrauchsanleitung" für Ihre MitarbeiterInnen und Führungskräfte? Nun, eine allgemeingültige Gebrauchsanleitung kann auch dieses Buch Ihnen nicht liefern – aber ich versorge Sie definitiv mit hilfreichen Hinweisen, mit denen es Ihnen gelingen kann, Ihre MitarbeiterInnen und Führungskräfte anhand einer ganz besonderen Typologie etwas besser zu verstehen.

Natürlich ist Ihnen grundsätzlich schon bewusst, dass es unterschiedliche „Typen" von Menschen gibt. Häufig erkennen Sie deren Unterschiedlichkeit schon an körperlichen Merkmalen, meist aber auch sehr gut daran, wie sich jeder verhält. Lassen Sie uns daher einen Blick auf zwei der unterschiedlichen Führungstypen werfen. Der „Erhalter" arbeitet schon einige Jahre für Ihr Unternehmen. Leider hat er eine Unart. Jeden Morgen kommt er zu spät! Er schafft es nicht, pünktlich um 8:00 Uhr im Unternehmen zu erscheinen. Sie hatten schon mehrere Gespräche wegen des Zuspätkommens, leider jedoch nur mit kurzfristigem Erfolg. Der Erhalter ist etwas fülliger, friert im Winter leicht, bewegt sich gemächlich und er leistet gute und qualitativ beständige Arbeit. Er ist genau, liebenswert und ein sozialer Mensch. Häufig ist er noch spät abends im Büro, um seine Aufgaben sorgfältig zu erledigen. Daher haben Sie bisher von Maßnahmen wegen seines zu späten Erscheinens abgesehen

Der „Kreative" hingegen ist schon voll im Flow, wenn der Erhalter das Büro gegen 09:30 Uhr betritt. Der Kreative kommt morgens um 07:00 Uhr ins Büro, fröhlich pfeifend und im Sauseschritt. Alle seine Bewegungen sind schnell. Er ist schlank und häufig etwas fahrig und schludrig. Dafür ist er kreativ und immer der Erste, der neue Vorschläge macht. Der Kreative braucht um 09:30 Uhr schon eine Pause, da er bereits seit zwei Stunden Vollgas gibt.

Wenn der Erhalter gegen 09:30 Uhr das Büro betritt, ist der Kreative schon sauer. Er braucht dringend Unterlagen vom Erhalter, die er nicht finden konnte, und außerdem ist um 10:00 Uhr ein Meeting, für das er noch Input von ihm benötigt. Der Erhalter versteht den ganzen Stress nicht und holt sich erst einmal in Ruhe einen Kaffee vom Kaffeeautomaten.

Und, haben Sie einige Ihrer MitarbeiterInnen in den beiden Typen Erhalter und Kreativer wiedererkannt? Natürlich führt es zu Konflikten, wenn zwei so unterschiedliche Menschen eng zusammenarbeiten. Aber, jeder Mensch – und damit auch jeder Führungstyp – hat seine wunderbaren Seiten und seine Macken und jeder von ihnen hat seine Daseinsberechtigung. Konflikte zwischen den unterschiedlichen Typen lassen sich vermeiden, wenn es gelingt, das Verständnis für das Verhalten des anderen zu wecken und die Arbeit entsprechend einzuteilen. Anstatt den Fokus auf die Dinge zu legen, die die beiden aneinander nicht gut finden, lenken Sie den Fokus auf die positiven Aspekte der Zusammenarbeit. Der beständige Erhalter kann ein Ruhepol für den quirligen Kreativen sein, und der Kreative kann dem manchmal etwas lethargischen Erhalter durch seinen Elan aus dem Mittagstief holen. Auch aus zwei so unterschiedlichen Menschen kann ein sehr gut funktionierendes Team werden, das sich gegenseitig nährt und belebt, unterstützt und ergänzt. Der Vollständigkeit halber erwähne ich hier noch kurz den „Macher", mehr zu diesem Typen gibt es später noch.

Aber, wie geht man es an, Lust, Leidenschaft und Lebenskraft bei so unterschiedlichen Führungstypen zu wecken? Wichtig ist hierfür zuerst einmal die Analyse (Näheres zu den Führungstypen s. Abschn. 5.2 und 5.3 sowie unter www.harshagramminger.de. Für eine umfassende Analyse eignen sich Gruppenprozesse, zum Beispiel ein gemeinsames Seminar, in dem jeder erfährt, welcher Führungstyp er ist und worauf er achten sollte, um seine optimale Leistungsfähigkeit zu erlangen und zu erhalten.

Doch warum sollten Sie sich mit Führungstypen beschäftigen, wo Ihr Tag doch sowieso schon so voll ist? Zwar ist „Change" in aller Munde, doch was dabei vergessen wird, sind meist die Menschen im Unternehmen. Und genau darum geht es in diesem Buch – um Sie und um Ihre Mitarbeiterinnen und Mitarbeiter.

3.1 What's in for you? Fünf gute Gründe für Veränderung

Jegliche Veränderung bedeutet zuerst Aufregung, ein Verlassen der eigenen Komfortzone und vielleicht auch für einige Zeit Sand im Getriebe. Aber wenn Sie und Ihre MitarbeiterInnen sich auf umfassende Veränderungsprozesse einlassen, gewinnen Sie so viel mehr für Ihr Unternehmen als die Summe aller Teile:

1. **Mehr Flexibilität:** Wenn Sie im heutigen, volatilen Markt bestehen möchten, ist es wichtig, dass Ihr Unternehmen flexibel auf die Marktbedürfnisse und tägliche Veränderungen reagieren kann. Wenn aber die internen Strukturen in Ihrem Unternehmen oder Ihren Abteilungen schon durch Nebenkriegsschauplätze zwischen Ihren Mitarbeiterinnen und Mitarbeitern verhärtet sind, dann können Sie nicht mehr flexibel agieren. Stellen Sie sich vor, Ihr Unternehmen ist ein Baum, beispielsweise eine Weide, die sich im Wind biegt. Sie geht flexibel mit, anstatt dem Wind zu trotzen und passt sich den Umweltbedingungen an. Ihr Unternehmen kann aber auch durch jahrelange, verhärtete Strukturen wie ein alter, starrer Baum sein, der beim ersten Sturm brechen wird oder sogar entwurzelt. Betrachten Sie Ihre MitarbeiterInnen und Ihre Strukturen daher lieber als ein flexibles, lebendiges Gebilde. Je nach Situation und Erfordernissen bilden Sie projektgebundene Teams, die sich mit den Herausforderungen flexibel mitbewegen. Nach Projektende bleiben diese Strukturen nicht starr im Unternehmen erhalten, sondern lösen sich auf, um dann bei einer neuen Aufgabe wieder bedarfsgerecht zusammenzufinden. Wenn in solchen flexiblen Strukturen auch noch alle Beteiligten gut miteinander kommunizieren, dann können Entscheidungen schnell getroffen und sämtliche Herausforderungen optimal gemeistert werden. Das Covid19-Virus ist hierfür ein gutes Beispiel. Unternehmen, die weiterhin an ihren starren Strukturen festgehalten haben, konnten nicht schnell und flexibel genug auf die neuen Gegebenheiten, wie zum Beispiel Tätigkeit im Home-Office oder vermehrt online stattfindende Videokonferenzen reagieren. Andere Firmen fanden sich zügig in Projektteams zusammen, um die Herausforderungen gemeinsam zu lösen.
2. **Höhere Wettbewerbsfähigkeit:** Mit einem gut aufgestellten Team in einer anpassungsfähigen Struktur sind Sie immer am Puls der Zeit und müssen keine Angst vor Veränderungen haben, da Sie wissen, dass Ihr Team mitzieht. Alle fühlen sich wohl, denn jedes Teammitglied hat die Möglichkeit,

sich gemäß seiner physiologischen und psycho-mentalen Fähigkeiten auszuleben und gesund zu erhalten, manche durch mehr an Bewegung, andere durch mehr Stille. Eventuell haben Sie sogar für das leibliche Wohl gut vorgesorgt durch eine Kantine mit biologischer und vegetarischer Kost. Mehr Leichtigkeit auch in diesem Bereich sorgt gut für alle. Statt Kartoffelpüree mit Bratensauce gibt es etwas Leichtes, Anregendes, Gesundes. Zuviel Fett und Zucker sorgen nur für das allseits bekannte „Suppenkoma". Wie sollen in einem trägen Körper frische Ideen entstehen? Unterschätzen Sie nicht, welch enormes Potenzial in den beiden Faktoren Ernährung und Bewegung liegt (mehr dazu in Kap. 7).

3. **Verminderter Krankenstand:** Durch typgerechte Unternehmensführung vermeiden Sie psychische Probleme, Burnout oder Depressionen und beugen langfristigen Erkrankungen wie Diabetes und Bluthochdruck vor. MitarbeiterInnen, die sich wohlfühlen, bleiben länger fit – geistig und körperlich.

4. **Mehr Identifikation:** Vermehrte Identifikation mit Ihrem Unternehmen führt zu verminderter Fluktuation. Dadurch lassen sich eventuell sogar Prozesse verschlanken. Das bedeutet im Umkehrschluss nicht, dass Sie Leute entlassen müssen, sondern im Gegenteil, Sie schaffen Kapazitäten für andere Prozesse und neue Ideen.

5. **Mehr Lebensfreude:** Vielleicht fragen Sie sich jetzt „Was habe ich mit der Lebensfreude meiner MitarbeiterInnen zu tun?" Stellen Sie sich vor, was mit einem Menschen passiert, der sich jeden Tag für seinen Job verstellen und verbiegen muss. Der vielleicht kein Morgenmensch ist, dafür aber jeden Tag um 07:30 Uhr im Büro antanzen soll, weil es schon frühmorgens ein Tages-Kick-off-Meeting gibt. Oder jemand, der mittags einfach zwei Stunden lang Bewegung braucht, weil ihn das fit für den Rest des Tages macht, der aber nur 30 Minuten Mittagspause hat, womöglich noch in einer schlecht beleuchteten Kantine ohne Blick nach draußen und ohne die Chance, ein paar Schritte an die frische Luft zu gehen. Oder die Mutter, die ihre Kinder um 15:00 Uhr aus der Kita holen möchte, um sie aufwachsen zu sehen, dafür aber gerne auch am Wochenende von zuhause aus in Ruhe noch Präsentationen vorbereitet, die aber stattdessen mindestens bis 17:00 Uhr arbeiten muss, weil sie fixe Kernzeiten einzuhalten hat. Wie sollen so unterschiedliche Menschen und ihre ganz individuellen Bedürfnisse in starre Strukturen, die einengend wirken wie ein Korsett, unter „einen Hut" gebracht werden?

Stellen Sie sich stattdessen vor, dass jede einzelne Person in Ihrem Unternehmen die Gelegenheit erhält, so zu arbeiten und damit so zu sein, wie sie wirklich ist. Mit all ihren Stärken und Schwächen, Macken und Vorzügen. Wenn alle den Bedürfnissen ihres Körpers folgen könnten, und das ohne schlechtes Gewissen. Wenn es die Möglichkeit gäbe, nach intensiven Arbeitswochen, die in jedem Unternehmen vorkommen, das Tempo wieder etwas herunterzufahren, um Geist und Körper zu erholen, wieder in die Mitte zu bringen und für neue Herausforderungen zu stärken. Was würden solche Möglichkeiten für Ihr Unternehmen bedeuten?

Mit Sicherheit das: Mehr Lust und Freude an der Arbeit. Mehr Leidenschaft und Engagement und mehr Ideen. Verbesserte Prozesse. Mehr Leichtigkeit. Mehr Leistungsbereitschaft durch mehr Lebenskraft und Gesundheit. Wäre das nicht zumindest einen Versuch wert?

3.2 Bereitschaft zur Veränderung

Lassen Sie uns an dieser Stelle etwas klären – und bitte, hier ist absolute Ehrlichkeit gefragt: Sind Sie überhaupt bereit, etwas zu verändern? Sich und Ihr Unternehmen zu verändern? Strukturen und Kontrolle umfassend loszulassen? An sich zu arbeiten?

Ja? Dann nehme ich Sie gerne mit auf eine Reise, eine Reise hin zur Veränderung. Denn Veränderung ist möglich, und das bis ins hohe Alter, vorausgesetzt, Menschen fühlen sich wohl und haben den Kopf frei. Das bedeutet, Sie sollten sich frei machen von Zwängen und Dingen, mit denen Sie sich nicht gerne beschäftigen. Dann haben Sie Zeit und Muße, um Neues zu lernen oder neue Ideen zu entwickeln. Unzufriedenheit ist dann Schnee von gestern.

3.2.1 Was Unzufriedenheit mit uns macht

Was können Sie nun konkret tun, wenn Ihre MitarbeiterInnen oder Führungskräfte unzufrieden sind? Aus meiner jahrelangen Erfahrung in der Zusammenarbeit mit Unternehmen weiß ich, dass viele MitarbeiterInnen sich in ihren Unternehmen unfrei fühlen, fast wie in einer Zwangsjacke. Die Stimmung innerhalb der Teams und Abteilungen ist schon längst nicht mehr harmonisch. Die Situation ist zwar noch auszuhalten, sonst hätten diese Personen schon längst die Reißleine gezogen, doch anstatt morgens mit Freude zur Arbeit zu gehen, schleppen sie sich eher ins Büro. Viele haben innerlich gekündigt, machen nur noch Dienst nach Vorschrift und haben schon längst jegliche Kreativität verloren. Gesundheitliche Probleme tun ihr Übriges dazu.

Verdauungsstörungen und Reizdarm sind nur zwei Symptome, die auftreten können. Aufgaben werden zwar erledigt, aber nur mit Widerwillen. Schon wieder die gleiche Liste? Habe ich doch letzte Woche schon erledigt. Immer ich.

Dabei sind selbst Routinearbeiten normalerweise gut zu meistern, wenn man mit Neugier und Frische an sie herangeht. Aber, Unzufriedenheit und das Gefühl, dafür kein Ventil zu haben, können jede Aufgabe zur Qual machen. Der Dienst wird zwar erledigt, aber nur schleppend. Kreativität und Output lassen nach, Stagnation macht sich breit. Die Stagnation findet sich nicht nur in den unternehmerischen Prozessen und eventuell sogar schon den Ergebnissen, sondern sie schlägt sich im Privatleben vieler MitarbeiterInnen nieder. Natürlich hat das Auswirkungen auf die Organisationsstruktur und letztendlich auf das gesamte Unternehmen. Eine Abteilung, in der die Stimmung auf dem Tiefpunkt ist, ist wie ein fauler Apfel. Über kurz oder lang werden die anderen Abteilungen infiziert, und die Fäule breitet sich im gesamten Unternehmen aus. Eine schnelle Lösung ist in solchen Situationen gefragt, sonst haben Sie ein umfassendes Problem im gesamten Unternehmen. Fehlender Umsatz, weniger Innovationen und nachlassende Kreativität sind nur einige Punkte, die aufkommen. Mit etwas Glück sind Sie jetzt noch in der Position, etwas ändern zu können.

Kreative Köpfe benötigen Freiheit statt Kontrolle, um innovativ und genial zu denken. Gibt es diese Freiheit in Ihrem Unternehmen noch? Genialität wird nachweislich unterdrückt, wenn zu viel Kontrolle herrscht. Auch Angst ist ein Kreativitätskiller. Allerdings, anstatt sich über kreative Köpfe und Ideen zu freuen und diese zu fördern, haben tatsächliche viele Unternehmenslenker Angst vor solchen Personen. Statt Ideen anzuerkennen, werden diese unterdrückt, damit nur ja niemand aus der Reihe tanzt. Mal ehrlich, haben Sie sich auch schon einmal durch die Kreativität eines Mitarbeiters bedroht gefühlt oder freuen Sie sich immer uneingeschränkt über neue Ideen? Falls Ersteres der Fall ist, ist jetzt der Zeitpunkt zu handeln. Verhindern Sie Fluktuation und Unzufriedenheit in Ihrem Unternehmen oder Ihrer Abteilung, solange Sie noch können. Achten Sie darauf, dass alle Räder in Ihren Abteilungen gut geschmiert laufen und jeder das tun kann, worin er am besten ist, und das in einer wertschätzenden Atmosphäre mit Spaß an der Arbeit. Sie können nur gewinnen.

3.2.2 Wozu wohlfühlen im Unternehmen?

Warum sollten Sie sich überhaupt darum kümmern, dass es Ihnen und Ihren Mitarbeitern im Unternehmen gut geht? Warum sollten sich alle wohlfühlen? Schließlich geht es hauptsächlich um nackte Zahlen, vielleicht kämpft auch Ihr Unternehmen schon seit Längerem ums Überleben, da bleibt wenig Zeit, sich auch noch darum Gedanken zu machen, dass alle sich wohlfühlen. *Wohlfühlen ist etwas für zuhause. Im Job wird gearbeitet.*

Berücksichtigen Sie dabei, dass die Arbeit einen großen Teil des Lebens für die meisten Menschen ausmacht. Das, womit sie sich im Job beschäftigen, hat einen großen Einfluss auf ihr ganzes Leben. Sicherlich gibt es einige Menschen, die nur arbeiten, um Geld zu verdienen, aber das ist die Minderheit. Viele schätzen an ihrem Arbeitsplatz den Austausch mit anderen, die Kreativität und die Bewältigung von Herausforderungen.

Natürlich könnten Sie, anstatt zu arbeiten, auch jeden Tag schwimmen gehen und das Leben genießen, wenn Sie genug Geld haben, um das zu finanzieren. Aber würde Ihnen dann nicht etwas fehlen? Die Verbindung zu anderen Menschen ist das Salz in der Suppe, das, was unser Leben auch lebenswert macht. Junge Menschen denken vielleicht noch etwas anders darüber. Gerade die Generation Z, die jetzt in das Arbeitsleben eintritt, hat andere Werte als noch unsere Großeltern. Trotzdem zweifle ich stark an, dass nicht auch diese Menschen, wenn sie erst einmal 40 Jahre oder älter sind, an einen ähnlichen Punkt geraten, wie Sie es vielleicht gerade sind. Ohne eine sinnvolle Beschäftigung und den Austausch mit anderen Menschen fehlt uns einfach etwas.

Durch die Beschäftigung mit anderen Personen und Themen erweitert sich der geistige Horizont – ich nenne es auch gerne Lebensraum – und letztendlich hat alles mit Selbstverwirklichung zu tun. Ohne sinnvolle Beschäftigung und Herausforderungen ist das Leben zweidimensional. Natürlich kann es auch eine Zeitlang reizvoll sein, jeden Abend mit einem Bierchen vor dem Fernseher zu sitzen. Wahrscheinlich gibt es sogar eine ganze Menge Menschen, für die das das tägliche Leben darstellt. Aber ist es das, was Sie möchten? Vermutlich nicht. Deshalb: Entdecken Sie stattdessen, wie Sie zu sich selbst und mit Ihrer ganz persönlichen Kraftquelle in Kontakt mit sich und Ihren Mitmenschen und Mitarbeitern kommen können.

Als Führungskraft oder Unternehmer sind Sie jemand, der Ideen einbringen möchte und sich mit Herausforderungen auseinandersetzt. Sie möchten Ihre Bestimmung leben. Sie müssen spüren können: *Das ist es!* Sie möchten Ihr Unternehmen nach vorne bringen. Dafür benötigen auch Sie Freiraum. Mit Einschränkungen können Sie nichts Neues kreieren. Wenn es nötig ist, arbeiten Sie Tag und Nacht an einem Projekt. Dafür möchten Sie aber auch Flexibilität in die andere Richtung. Wenn ein Auftrag oder Projekt erledigt ist und nicht so viel los ist, möchten Sie die Seele baumeln lassen und vielleicht zwei oder drei Wochen ans Meer oder in die Berge fahren. Diese Mischung aus Anspannung und Entspannung macht für Sie ein lebenswertes Leben aus. Sie geben gerne Vollgas, möchten aber im Gegenzug, dass Ihr Engagement gesehen und honoriert wird. Diese Freiheit brauchen Sie, um Bestleistungen abzurufen. Wenn diese Freiheiten permanent eingeschränkt werden, dann brennen sie aus und Frustration macht sich breit. Genau dasselbe gilt für Ihre MitarbeiterInnen und Führungskräfte. Wohlfühlen im Unternehmen, mit den eigenen Aufgaben unter Berücksichtigung individueller Bedürfnisse ist also einer der entscheidenden Faktoren für Unternehmenserfolg.

Stellen Sie sich vor, Sie und Ihre MitarbeiterInnen stehen morgens gerne auf. Sie sind frisch, ausgeruht und haben gut geschlafen. Ob das nun sechs oder acht Stunden waren, ist ganz individuell. Sie freuen sich darauf, Ihre MitarbeiterInnen und Vorstandskollegen zu sehen. Mit einem Lächeln im Gesicht, fühlen Sie sich gut und frisch für den Tag, gewappnet für alles, was kommt. Sie frühstücken – oder auch nicht – ganz, wie es Ihnen passt. Sie freuen sich, sind leistungsfähig. Ihr Verstand ist klar, Sie können sich lange Zeit konzentrieren. Kopf und Nackenschmerzen kennen Sie nicht. Ihr Körper ist Ihr Werkzeug, gut gepflegt und „top in Schuss". Emotional ausgeglichen sind Sie, weder besonders nervös noch allzu angespannt noch zu entspannt. Ruhend in sich selbst und in Ihrer Mitte sind Sie offen für alles, was kommt. Die Welt ist in Ordnung und wartet auf Sie.

Stellen Sie sich diese Situation bildlich vor, aber bitte nicht so, als ob Sie ständig wie Mona Lisa nur milde lächeln würden. Das Leben ist nicht immer in Balance, wir sind nicht ständig im Gleichgewicht. Das Leben ist Chaos. Wenn Sie aber 100 % geben und sich ausleben dürfen, dann kommen Sie auch immer wieder zurück in Ihr Gleichgewicht. Gehen Sie mit allen Sinnen hinein ins Leben! Schmecken Sie, riechen Sie, fühlen Sie. Leben Sie Ihren Rhythmus, dann sind Ausschläge nach oben oder unten nichts Schlimmes. Wut, Ärger, Trauer, Freude, Lachen, Anspannung und Entspannung – alles gehört dazu und darf gelebt werden. Gehen Sie zu 100 % – „all in". Es ist Ihr Leben, und nur Sie können ihm Inhalt und Bedeutung geben.

Unser Körper ist für ausdauernde und auch intensive körperliche Betätigung gemacht. Anstatt Beeren zu sammeln und Büffel zu jagen, sitzen wir heute aber nur noch am Schreibtisch. Das Auto erspart uns sämtliche Fußwege. Auf dem Feld arbeiten die meisten von uns schon lange nicht mehr. Wasch- und Spülmaschine nehmen uns weitere körperliche Arbeit ab. Also dürfen wir herausfinden, wie wir diese besondere Maschine Mensch, die uns durch unsere Tage und unser Leben trägt, unseren Körper, fit und gesund halten können. Durch regelmäßige Bewegung etwa gelangt mehr Sauerstoff in unseren Köper. Die Organe und damit auch unser Gehirn werden angeregt, Sie fühlen sich wacher. Die Gehirnleistung wird verbessert, Glückshormone werden ausgeschüttet. Danach sind auch Pausen wieder wichtig.

Finden Sie heraus, wie Sie am besten entspannen können oder was Ihnen am schnellsten neue Kraft und Energie gibt. Wir Menschen sind nicht dazu gebaut, den ganzen Tag am Schreibtisch zu sitzen. Finden Sie Ihre persönliche Balance zwischen geistiger und körperlicher An- und Entspannung.

Denken Sie noch mal an unseren Erhalter. Er ist sehr strukturiert, ein bisschen träge und mehr Bewegung täte ihm sehr gut. Deshalb sind für ihn abwechselnde Projekte in verschiedenen Räumen förderlich, auch gerne mal mit anderen Kollegen, das hält ihn dynamisch, regt seinen Geist an und er bleibt frisch und beweglich. Dann ist es auch in Ordnung, wenn er zwischendurch ein Stück Schokolade isst.

Besorgen Sie einem aufstrebenden jungen Erhalter also einen Spind, in dem er seine persönlichen Sachen und seine Büromaterialien verstauen kann. Dann darf der Erhalter mit diesem Spind alle paar Wochen an einen anderen Arbeitsplatz wandern. Er arbeitet ab sofort in einem beweglichen Büro. Durch die unterschiedlichen Eindrücke, die er gewinnt, wird sein Geist angeregt, er bleibt frisch und beweglich, und das nicht nur im Kopf.

Für den Kreativen hingegen wäre so ein häufiger Wechsel nicht gut. Er ist sowieso schon hibbelig und benötigt Konstanz, die ihm ein fester, immer gleicher Arbeitsplatz bietet. Er muss sich zwar geistig frei bewegen dürfen, gleichzeitig braucht er aber Ruhe, um seine kreativen Ideen dann entwickeln zu können. Zu viel Bewegung im Außen kann für ihn eine Störung bzw. zu viel Ablenkung bedeuten.

Dann gibt es noch den Macher. Er zieht Projekte durch, über denen er tagelange allein brüten kann. Wenn Sie den Macher nun in ein enges Großraumbüro setzen, dann hindern Sie ihn daran, sein volles Potenzial auszuleben, da er sich ständig ablenken lässt. Er fühlt sich am wohlsten in einem Einzelbüro, in dem er schalten und walten kann, wie er möchte und in dem seine diversen Planungstools auf dem Boden oder an den Wänden niemanden stören.

Kombinieren Sie also die Tugenden der Menschen und fokussieren Sie sich auf die wunderbaren Eigenschaften, die jeder mitbringt, anstatt, so wie wir es schon in der Schule gelernt haben, nur die Fehler oder die nervigen Dinge zu sehen.

Machen Sie sich nichts vor, der Markt ist brutal. Nichts bleibt so, wie es war. Die wirklich innovativen Unternehmen werden weiterhin bestehen. Es ist daher für uns Menschen aus meiner Sicht ein Muss, am Puls der Zeit zu agieren, ständig zu lernen und uns permanent zu verändern. Wir Menschen sind dazu gemacht, uns weiterzuentwickeln, neue Dinge aufzunehmen und umzusetzen. Wer den Kopf in den Sand steckt, wird vielleicht überrascht sein, dass sein Umfeld ein völlig anderes ist, wenn er ihn irgendwann wieder herauszieht. Veränderung lässt sich dadurch aber nicht aufhalten.

Erinnern Sie sich noch an die Versandhauskataloge von früher? Hätten diese Unternehmen weiterhin an ihren gedruckten Katalogen festgehalten, wären Sie jetzt weg vom Markt. Manche Unternehmen hat es auch getroffen, es gibt sie nicht mehr. Diejenigen, denen es vereinzelt gelungen ist, ihr Sortiment über Online-Shops zu verkaufen, bieten nun den Größen des Marktes im Online-Handel die Stirn. Wie lange noch? Das wird sich zeigen.

3.2.3 Wagen Sie das Experiment

Haben Sie Lust auf ein Experiment? Dann lassen Sie uns gemeinsam herausfinden, was Ihnen und Ihren Mitarbeitern und Führungskräften guttut. Kommen wir dafür noch einmal zurück zum Erhalter. Er möchte sich am liebsten mittags nach dem Essen zwei Stunden hinlegen. Das würde aber dafür sorgen, dass sein Kreislauf völlig herunterfährt und der Rest des Nachmittags leistungsmäßig für ihn damit „gelaufen ist". Stattdessen sollte er spazieren gehen oder sich in einem Fitnessraum ein bisschen körperlich auspowern. Die natürliche Trägheit, die in ihm steckt, wäre damit ausgetrickst und seine körperliche und mentale Kraft wiederhergestellt. Ein kleiner Kniff mit großer Wirkung.

Der kreative Kollege ist den ganzen Vormittag schon herumgelaufen, von Abteilung zu Abteilung, hat in kurzer Zeit eine Menge Aufgaben erledigt und möchte in der Mittagspause kurz Squash spielen. Das kann auch manchmal genau das Richtige für ihn sein. Doch wenn er zu hochtourig dreht, würde es ihm guttun, auch mal eine Pause einzulegen. Für ihn also wäre es eine große Herausforderung, sich 20 Minuten in einen stillen Raum zu begeben, um sich hinzulegen, beruhigende Musik zu hören und auch dranzubleiben, wenn er zunächst einmal keine Lust hat. Aber auch er wird schon nach kurzer Zeit feststellen, dass die Pause ihm guttut und er die Aufgaben des Nachmittags mit mehr Gelassenheit bewältigen kann.

Warum ist das nun ein Experiment? Wahrscheinlich werden Ihre MitarbeiterInnen anfangs nicht begeistert sein von solchen Veränderungen, vor allem, weil sie ihrem gewohnten Bewegungs- oder Ruheimpuls entgegenstehen. Wie in jedem Veränderungsprozess kann es dabei zu Widerständen kommen.

Wenn Sie selbst aber offen für Veränderungen sind und mit gutem Beispiel vorangehen, dann werden sich auch Ihre MitarbeiterInnen dafür öffnen. Vereinbaren Sie zum Start eine zweiwöchige Testphase, in der sich die MitarbeiterInnen auf das Experiment einlassen. Schon nach kurzer Zeit werden alle von den positiven Effekten profitieren. Vielleicht stellen Sie zu Beginn fest, dass die neue Verhaltensweise noch schwerfällt, aber die positiven Erfahrungen werden dazu führen, dass das Experiment glückt. Überwinden Sie die anfänglichen Widerstände mit sanftem Druck und vor allem reichlich Kommunikation über das Warum – und Sie werden die Bereicherung für Ihr gesamtes Unternehmen spüren können.

Möglicherweise regt sich in Ihnen an dieser Stelle noch etwas Widerstand. Sie fragen sich, warum Sie Ihre Mitarbeiterinnen und Mitarbeiter und erst recht sich selbst vermeintlich zu etwas zwingen sollen, was sie im ersten Moment ablehnen. Schließlich haben Sie schon häufig gehört, dass „man auf seine Intuition hören soll". Und genau das haben Sie bisher getan. Was daran ist nun auf einmal falsch? In Bezug auf unsere Verhaltensweisen kann unsere Intuition uns leider einen Streich spielen. Schädliche Verhaltensmuster, die wir allerdings intuitiv für richtig halten, entstehen leider häufig schon in unserer Kindheit. Ich erinnere mich noch gut daran, wie ich als kleines Mädchen von etwa vier Jahren völlig versunken in meinem Zimmer spielte, solange bis meine Mutter hereinkam: „Sitz nicht die ganze Zeit still herum! Bewege dich!" Aus meinem Spiel gerissen freute ich mich über die Abwechslung und fing an, wie wild im Zimmer herumzuspringen, was meine Mutter wie folgt kommentierte: „Kannst du nicht einmal für fünf Minuten stillsitzen?" An diesem Beispiel wird deutlich, dass unser Verhalten durch die Einflüsse unserer Eltern, Erzieher, ja allgemein unseres Umfelds beeinflusst wurde. So haben wir verlernt, das zu leben, was uns gerade guttut. Gelingt es uns, dieses vergessene Wissen, das in uns allen steckt, wieder zu aktivieren, dann kommen wir wieder in unsere Kraft und sind mehr bei uns.

Ein Versuch ist also definitiv lohnenswert, auch und insbesondere gegen eventuelle Widerstände. Denn unser wahres Wesen steckt in uns. Leider haben wir durch äußere Einflüsse in der Kindheit verlernt, so zu leben, wie wir wirklich sind. Ich möchte Sie mit diesem Buch dazu ermächtigen, sich selbst mit all Ihren Talenten wiederzuentdecken. Schütteln Sie beschränkende Glaubenssätze und daraus resultierende Verhaltensweisen ab! Denken Sie groß – befreit und ohne Einschränkungen – und entdecken Sie Ihre Intuition neu.

Ich empfehle in solchen Prozessen die Unterstützung durch eine neutrale, außenstehende Person. Jemanden, der nicht nur Sie, sondern auch Ihre MitarbeiterInnen und Führungskräfte mitnimmt auf den ungewohnten Weg, die neuen Prozesse erklärt und etabliert. Erste Anregungen, um den Prozess zu einem geistig und körperlich gesunden Miteinander auf den Weg zu bringen, erhalten Sie in den folgenden Kapiteln.

3.3 Start in die Veränderung

Auch in Ihrem Unternehmen gibt es den Erhalter, den Kreativen und den Macher, also die unterschiedlichsten Persönlichkeits- und Führungstypen. Jeder für sich hat individuelle Bedürfnisse, Sorgen und Ängste, aber auch wunderbare Qualitäten, die, an der richtigen Stelle eingesetzt und behutsam unterstützt, nicht nur die betreffende Person, sondern auch Ihr Unternehmen nach vorne bringen werden. Vielleicht denken Sie insgeheim, dass es kaum möglich sein wird, in einem Unternehmen oder einer Abteilung mit 50 oder 100 MitarbeiterInnen auf jeden individuell einzugehen. Wie sollen Sie jeden dort abholen, wo er oder sie wirklich steht? So viel Zeit steht Ihnen nicht zur Verfügung neben Ihrem täglichen Geschäft. Im ersten Schritt geht es aber gar nicht unbedingt darum, sofort jeden Einzelnen mitzuziehen.

Während meiner langjährigen Beratungstätigkeit in Unternehmen habe ich festgestellt, dass Veränderungsprozesse, die die Persönlichkeit und die individuelle Arbeitsweise Ihrer MitarbeiterInnen betreffen, am besten über die soziale Struktur initiiert werden. Suchen Sie also die Schlüsselpersonen Ihres Unternehmens oder Ihrer Abteilung heraus und nehmen Sie sie mit auf Ihre Reise zur Veränderung. Erläutern Sie genau, was Sie vorhaben und warum dies aus Ihrer Sicht das Unternehmen und alle Mitarbeiterinnen und Mitarbeiter voranbringen wird. Starten Sie immer bei sich selbst und nehmen Sie dann die ersten Personen mit an Bord auf dem Weg zu mehr Lust, Leidenschaft und Lebenskraft. Achten Sie bei allen Schritten auf umfassende Kommunikation. Erklären Sie, warum es zum Beispiel einen Aktivraum geben wird und wie dieser zu nutzen ist oder warum in der Kantine ab sofort leichte, gesunde Mittagsküche serviert wird, anstatt schwerer Hausmannskost. Über die von Ihnen ausgewählten Multiplikatoren wird der Veränderungsprozess so ins Unternehmen getragen.

Sollten Sie noch Zweifel haben, ob die Maßnahmen überhaupt für Ihr Unternehmen geeignet sind, empfehle ich Ihnen, mit kleineren Pilotprojekten zu starten. Setzen Sie einzelne Maßnahmen in bestimmten Abteilungen um. Kommunizieren Sie frühzeitig und holen Sie sich Unterstützer an Bord. Überprüfen Sie regelmäßig, welche Auswirkungen die durchgeführten Veränderungen haben und sprechen Sie mit den Beteiligten. Was läuft gut, was läuft schlecht? Nutzen Sie das kreative Potenzial, das in Ihrem Unternehmen schlummert und bauen Sie mit einem solchen Testprojekt Ängste und Widerstände ab.

Achten Sie bei einem solchen Projekt nicht nur auf die großen, für alle Personen deutlich sichtbaren Veränderungen, sondern unbedingt auch auf die Zwischentöne. Arbeiten die Kollegen vielleicht plötzlich anders? Gibt es mehr Zufriedenheit und ist diese spürbar? Merken Sie, dass die Lust an der Arbeit bei Ihren Mitarbeiterinnen und Mitarbeitern zugenommen hat? Oder verringert sich der Krankenstand? Haben Sie den Eindruck, in Ihrem Unternehmen herrscht wieder ein Mehr an Lebenskraft? Arbeiten alle leidenschaftlich an neuen Projekten, Prozessen oder mit mehr Elan an alltäglichen Aufgaben? Sobald eine Maßnahme sich als erfolgreich herausgestellt hat, übertragen Sie die Erkenntnisse auf weitere Abteilungen.

Ich erinnere mich noch gut an eine Maßnahme bei einem Energieversorger. Dort sollten Achtsamkeitsübungen zuerst innerhalb der Führungsebene eingeführt werden. Es begann mit barfußgehen in der Mittagspause, vegetarischem Essen und auch Yoga. Manager ohne Schuhe? Eine zuerst für alle kaum zu fassende Vorstellung. Doch nach einigen Widerständen und anfänglich sehr großer Skepsis sämtlicher Beteiligter haben sich die Maßnahmen hervorragend etabliert. Niemand stört sich heute mehr daran, dass Meetings barfuß in der Natur abgehalten werden, während es statt der üblichen Meeting-Kekse frische, gesunde Kost gibt und vor Arbeitsbeginn für die MitarbeiterInnen kostenfreie Yoga-Stunden angeboten werden. Der Krankenstand des Unternehmens hat sich seitdem signifikant verringert und auch die Fluktuation, insbesondere in der Führungsebene, hat abgenommen. Im Unternehmen herrscht eine familiäre, gelöste Atmosphäre. Wie klingt das für Sie? Wäre das nicht einen Versuch wert?

3.3.1 Entwickeln Sie ein Verständnis für sich selbst

Wichtig ist, dass jede Veränderung mit Ihnen beginnt. Wenn Sie in der Lage sind, sich selbst gut einzuschätzen, sowohl im Inneren als auch im Außen, dann sind Sie auch in der Lage, mit nur kleinen Veränderungen eine Optimierung Ihres geistigen oder gesundheitlichen Zustands zu erreichen. Sie wissen, mit welchen Veränderungswerkzeugen Sie zu einem besseren Selbst werden. Ihnen ist klar, wie Sie sich in jeder Situation zufriedener fühlen können und beeinflussen bewusst Ihre mentale und körperliche Gesundheit. Mit dem Triple-L-Konzept werden alle Aspekte Ihres Seins berücksichtigt. Das Leben besteht nicht nur aus Zahlen, Daten und Fakten. Geist und Körper lassen sich nicht isoliert voneinander betrachten. Sie haben selbst in der Hand, wie Sie sich fühlen möchten und auch, wie Sie leben und arbeiten wollen.

Berücksichtigen Sie bei allen Veränderungen unbedingt die Unterschiede innerhalb verschiedener Generationen. Vor allem junge Menschen möchten nicht mehr den ganzen Tag im Unternehmen sein. Sie möchten ihre Familie mit einbeziehen. Väter möchten ihre Kinder aufwachsen sehen – und das nicht mehr nur am Wochenende. Freiheit und Selbstbestimmung sind hierfür der Schlüssel. Flexible Handhabung von Arbeits- und Pausenzeiten sind ein Anfang dafür, dass Menschen zufriedener werden. Männer und Frauen emanzipieren sich immer mehr. Männer gehen in Elternzeit, während ihre Frauen Lust haben, Karriere zu machen. Traditionelle Modelle haben mehr und mehr ausgedient. Beziehungen finden auf Augenhöhe statt. Die Integration der Arbeitsstelle in die Lebensplanung ist dabei ein wichtiger Faktor.

Wenn für alle Generationen der Job mehr bietet als nur regelmäßige Bezahlung, sondern vielleicht auch die Möglichkeit, Beruf und Familie durch firmeninterne Betreuung besser zu vereinbaren, dann sind Sie mit Ihrem Unternehmen auf dem Weg in Richtung „New Work", also in ein selbstbestimmtes Arbeiten. Bieten Sie Ihren Mitarbeitern und Führungskräften Freiheiten und Extras an: einen Kita-Platz, regelmäßige Massagen und eine gesunde Kantine sind ein Anfang. Dann entscheiden sich qualifizierte Menschen auch leichter dafür, an Ihrer Vision mitzuarbeiten.

Geld ist für viele Menschen heute nicht mehr der Haupttreiber. Zufriedenheit am Arbeitsplatz ist stattdessen gefragt. Mehr Teamwork und besseres Miteinander auf Augenhöhe lösen alte, hierarchische Strukturen ab. Selbstbestimmtes, flexibles Arbeiten führt dazu, dass MitarbeiterInnen nicht mehr zwischen Beruf und Privatleben trennen müssen. Menschen sind integrierte Persönlichkeiten, denn eine ständige Entscheidung, wie man wo zu „sein" hat, macht Menschen krank. Sorgen Sie stattdessen für eine Atmosphäre, in der jeder jederzeit so sein kann, wie er oder sie wirklich ist. Offen und direkt. Das ist der Trend und dahin geht die Zukunft.

Apropos Typ – kennen Sie eigentlich Robert Geiss und seine Frau Carmen? Echte Typen, ob man sie nun mag oder nicht. Die beiden Unternehmer leben ihr Leben voller Lust, Leidenschaft und Lebenskraft und lassen andere in der Soap *Die Geissens – Eine schrecklich glamouröse Familie* an ihrem Leben teilhaben. Egal ob sie in ihrem Privatjet herumfliegen, was Klimaaktivisten auf den Plan ruft, ihre eigene Modemarke bevorzugt selbst präsentieren oder sogar ihre beiden Töchter im Fernsehen zeigen – Carmen und Robert Geiss sind alles außer gewöhnlich. Warum ich die beiden an dieser Stelle erwähne? Viele Menschen möchten Ihre Bestimmung leben. Ein Sabbatical machen oder ihre Kinder aufwachsen sehen. Sie möchten an spannenden Projekten arbeiten und dafür alles geben. Für jeden ist Platz da und jeder sollte sich frei entscheiden können, wie er arbeiten und leben möchte, egal ob er nun Robert

Geiss heißt oder Franz Müller. Vielleicht möchte einer Ihrer Mitarbeiter lieber etwas weniger Geld verdienen und dafür nur sechs Stunden arbeiten, um den Nachmittag mit seiner Familie zu verbringen oder sich in einem anderen Bereich zu verwirklichen. Andere Menschen möchten Vollgas geben und möchten Vorreiter der Branche sein, sie arbeiten vielleicht projektbezogen und dafür mehrere Monate auch mehr als acht Stunden täglich. Dafür gibt es danach einen Ruhemonat. Die Einzigartigkeit und die individuellen Bedürfnisse und Wünsche jedes Einzelnen sind absolut wichtig für zukünftige Arbeitsmodelle. Seien Sie Vorreiter! Das Triple-L-Leadership-Konzept mit dem Blick auf die Führungstypen und deren optimalen Strukturen unterstützt Sie dabei.

3.3.2 Überdenken Sie Strukturen und schaffen Sie Freiräume

Was verstehen Sie unter Strukturen? Ist es die zeitliche Struktur, symbolisiert durch Stechuhr und Akkordarbeit? Pünktlich um 08:00 Uhr wird eingestempelt und kurz vor fünf bildet sich schon wieder eine Schlange vor der Stempeluhr, um 17:00 Uhr nicht zu verpassen? Ausstempeln, fertig – Feierabend? Dieses Bild entspricht natürlich nicht dem Ist-Zustand mittelständischer Betriebe auf der Führungsebene. Aber es ist dennoch in manchen Berufen wichtig, eine gewisse Struktur zu haben. Menschen, die in der Fertigungsebene arbeiten und deren Beruf wenig Raum für Kreativität bietet (das Lenkrad eines Autos sollte doch immer an die gleiche Stelle), können nicht signifikant von Schicht- und Arbeitsplänen abweichen. Aber feste Strukturen sind aus meiner Sicht in Berufen, in denen Kreativität und Ideenreichtum gefragt sind, nicht (mehr) sinnvoll.

Stellen Sie sich einmal Folgendes vor: Der Buchhalter, vielleicht ist er ein Kreativer, bucht schon den ganzen Vormittag die Eingangsrechnungen. Da er bereits früh konzentriert losgelegt hat, ist er um elf Uhr müde und unkonzentriert. Die Mittagspause ist aber noch weit entfernt. Was denken Sie, wie sehen die Arbeitsleistung und die Fehlerquote eines solchen Mitarbeiters bis zur Mittagspause in der Folge aus? Was aber wäre, wenn dieser Mitarbeiter sich eine halbe Stunde Zeit nehmen könnte, um vielleicht ein paar Schritte in die Natur zu gehen oder eine Tai-Chi-Einheit einzulegen? Und dann noch einen Happen zu essen? Danach hätte der Kreative neue Energie für ein paar Stunden, und eine weitere Pause gibt es dann eben erst um 15:00 Uhr. Der Buchhalter würde von dieser kurzen Pauseneinheit enorm profitieren, genauso wie seine Arbeit – und letztendlich das gesamte Unternehmen.

Solange der Outcome in Ihrem Unternehmen zufriedenstellend ist, können Sie natürlich alles so belassen, wie es gerade läuft, mit oder ohne Stechuhr. Wünschen Sie sich aber einen höheren Output, mehr Effizienz und Kreativität im Unternehmen, dann sollten Sie mehr Freiräume schaffen. Sowohl für sich selbst, als auch für Ihre Mitarbeiterinnen und Mitarbeiter.

3.3.3 Nehmen Sie sich Start-ups zum Vorbild

Denken Sie nur einmal an die Strukturen in Start-ups. Dort gibt es Zeiten, in denen Projekte gestemmt werden, in denen die MitarbeiterInnen und Führungskräfte fast rund um die Uhr arbeiten – und das auch wollen, da sie frei sind, das zu tun, was ihnen Spaß macht und was Sinn stiftet. Diese Leute brennen für ihren Job und ihr Thema. Für den einen oder anderen eher behäbigen Mittelständler mit verhärteten Strukturen wird es schwer, da mitzuhalten.

> **Silicon Valley**
>
> Viele Unternehmen im bekannten Silicon Valley in den USA haben Strukturen bereits ad acta gelegt und dafür vermehrt Freiräume eingerichtet. Es gibt flexible Büros, es gibt Tischtennisplatten, es gibt Orte für soziale Begegnungen. Die Kantine steht ganztägig mit frischem, abwechslungsreichem Essen zur Verfügung. Berufs- und Privatleben scheinen sich fast zu vermischen, beide Bereiche integrieren sich in das Unternehmen. Die MitarbeiterInnen haben gar nicht mehr das Gefühl, dass sie zwischen Büro und Zuhause unterscheiden müssen. Sie fühlen sich wohl in ihrem Arbeitsbereich, denn sie haben bestimmte Freiräume, die letztendlich zu mehr Kreativität und auch intuitivem Verhalten führen. Die rechte Gehirnhälfte wird aktiviert, die Basis für „Thinking outside the box" ist gelegt. Struktur hingegen ist gut für die linke Gehirnhälfte, aber die Magie und die Innovation finden in der rechten Hälfte statt. Mit dem Triple-L-Konzept gebe ich Ihnen Antworten darauf, wie auch Sie in Ihrem Unternehmen Struktur ohne Strukturen schaffen und Menschen dort abholen können, wo sie abgeholt werden möchten. Und sie werden sehen, wie Ideenreichtum und Kreativität stupides Abarbeiten und Dienst nach Vorschrift ablösen können. Wie Lust, Leidenschaft und Lebenskraft wieder Einzug in Ihr Leben, Ihr Unternehmen und Ihre Teams halten.

4

Wege zum Gegenüber – die Menschentypen

Lust. Leidenschaft und Lebenskraft. Vital Leadership. Nicht unbedingt Begriffe, die die meisten Menschen mit ihrem Arbeitsplatz in Verbindung bringen, oder? Doch das soll sich jetzt ändern. Wäre es nicht wunderbar, wenn nicht nur Sie, sondern auch Ihre MitarbeiterInnen lustvoll, leidenschaftlich und voller Lebenskraft ihrem Job nachgehen? Sie denken, das klingt zu schön, um wahr zu sein? Nein, weit gefehlt. Es ist möglich, nein, aus meiner Sicht sogar unerlässlich, wenn Sie und Ihr Unternehmen weiterhin dauerhaft auf dem Markt existieren wollen.

Doch natürlich passieren diese Dinge nicht von selbst, und nicht nur Sie, sondern auch Ihre MitarbeiterInnen müssen bereit sein, notwendige Veränderungen anzugehen. Ein wichtiger Schritt, um diese Veränderungen auf den Weg zu bringen, ist zuallererst einmal die Erkenntnis. Die Erkenntnis nicht nur darüber, wer Sie sind, sondern auch, wie Ihre MitarbeiterInnen ticken. Ich habe bereits verschiedene Menschentypen erwähnt. Bevor ich nun weiter auf diese Typologie des Machers, Erhalters und Kreativen eingehe, möchte ich noch kurz auf das wichtige Thema Team Building zu sprechen kommen. Wir Menschen arbeiten meist nicht alleine im stillen Kämmerlein. Wir Führungskräfte haben nicht nur Kolleginnen und Kollegen, sondern natürlich auch unser außerberufliches Umfeld, das uns prägt und beeinflusst. Zu wissen, dass niemand von uns eine Insel ist, führt logischerweise dazu, dass wir uns nicht nur mit uns selbst, sondern unbedingt auch mit anderen Personen in unserem Umfeld beschäftigen müssen. Ich lade Sie daher ein, nicht nur sich selbst, sondern auch Ihr Gegenüber zu erkennen, um dadurch nicht nur Teamarbeit im Unternehmen zu erleichtern, sondern dieses Wissen möglicherweise auch in Ihr privates Umfeld zu transportieren.

Wozu brauchen wir überhaupt gut funktionierende Teams? Schließlich könnten wir doch annehmen, dass eine einzelne Person, die in ihrer Aufgabe aufgeht, viel schneller und konfliktärmer zum Ziel gelangt, oder? Das mag im Einzelfall stimmen, wenn es sich nur um Arbeiten mit geringer Komplexität handelt oder um fachlich sehr spezielle Aufgaben, die nur wenige Menschen durchdringen. Doch die meisten Aufgaben in Unternehmen erfordern für ihre optimale Bearbeitung Teamarbeit. Ein gut funktionierendes Team wird immer kreativer und lösungsorientierter arbeiten als jeder Einzelne im Unternehmen. Teamarbeit erhöht nachhaltig die Produktivität, die Qualität der Arbeit und die menschliche Zufriedenheit in Unternehmen, vorausgesetzt, sie wird gut vorbereitet und gesteuert. Sicher kennen auch Sie die „Witze", die häufig gemacht werden, wenn es um Teamarbeit geht. „TEAM – Toll Ein Anderer Machts", ist nicht selten in den Kaffeeküchen zu hören. Doch das Gegenteil ist der Fall.

Wie viel leichter können Teammitglieder untereinander agieren, wenn sie in Phasen der Frustration innerhalb eines Projekts lernen, sich gegenseitig in ihrer Andersartigkeit zu akzeptieren und zu respektieren. Wie leicht können dadurch Machtgefechte und Kompetenzgerangel abgekürzt werden, wie leicht bessere, kreativere und nachhaltigere Ergebnisse erzielt werden. Denn statt nur eines Blickwinkels kommen im Team mehrere Persönlichkeiten und Aspekte zusammen, und Probleme werden aus unterschiedlichsten Perspektiven betrachtet. Eine Herangehensweise mit Offenheit für unterschiedliche Blickwinkel lässt zudem keine Ellenbogenmentalität aufkommen.

Wenn alle im Team die Menschentypen kennen, werden sie anderen gegenüber auch mehr Offenheit und Verständnis entgegenbringen. Das führt dazu, dass vielleicht vormals als Schwäche identifizierte Eigenschaften endlich als das erkannt werden, was sie wirklich sind: ein spezieller Blick auf die Dinge, der einfach nur anders ist und in Wahrheit eine Bereicherung für das gesamte Team bedeutet.

Um das eigene Team zum Erfolg zu führen, ist es nicht nur wichtig, sich mit den einzelnen Menschentypen vertraut zu machen, sondern mit dieser Kenntnis auch zu arbeiten. Durch das Erkennen der Menschentypen können Sie die Teammitglieder fördern und beispielsweise mit schnell umsetzbaren, aber sehr wirkungsvollen Änderungen schon viel bewirken, etwa einer Anpassung der Arbeitszeiten, einer Veränderung des Angebots in der Kantine, sodass für jeden etwas Brauchbares dabei ist, oder auch eine Anpassung des Sport-, Pausen- und Freizeitangebotes.

Was denken Sie, würde etwas mehr gelebte Individualität in Ihrem Unternehmen und eine vermehrte Wertschätzung der Führungskräfte und deren Teams mit sich bringen? Würden sie mehr Freude und Leidenschaft bei der Arbeit an den Tag legen und die Krankenstände sich selbstredend reduzieren? Vermutlich schon. Die Basis dafür ist das Erkennen Ihres Gegenübers. Mit dieser Kenntnis wissen Sie, welcher Typ in welcher Art und in welchem Umfang belastbar ist, und Sie werden mehr Verständnis für ihn aufbringen können. Der Langsame ist nicht fauler als andere, und der Hektische ist nicht nervig, sondern vielleicht gerade stark überlastet. Nutzen Sie die Kenntnisse der verschiedenen Menschentypen und das Zusammenspiel mit deren jeweiligen psychomentalen Zuständen (s. Kap. 7). Lernen Sie, wie diese durch einfache Hilfsmittel positiv beeinflusst werden können und wie Sie dadurch mehr Lust, Leidenschaft und Lebenskraft in Ihr Unternehmen bekommen. Arbeit muss heute Sinn ergeben und wenn sich jede Ihrer Führungskräfte in ihrem Leben und in ihrer Persönlichkeit gefördert sieht und sich selbst mit allen Facetten ein Stück mehr über ihre Arbeit psycho-mental entwickeln darf, fühlt sie sich in Ihrem Unternehmen am richtigen Ort.

Die Kenntnis der Menschentypen führt dazu, dass Sie einen situationsgerechten Führungsstil entwickeln werden. Heute ist ein autokratischer Führungsstil „out", stattdessen ist teamorientiertes Arbeiten gefragt. Das direktive Führungsverhalten kann zwar bei neuen Projekten anfänglich eine gute Idee sein, aber wenn Sie diesen Stil beibehalten, könnte es passieren, dass Ihr Verhalten auf Dauer nicht nur zu vermehrter Frustration im Team führt, sondern auch für ungenügenden Output sorgt, denn der Spaß am Projekt bleibt dabei auf der Strecke. Warum? Nun, wie Sie vielleicht schon feststellen konnten, führt zu viel Strenge zu Kreativitätsverlust.

Falls Sie ein Macher-Typ sind, werden Sie jetzt vermutlich denken, dass auch im Teamleading eine gewisse Kontrolle von Nöten ist, damit das Projekt reibungslos ablaufen kann. Doch tatsächlich ist ein Team dann am kreativsten, wenn keiner der Beteiligten die Teamleitung sichtbar in der Hand hat und die Führungsrollen situativ wechseln können. Ein offener und ehrlicher Austausch der Teammitglieder und das Hören jeder noch so andersartigen Idee sind Grundlagen für erfolgreiche Teams. Konflikte werden bei dieser Art der Teamarbeit nicht etwa vermieden, sondern angesprochen. Eine autokratische Führung dagegen verhindert das Austragen von Konflikten und so mancher Erhalter-Typ hält dann mit seiner Meinung hinterm Berg. Wenn ich gleich auf die einzelnen Typen eingehe, wird Ihnen klar werden, warum das so ist.

Es geht heute nicht mehr nur darum, Direktiven zu geben, sondern es geht vor allem auch darum, die Teammitglieder im Laufe des Projekts zu schulen, sodass schließlich jeder für sich auch weitere Führungsaufgaben innerhalb des Teams übernehmen kann, wenn er das möchte.

Jedes der Teammitglieder lernt seine Wirkung auf die anderen Mitglieder kennen und vor allem erkennt es sich selbst und weiß zudem, sich selbst zu führen. Wie sollte ein Teammitglied auch andere führen, wenn es nicht weiß, was ihm selbst guttut und wie es tickt? Es ist also nicht nur erforderlich, dass wir unser Gegenüber erkennen, sondern auch, dass wir uns mit uns selbst auseinandersetzen. Der erste Schritt besteht darin, dass wir erkennen, wer wir sind, und uns damit beschäftigen, wie wir diese Erkenntnis nicht nur für uns, sondern auch im Team, im Unternehmen, ja in unserem gesamten Umfeld nutzen können.

4.1 Nehmen Sie ein persönliches Screening vor

Auch das persönliche Screening steht beim Triple-L-Konzept, neben dem Erkennen des Gegenübers im Vordergrund. Warum? Nur wenn ich meine Stärken und Schwächen kenne und diese anerkenne, stifte ich keine Verwirrung im Außen. Es ist einfacher für mich und mein Gegenüber, wenn ich mir über mich im Klaren bin und ich mich in meiner Haut wohlfühle. Echt zu sein ist wesentlich einfacher als sich ständig zu verstellen, und nur dann können andere mit meinem wirklichen Ich interagieren.

Also, warum verstellen wir uns? Warum spielen wir eine bestimmte Rolle im Unternehmen? Sind dort der taffe, klare, Ellbogen-Typ? Spielen eine andere Rolle in unserer Freizeit? Den Kumpel-Typ beim Mannschaftssport? Und wieder eine andere innerhalb der Familie? Den „Ja-Sager"-Daddy oder die taffe Mom?

Na, ertappt? Das ist nicht schlimm, denn die meisten von uns leben verschiedene Rollen und dies ohne böse Absicht und ohne es zu merken. Durch die Typenerkennung aber lernen wir, uns anzunehmen, wie wir sind. Dadurch wird es leichter, zu unserer Individualität zu finden und die Person zu leben, die wir wirklich sind.

Warum sind heute Influencer angesagt, die vor laufender Kamera ihre Gefühle herauslassen? Menschen, die echt sind und zeigen, dass nicht alles im Leben rund läuft? Genau, weil wir Menschen echte Gefühle und keine Rollenspiele mehr sehen wollen. Die schöne Scheinwelt von Social Media erschafft Stress, und ständiges Vergleichen macht nur unglücklich, das haben viele mittlerweile erkannt, egal ob Influencer oder Follower.

Sie müssen jetzt nicht gleich zum Influencer werden, um ihre Authentizität unter Beweis zu stellen. Ihr echtes Verhalten wird allerdings nicht nur Ihnen das Leben erleichtern, sondern Sie werden von Ihrem Team nicht nur geliebt, sondern auch im positiven Sinne nachgeahmt werden.

Wenn Sie wissen, wie Sie ticken, wie Sie sich geistig und körperlich fit halten und was Sie für Ihr Wohlbefinden brauchen und dieses Wissen auch anwenden, leben Sie in Harmonie. Wenn Sie in Harmonie leben, kann jede noch so stressige Situation Sie nicht mehr groß aus der Bahn werfen, denn Ihr innerer Guide, Ihre innere Stimme wird Ihnen dann immer wieder den Weg zurück zu sich selbst zeigen.

Sie müssen dazu nicht erst aus dem Arbeitsprozess aussteigen, wie es Master Han Shan gemacht hat, der das Buch „Wer loslässt, hat zwei Hände frei: Mein Weg vom Manager zum Mönch" geschrieben hat. Es ist nicht erforderlich, zwei Wochen in einem Kloster zu schweigen (obwohl dies eine Erfahrung ist, die ich Ihnen auf jeden Fall empfehle). Es lässt sich stattdessen sehr gut in der Führungsebene arbeiten und gleichzeitig im Einklang mit sich selber leben. Innere Zufriedenheit wird Sie vor handfesten körperlichen Wehwehchen wie Bluthochdruck und Schlaflosigkeit schützen und stärkt außerdem das Immunsystem. Emotional sorgt Ihre Ausgeglichenheit dafür, dass Wut, Neid, Melancholie, Burnout und Depression nicht zu Bestandteilen Ihres Lebens werden. In den folgenden Kapiteln erhalten Sie reichlich Anregungen, wie es Ihnen gelingen kann, zu erkennen, wer Sie sind, was Sie ausmacht und wie Sie Ihre einzigartige Persönlichkeit nicht nur im unternehmerischen Kontext leben können. Doch noch einmal zurück zu Ihrem Gegenüber.

4.2 Erkennen Sie Ihr Gegenüber

Wenn Sie nicht auf einer einsamen Insel leben und Robinson Crusoe sind, dann geht es Ihnen wie den meisten Menschen im Geschäftsleben: Wir alle haben mit unterschiedlichsten Persönlichkeiten zu tun. Wir verbringen Zeit mit ihnen, arbeiten mit ihnen und versuchen, herauszufinden, wie wir unsere Bedürfnisse und die unseres Gegenübers zusammenbringen können. Insbesondere bei wichtigen, geschäftlichen Verhandlungen ist es hilfreich, so viel wie möglich über die Person, mit der wir zu tun haben, herauszufinden. Zahlreiche Bücher oder auch Kurse beschäftigen sich mit Gestik, Mimik oder dem roten, blauen, gelben oder grünen Persönlichkeitstyp, und vermutlich haben auch Sie schon das ein oder andere davon ausprobiert, mit mehr oder weniger großem Erfolg. Rein theoretisch können wir alle viel daraus lernen, zum Beispiel was welche Gestik zu bedeuten hat, wie wir zum Verhandlungsexperten werden und wie wir während einer Verhandlung Wahrheiten von Unwahrheiten unterscheiden. Doch all diese Literatur und diese Kurse gehen nur vom Einsatz Ihres Verstandes aus.

Das Triple-L-Konzept in diesem Buch gibt Ihnen zwar ebenfalls Anhaltspunkte zu unterschiedlichen Menschen- und Führungstypen, und Sie erhalten reichlich Informationen zu Ernährung, Sport oder auch Arbeitsverhalten dieser „Typen". Doch diese Informationen funktionieren nicht durch reines Wissen, durch reinen Verstand. Stattdessen möchte ich Sie ermutigen, Ihre Sinne zu schärfen und Sie zu nutzen, um dadurch nicht nur lustvoller zu leben, sondern auch, um im Unternehmensbereich mit einer anderen Wahrnehmung Vital Leadership zu leben.

Sie werden erfahren, wie Sie sich mit Ihrem inneren Selbst verbinden, um dadurch leichter zu erkennen, was wahr und was unwahr ist. Sie werden aus Ihrem inneren Selbst heraus zum Beobachter des Geschehens und lernen, die über rein äußerlichen, visuellen oder auditiven Merkmale „hinauszusehen" und zu erkennen, was wirklich gerade im Team Meeting oder einem Vorstandsmeeting Sache ist. Sie werden beurteilen können oder erkennen, ob ganz andere Motive eine Rolle spielen, als diejenigen, die offensichtlich sind.

Wenn Sie mit sich im Reinen sind und in sich selbst ruhen, fällt es Ihnen automatisch auch leichter, Ihrem Gegenüber offen entgegenzutreten, auch wenn diese Person anderer Meinung ist als Sie. Wie können Sie es lernen, offen für gegensätzliche Meinungen zu bleiben? In meinen Seminaren nutze ich dazu gerne folgendes Bild: Stellen Sie sich vor, dass ein Pfeil Ihrer Wahrnehmung nach außen führt, während ein anderer Pfeil zu Ihnen zurückführt. Mit dem zurückführenden Pfeil nehmen Sie im Inneren wahr, was die Äußerung Ihres Gegenübers mit Ihnen im Inneren macht, welche Gefühle oder Wirbel eine heiße Debatte bei Ihnen im Inneren auslöst. Dieses Prinzip nenne ich den „Double-Arrow-Effekt" (s. auch Abschn. 5.3 und 6.1.7). Normalerweise ist unser Verstand der Beobachter der Welt da draußen, und wir sind uns nicht bewusst, was das Gesagte der anderen bei uns im Inneren macht. Außer natürlich, Sie spüren Gefühle wie Wut oder Frust aufkommen, wenn jemand nicht Ihrer Meinung ist. Aber in diesem Moment sind Sie dann schon von der Emotion angefüllt und im emotionalen Nebel. Versuchen Sie es mal: Beobachten Sie, was die Äußerungen der Teammitglieder bei Ihnen im Inneren auslösen und bleiben Sie dabei in der inneren Rolle des Beobachters.

Welche Emotionen regen sich? Wenn Sie sich im inneren Beobachter befinden, also sich selber dabei zuschauen, wie Sie zuhören oder agieren, dann erfahren Sie auch, dass Ihr Gegenüber mit seiner eventuell konträren Meinung nicht Sie persönlich attackiert, sondern eben schlicht und ergreifend nur eine andere Meinung zu einem Sachverhalt hat. Mit der Zeit stellen Sie auch ganz leicht fest, wenn Ihr Gegenüber gerade die Unwahrheit sagt, Sie werden das sofort mit Hilfe des Double-Arrow-Effects spüren. Sie werden dann in der Lage sein, das zu empfinden, was ist, vor allem wenn Sie nicht nur mit dem Verstand, sondern mit allen Sinnen offenbleiben und voll und ganz bei der Sache sind. Bleiben Sie dabei immer liebevoll mit sich selbst. Ich habe mir beim Erlernen der Methode damit geholfen, in brenzligen Situationen bewusst in den Bauch zu atmen. Dadurch bin ich bei mir und meiner inneren Wahrnehmung geblieben.

Ich habe noch einen kleinen magischen Trick für Sie, den Sie bei hitzigen Diskussionen anwenden können. Wenn Sie spüren, dass Ihre und die Meinung Ihres Gegenübers aufeinanderprallen, richten Sie sich zuerst einmal auf Ihrem Stuhl einfach auf, machen Sie den Rücken gerade und sitzen Sie nicht zusammengesunken auf Ihrem Stuhl. Sie können dann wesentlich besser durchatmen und in Ihrer Mitte bleiben. Sie fühlen sich gerade im Recht? Und Sie finden Ihr Gegenüber ist im Unrecht? Sie wissen allerdings gerade nicht, wie Sie das Gespräch drehen können? Dann sagen Sie sich in diesem Moment im Geiste: „Da habe ich aber eine interessante Ansicht!" Und sagen Sie das auch über die Ansicht Ihres Gegenübers: „Da hat Herr/Frau X aber eine interessante Ansicht!" Spüren Sie, was das mit Ihnen macht? Dieser Satz katapultiert Sie sofort aus der engen und starren Situation Ihres Verstandes heraus. Sie müssen wahrscheinlich über Ihre Engstirnigkeit und die Ihres Gegenübers schmunzeln. Das macht den Weg frei für eine kreative und meist sehr einfache Lösung, die häufig losgelöst von den vorherigen Standpunkten und Meinungen ist. Damit meine ich keinen faulen Kompromiss, sondern eine Lösung, die für beide Parteien eine „Win-Win-Situation" ergibt.

Reicht dieser erste Perspektivwechsel noch nicht aus, dann empfehle ich Ihnen folgenden Satz: „Was würde ein unendliches Wesen an meiner Stelle tun?" Die Anwendung dieses Satzes zeigt, dass es ganz viele Möglichkeiten gibt, die wir entdecken, wenn wir aus der Enge unseres kleinen Verstandes herausgehen. Das setzt natürlich voraus, dass Sie der Meinung sind, dass Sie ein unendliches Wesen sind und nicht nur ein Verstand. Oh, jetzt wird es aber spooky hier … Vergessen Sie diesen Vorschlag also, wenn er Sie nicht neugierig macht, oder wenden Sie die beiden Sätze einfach mal in hitzigen Diskussionen spaßeshalber an und entdecken Sie die Magie der kreativen Lösungen, die sich ergibt.

Seien Sie sich auch immer bewusst, dass das, was Ihnen guttut, das, was Sie gerade brauchen, egal ob in einer hitzigen Diskussion oder im manchmal schnöden beruflichen Alltag, nicht das ist, was eine andere Person gerade braucht. Ich beispielsweise mache gerne kleine Freuden. Dadurch, dass ich weiß, was mir guttut, weiß ich auch, was meinem Gegenüber guttut. Und vor allen Dingen ist mir absolut bewusst, dass es nicht das Gleiche sein wird. Diese kleinen Gesten im Leben machen ungeheure Freude, und zwar dem, der schenkt und dem, der das Geschenk bekommt. Ein Geschenk kann in diesem Fall verschiedene Formen annehmen. Es kann eine Berührung sein, also etwa eine beruhigende Hand auf dem Rücken, Ihre volle, uneingeschränkte Aufmerksamkeit, ein kleiner Spaziergang, aber auch ein Buch, ein paar Vitamine, ein Link zu einem Musikstück, eine Theaterkarte oder ein Gutschein für einen SPA-Retreat. Mit der Kenntnis über die verschiedenen Menschentypen fällt es mir heute leicht zu erkennen, was meine Teammitglieder von mir brauchen. Ich bin gerne großzügig und möchte Ihnen das ebenfalls ans Herz legen. Seien Sie großzügig mit sich, Ihren Freunden und Ihrem Team.

4.3 Öffnen Sie sich für Andersartigkeit

Kennen Sie das auch? Sie wissen ganz genau, was richtig und was falsch ist. Sie wissen, was das Beste für Sie selbst und auch Ihr Umfeld ist. So wie die Geissens gehen Sie mit einer Selbstverständlichkeit, die für manche schon an Arroganz grenzen mag, durchs Leben. Schließlich sind Sie ein Macher und wissen deshalb immer genau, was wann zu tun ist, oder? Und als Macher haben Sie auch grundsätzlich erstmal recht. Egal, was Carmen sagt.

Spaß beiseite – doch irgendwie auch nicht. Als kreativer Macher ging es mir viele Jahre so. Ich hatte recht und wusste, was zu tun ist. Heute allerdings lache ich darüber, wenn mein Gegenüber „recht" hat. *Recht zu haben* ist, wie oben kurz beschrieben, auch nur „eine interessante Ansicht", so wie ich Sie auch zwischendurch immer mal wieder habe. Wenn wir uns die unterschiedlichen Typen näher ansehen, werden Sie verstehen, was ich damit meine. Denn ein Macher ist der Lehrende schlechthin, und er weiß auch, warum etwas wie funktionieren wird und anders eben nicht.

Und noch ein Beispiel: Ich habe früher die Kreativen eher als „Spinner" abgetan. Das waren für mich Menschen, die nichts geregelt und kein Bein auf die Erde bekommen. Dabei habe ich völlig übersehen, dass unsere Innovationen genau aus dieser Ecke kommen – eben von verrückten, andersartig Denkenden. Denken Sie einmal an Steve Jobs. Er hatte die verrückte Idee, alles zu vereinfachen. Im Gegensatz zu vielen anderen Anbietern auf dem Markt verzichtete er auf so manche Essentials, von denen andere Hersteller bislang dachten, dass sie absolut notwendig wären. So z. B. verzichtete er beim iPhone auf die Funktion des Vor- und Zurückspulens der Musik. Heute klicken wir einfach unsere Air Pods an, und schon spielt unser Mobiltelefon das nächste Stück. Steve Jobs dachte minimalistisch und setzte sich später damit durch.

Weitere Innovationen folgten, und heute sind wir zum größten Teil alle „ver-APPLE-d". Wenn ich Sie an dieser Stelle – ohne Werbung machen zu wollen – auf Apple Car aufmerksam machen dürfte: Genial, was damit alles möglich ist. E-Mails werden mir vorgelesen, ebenso WhatsApp-Nachrichten. Ich telefoniere, höre meine Musik oder Podcasts, bin mit Google Maps verbunden usw. – und das alles, ohne auch nur eine Taste auf meinem Smartphone betätigen zu müssen. Ich liebe diese Technik, die uns heute zur Verfügung steht und die uns das Leben erleichtert. Und all das wurde von einem „Spinner" ins Leben gerufen. Was wäre die Welt also ohne „Spinner"? Sicher um einiges ärmer, langweiliger, ernster, unkomfortabler.

Und auch, wenn diese Gruppe der „Spinner" viele Menschen triggert: Denken Sie noch einmal an die Geissens! Quietschige Stimmen, fedrige Haare und seltsame Gepflogenheiten. Die Geissen-Töchter bekommen zum Geburtstag nicht nur ein paar Turnschuhe, sondern eine Rolex, die Familie jettet trotz Klimawandel im Privatjet um die Welt und isst Sushi von Frauenkörpern. Seltsam? Ja. Spannend? Definitiv. Crazy? Ich finde, ja. Und auch, wenn diese Familie mit ihrem non-konformen Verhalten herrlich polarisiert, zeigt sie uns doch die Farbtupfer des Lebens auf und führt uns vor Augen, dass alles möglich ist. Also haben Sie Mut und lassen Andersartigkeit zu. Sie müssen ja nicht sofort einen Privatjet kaufen – doch trauen Sie sich, anders zu denken!

Innovationen kommen von Andersdenkenden und von offen agierenden Teams: von Teams, die sich einer verrückten Idee verschrieben haben, von Strukturen, in denen jeder zu Wort kommt, wo auch kontrovers diskutiert wird. Teams, die als Einheit funktionieren, in der jeder mal die Führungsfunktion übernimmt. Damit kann sich auch der „Leiter" wie jeder andere Teamplayer immer voll auf die Sachebene einlassen. Das ist gelebte Flexibilität und situationsbedingtes Führen innerhalb eines Teams. Ein solches Team wird erfolgreich arbeiten können, und der Zufriedenheitspegel jedes Einzelnen wird steigen, denn hier wird nicht zufällig geführt, sondern die Führung ist bevollmächtigt. Die Voraussetzung ist natürlich, dass der „Teamleiter" seine Rolle und seine Kontrolle immer wieder abgibt. Dann können alle Menschentypen kreativ, effizient und situationsgerecht agieren. Für sich selbst, für das Team und für die Sache. Dann wird Andersartigkeit zu einem sogenannten „Asset" und nicht zu einem Hindernis. Entdecken Sie nun mehr darüber, wie die einzelnen Menschentypen ticken und wie Sie die Andersartigkeit fördern können. Für ein Miteinander voller Lust, Leidenschaft und Lebenskraft. Eben Vital-Leadership.

4.4 Denken Sie daran: Anders ist gut

Viele von uns sind dank ihrer Erziehung, ihres Umfelds und der Gesellschaft so gestrickt, dass sie auch im Erwachsenenalter noch die Zustimmung für ihr Sein, ihr Leben und ihre Gedanken suchen. Andersartigkeit ist uns erst einmal suspekt. Das wird uns schon im Kindergarten vermittelt, später noch mehr in der Schule. Konformität wird belohnt, jegliches „Ausbrechen" aus dem System meist nicht nur mit einer schlechten Note, sondern häufig mit Mobbing oder sonstigen Repressalien geahndet. Die Folge? Wir lehnen Andersartigkeit erst einmal ab. Nur wenigen gelingt es, diese Fesseln zu sprengen. Das sind die Steve Jobs, Elon Musks oder auch Geissens dieser Welt. Und auch ich zähle mich dazu.

Denn diese Suche nach Bestätigung, nach einem Einverständnis für unser Sein seitens unseres Umfelds, ja manchmal sogar von uns selbst, ist nicht nur hinderlich, um unsere wahre Bestimmung zu leben, sondern sie hemmt uns nicht selten daran, voller Lust und Leidenschaft unser Sein zu feiern und damit voller Tatendrang und Selbstmotivation im Beruf zu wirken. Wenn wir uns auf den Weg begeben, genauer hinzusehen, wo die hinderlichen Glaubenssätze herrühren, landen wir nicht selten in unserer Kindheit, wo wir die Anerkennung unserer Mutter und auch die unseres Vaters suchten: „Ja, das hast du gut gemacht!" Das sind Sätze, die wir hören wollten. Und schon gar nicht „Was soll das denn?" „Was du immer für Ideen hast." „Lass das doch sein!" Und dann vielleicht noch den absoluten Killer-Satz: „Was sollen denn da die Leute denken?"

Kommt Ihnen das bekannt vor? Genau solche Sätze hindern uns daran, unsere Andersartigkeit zu akzeptieren und unser Potenzial zu leben. Und vielleicht sind Sie jemand, der das bereits erkannt hat. Der erkannt hat, dass mehr in ihm steckt als das, was sich heute im Außen zeigt. Und vielleicht haben Sie schon einige Selbsterfahrungsprozesse hinter sich, hier und da mal einen Kurs besucht, der Sie zu Ihrem wahren Selbst führen sollte, mit mehr oder weniger Erfolg. Eventuell haben Sie bereits im Kloster meditiert, tagelang geschwiegen oder sind über glühende Kohlen gelaufen – die Liste der Möglichkeiten zur Selbstfindung ist endlos lang. Ja, und höchstwahrscheinlich hat es Ihnen gutgetan und diese Maßnahmen waren sicher nicht umsonst. Eine Zeitlang gehen Sie schwungvoller durch Ihr Leben, treffen andere Entscheidungen und haben eine andere Sicht auf die Dinge. Doch leider sind diese Maßnahmen bisher noch nicht von Nachhaltigkeit gekrönt, denn nach einiger Zeit verlieren Sie immer wieder den Kontakt zu sich selbst.

Sie bemerken aber auch, dass Sie, wenn Sie in Kontakt mit Ihrem höheren Selbst bzw. Ihrer inneren Stimme sind, Ihre Individualität und Ihr Anderssein deutlich leichter leben können. Sie können akzeptieren, dass Sie so ticken, wie Sie ticken und dass andere Menschen eben anders sind. Das bereichert Ihren Alltag. Im Verlauf dieses Buches werde ich Ihnen näher erläutern, wie Sie es schaffen können, dauerhaft mit Ihrem Selbst in Verbindung zu bleiben. Raus aus dem Konstrukt der Persönlichkeiten und dem Einheitsbrei von Gesellschaftskonformität und hin zur Individualität und Kreativität.

Dabei ist das Ganze kein Selbstzweck. Denn um innovativer Impulsgeber oder sogar Vorreiter zu sein, ist mehr erforderlich als nur positives Denken und Affirmationen, es bedarf einer ständigen Arbeit an sich selbst. Was, wenn dieses „in Kontakt treten" mit sich selbst tatsächlich einfach und leicht geht? Was, wenn sich dadurch Ihr Leben peu à peu verändert und Sie nicht nur zu Ihrer Andersartigkeit stehen, sondern Ihre Inspiration viel stärker in die Teamarbeit mit einbringen? Wenn dadurch Ihr Unternehmen auf dem Markt als innovatives Unternehmen wahrgenommen wird, weil es auch so geführt wird – und, weil Sie das auch nach außen kommunizieren?

Durch diese Vorgehensweise, durch das von innen nach außen reflektieren, handeln und letztlich kommunizieren werden Sie nicht nur kreative, fähige Führungskräfte in Ihr Unternehmen ziehen, sondern viel mehr Freude haben „out of the box" zu arbeiten und zu leben. Die Innovationen, die sich dadurch ergeben, werden sich quer durch Ihr Unternehmen ziehen. Fortan werden das flexible Büro, Kinderbetreuung, Fitness- und Ruheoasen, leichtes vollwertiges Essen, frisch gepresste Säfte, Spaßoasen wie Rutschen, Schaukeln, Tischtennis und auch ein Stille-Raum nicht nur bei den Großen zu sehen sein, sondern auch bei Ihnen im Unternehmen zu mehr Zufriedenheit führen. Bitte an dieser Stelle keine Sorge, nicht alles muss sofort passieren. Doch wenn Andersartigkeit sichtbar und gelebt wird, wird es unmöglich sein, an alten Verhaltensmustern festzuhalten. Seien Sie also mutig, das Neue zu leben, seien Sie etwas verrückt. Verrücktsein verlangt keine großen Investitionen, sondern Menschen, die sich etwas trauen. Sind Sie dabei? Ja? Dann lassen Sie uns nun konkret werden.

5

Das Triple-L-Konzept in der Praxis

Bisher klingen meine Ausführungen vielleicht für Sie ganz ansprechend. Vielleicht aber auch schon etwas zu verrückt, zu undenkbar für Ihr Unternehmen. Vielleicht möchten Sie das Buch an dieser Stelle aber auch kopfschüttelnd zuklappen, weil Ihnen meine Äußerungen zu Vital Leadership und den Führungstypen zu fantastisch, zu radikal erscheinen. Deshalb möchte ich an dieser Stelle konkret werden und Ihnen aufzeigen, was das Triple-L-Konzept in der Praxis bewirken kann. Und glauben Sie mir, das hat nichts mit Zauberei oder Magie zu tun. Ich selbst leite seit vielen Jahren ein Team und habe schon in zahlreichen Unternehmen Veränderungsprozesse begleiten dürfen. Ich kann mir sehr gut vorstellen, wie Sie sich vielleicht gerade fühlen.

Innen zu Außen? Triple-L? Lust, Leidenschaft, Lebenskraft? Ist das wirklich etwas für mich? Diese Frage möchte ich Ihnen nun beantworten. Folgen Sie mir in die Firma „Getränke-Meier", die zwar an dieser Stelle fiktiv ist, aber durchaus in dieser Form auf dem Markt existieren könnte.

Nachfolgend erläutere ich Ihnen anhand eines Beispiels, wie ein ideales Team Meeting in der Getränke-Industrie aussehen kann. Ich zeige Ihnen, welche Effekte das gelebte Triple-L-Konzept erzielt, wie der Double-Arrow-Effect angewendet wird, die Firma den Betriebsablauf an die Bedürfnisse der einzelnen Führungstypen anpasst, statt dass die Führungsetage einen vorgegebenen Betriebsablauf durchzieht – so, wie es eben regulär gemacht wird. Hier noch ein Hinweis: In einem Produktionsbetrieb und in der Fertigung sieht das Ganze natürlich anders aus, da geht es um optimale Maschinenausnutzung, doch das lassen wir an dieser Stelle einmal außen vor.

5.1 Beispiel: Meeting in der Getränkeindustrie

Morgens um 7:00 Uhr kommen die Chef-Ingenieurin des Product Development und ihre beiden Techniker, alle vom Typus Kreative, mit Freude und einem Lächeln auf den Lippen zu Getränke-Meier. Das Unternehmen mit etwa 120 Mitarbeiterinnen und Mitarbeitern produziert nachhaltige Bio-Getränke für den europäischen Markt. Die Kunden sind Trendsetter und die Bio-Limonaden haben klangvolle Namen, die den Zeitgeist der Zielgruppe treffen. Die Chef-Ingenieurin und ihre beiden Techniker sind inspiriert und wollen heute ihre Konzeptideen über eine zusätzliche Produktlinie präsentieren. Es handelt sich um ein neues Trendgetränk, das in Marktforschungsumfragen insbesondere aufgrund der Tatsache, dass es keinen Zucker und auch keine künstlichen Süßstoffe enthält, punkten konnte. Um 11:00 Uhr soll das Team-Meeting hierzu stattfinden. Die drei Produktentwickler finden sich nach einem kurzen Hallo und dem E-Mail-Check bereits gegen 9:00 Uhr in der Meeting-Oase mit individuell gestalteten und verschiebbaren Sitzmöbeln ein, um über ihre neuen Ideen und die Kundenumfrage zu diskutieren. Sie schieben sich die Möbel zurecht, sodass sie abgeschirmt in einer vertraulichen Atmosphäre die letzten Details besprechen können. Angenehmes, indirektes Licht und einige Pflanzen sowie leise Musik schaffen eine angenehme Wohlfühlstimmung. Ihre Arbeitsergebnisse haben alle auf Tablets mitgebracht. Einer der Produktentwickler holt schnell noch einen süßen Matcha-Tee mit Reismilch aus der Kantine. „Oh, seht mal, heute gibt es wieder den leckeren Matcha-Tee. Wusstet ihr eigentlich, das Matcha-Tee wachmacht? Das brauche ich heute dringend, gestern Abend war es wieder spät …" Es herrscht ein reges Miteinander, und die unterschiedlichsten Ideen kommen auf den Tisch, wie die Produktlinie noch erweitert werden könnte.

Um 9:30 Uhr trifft der Teamleiter ein, der zuvor noch auf dem Firmengelände eine Tenniseinheit mit seinem Kollegen aus dem Vertrieb absolviert hat. Beide sind vom Typus Macher (M) und suchen deshalb auch das Kräftemessen schon am frühen Morgen. Sie toben sich gerne vor Arbeitsbeginn an der frischen Luft aus. Nach dem Tennismatch haben Sie bereits gemeinsam gefrühstückt. Heute gab es ein zuckerfreies Müsli aus der Müsli-Station, das sich beide individuell zusammengestellt haben, dazu frisches Obst und eine Tasse Matcha-Tee. Da schönes Wetter ist, frühstücken die beiden auf der großzügigen Firmenterrasse. Dort wird schon fleißig in Teams diskutiert, doch es gibt auch zahlreiche stille Ecken, um dort in Ruhe zu essen. Auch sie wissen, dass heute ein wichtiges Meeting ansteht. Sie diskutieren während des Frühstücks noch kurz die Eckpunkte einer möglichen und durchsetzbaren Erweiterung der bisherigen Produktlinie, während sie ihr knuspriges Müsli bei einem Blick ins Grüne genießen. Doch der Anblick lenkt Sie nicht ab. Sie haben Wichtiges zu besprechen und sind sich völlig im Klaren darüber, dass für die neue Produktlinie die jetzigen Maschinen der Produktion eingesetzt werden sollten, um eine höhere Auslastung herbeizuführen. Die Auslastung liegt derzeit bei 53 % und das muss sich aus ihrer Sicht ändern, um optimale Chargengrößen zu fahren.

Gegen 10:00 Uhr treffen schließlich die beiden Kollegen aus dem Controlling und der Finanzabteilung vom Typus Erhalter (E) ein. Sie sind nicht faul und deshalb erst um 10:00 Uhr vor Ort, nein, sie waren die Letzten, die gestern Abend aus der Firma nach Hause gegangen sind. Beide waren völlig vertieft in die Vorbereitung des heutigen Meetings, deshalb wurde es deutlich später als sonst. Für beide aber kein Problem, denn auch abends konnten sie sich noch mit einer warmen Suppe aus der Kantine stärken und daher bis in die Nacht hinein diskutieren. Dazu haben sie sich in die gemütliche Besprechungsecke mit Sofas zurückgezogen und die Zahlen auf einen großen Bildschirm geworfen. Der Controller wollte herausfinden, weshalb sich immer wieder bei der Abfüllung der Getränke ein Fehler einschleicht. Gewissenhaft prüfte er die Statistiken: 510 Flaschen laufen gut durch und dann taucht ein ungeklärter Füll-Fehler auf, ab Flasche 689 läuft es wieder normal. Woran konnte das liegen? Er hat für das heutige Meeting die unterschiedlichsten Parameter herausgearbeitet, um sie mit den Kollegen zu besprechen. Sein Kollege aus der Finanzabteilung (E) machte sich Gedanken über eine mögliche Finanzierung und die notwendige Investitionshöhe für eine neue Abfüllanlage. Gefrühstückt haben beide noch nicht, Sport haben sie auch noch keinen getrieben, denn sie lassen sich gerne morgens etwas Zeit. Sie mögen sich nicht hetzen und schon gar nicht früh aktiv werden. Dafür haben sie gut ihre neun Stunden geschlafen und bereits ein Ingwerwasser mit Zitrone und zwei Espressi getrunken – gut, dass frisches Ingwerwasser immer bereitsteht. Wach sind sie noch nicht so ganz, aber auf dem besten Wege dorthin. Auch sie freuen sich auf das Meeting. Es gibt viel zu tun.

Um 11:00 Uhr treffen sich alle im hellen, mit bequemen Stühlen und kleinen, flexibel verschiebbaren Tischen ausgestatteten Konferenzraum zum Team-Meeting. Schnell werden die Tische so arrangiert, dass jeder eine kleine Ablagefläche erhält und doch alle nah zusammensitzen, nicht so wie früher, als ein Monstrum von Besprechungstisch dazu führte, dass die Teilnehmer sich kaum in die Augen sehen konnten.

Der entspannte Teamleiter (M) und CEO schaut in die Runde und fordert die Chef-Ingenieurin (K) und ihre Techniker auf, ihre Ideen zur zusätzlichen Produktlinie kundzutun. Die Chef-Ingenieurin (K) stellt ihr Projekt vor und bittet die beiden Techniker (K) ihre beiden unterschiedlichen neuen Produktlinien darzulegen. Jeder sprudelt geradezu vor innovativen Ideen! Die beiden haben sogar ein paar Geschmacksproben mitgebracht, und sofort entsteht Begeisterung über die vielen Möglichkeiten, die sich auftun. Doch die Ideen sind nur zum Teil mit den vorhandenen Maschinen umzusetzen. Es gibt einige Rohstoffe, die sich mit dem bisherigen Equipment nicht verarbeiten lassen. Allerdings ist es möglich, die Fertigungsstraße um Zusatzmaschinen zu erweitern.

Das Stichwort Zusatzmaschinen zur bestehenden Abfüllablage findet der Finanzchef (E) nicht so prickelnd, da es sich um eine zusätzliche Investition handelt. Er grübelt stattdessen immer noch über das laufende Problem mit der Abfüllung. Eventuell steht hier die Investition in eine neue Abfüllanlage an. Da ist aus seiner Sicht kaum Raum für neue Maschinen und, obwohl auch ihm das neue Getränk schmeckt, steht er ein wenig auf der Bremse. Schließlich sind die alten Produkte die „Cash-Cows" und eine Optimierung der Abfüllanlage würde sich sofort in Mehrgewinn niederschlagen. In Gedanken überlegt er bereits, wie er durch eine clevere Kombination aus Eigen- und Fremdkapital beide Projekte durchführen könnte. Deshalb wirkt er im Meeting etwas abwesend, doch da alle Beteiligten wissen, dass er zahlreiche Ideen im Kopf hat, lassen sie ihn erst einmal in Ruhe nachdenken.

Jetzt steigt der Teamleiter (M) in die Sachdiskussion ein. Er ist der Meinung, dass die neue Produktlinie sich gut umsetzen ließe, wenn die gleichen Flaschen verwendet werden könnten wie bei den bisherigen Produkten. Die Fertigungsanlage und die Abfüllanlage müssten eben vor der neuen Produktion gereinigt werden, das wäre nicht allzu aufwändig. Von dieser Seite aus wären die neuen Getränke also machbar.

Der Herr vom Controlling (E) stimmt dem zu, wirft aber auch ein, dass die Abfüllanlage zuvor erneuert werden muss, da sich eine erhöhte Fehlerquote bei der Abfüllung der bisherigen Produktlinien eingeschlichen habe. Anstelle der 250 ml Abfüllungen werden plötzlich nur 235 ml abgefüllt. Keine der Reparaturen erbrachte bisher eine zufriedenstellende Lösung. Es wurden diverse Sensoren ausgetauscht, trotzdem kam es immer wieder zu einem ähnlichen Fehler. Offenbar ist das Steuerungssystem zu alt. Eine Überholung der Maschine kommt teurer als eine Neuanschaffung.

Der Finanzchef (E) fügt hinzu, dass dieser Fehler unbedingt behoben werden muss, da der Produktionsfehler bereits ins Geld geht, weil die Überprüfung zu komplex geworden ist. Es müssen quasi alle Flaschen auf Inhalt kontrolliert werden, da es nicht sichergestellt ist, ab welcher und bis zu welcher Flasche die Füllung unzureichend ist. Unter diesen bestehenden Unzulänglichkeiten kann auf keinen Fall eine neue Produktlinie aufgelegt werden. Und schon gar keine neuen Rohstoffe! Was ist, wenn die Abfüllanlage damit nicht zurechtkommt?

Für eine neue Abfüllanlage dieser Kategorie und ohne eine Kapazitätserweiterung müssen mindestens 750.000 € einkalkuliert werden. Er überschlägt kurz, wie teuer die Reinigung der Fertigungs- und der Abfüllanlage inklusive der neuen Etiketten und Gebindeverpackungen für die neue Produktlinie kommen würde und rät von der neuen Produktlinie ab. Zunächst soll die alte Abfüllanlage durch eine neue ersetzt werden. Es müsse eben step by step vorgegangen werden.

Die Kreativen, die sich so viele Gedanken über die neue Produktlinie gemacht hatten, sind frustriert. Controlling und Finanzen stimmen einander zu. Gut, dass es einen Macher als Teamleiter gibt, der sich die verschiedenen Positionen anhört und die Kollegen auffordert, noch mal zu überlegen, wie dennoch eine neue Produktlinie gestartet werden könnte. Jeder hört jedem im Team zu. Selbst die frustrierten Kreativen wenden den Double-Arrow-Effect an und beobachten, was sie im Inneren berührt. Controlling und Finanzen tun das Gleiche. Alle machen eine kurze Pause und verlassen den Raum. Die einen legen eine lockere Runde boxen ein, um festgezurrte Gedanken loszulassen (Macher), die anderen holen sich einen Energy Drink (Erhalter) und wieder andere holen sich endlich ihr Frühstück (Kreative).

Nach 30 Minuten Pause meldet sich der Vertrieb (M) zu Wort. Er findet die neue Produktlinie mit den Drinks großartig und kann sich vorstellen, dass damit ein ordentlicher Marktzuwachs möglich wäre. Sein Team hat schon des Öfteren Anfragen von Kunden erhalten, ob das Unternehmen nicht auch Bio-Drinks komplett ohne Zuckerzusatz liefern könne. Die Nachfrage ist definitiv da. Aber es muss natürlich auch ein Werbebudget dazu vorhanden sein. Die Zielgruppe ist Social-Media affin. Mit der bisherigen Anzeigenwerbung auf Plakaten ist sie kaum zu erreichen. Ob es dafür Budget und auch Bearbeitungskapazitäten gibt? Mit dieser Frage wendet er sich an den Finanzchef (E) und das Controlling (E). Der Teamleiter (M) und CEO möchte Zahlen sehen und wissen, wie hoch die Investition sein muss, um die neue Produktlinie aufzulegen, die notwendigen Zusatzmaschinen zu kaufen und zu installieren und gleichzeitig die Abfüllanlage zu erneuern. Er möchte auch vom Vertrieb wissen, wie hoch das Werbebudget sein muss, um mit der neuen Produktlinie zu starten. Gleichzeitig soll der Vertrieb nochmals darlegen, welche Zuwächse durch eine neue Produktlinie zu erwarten sind und wie sich die Wettbewerbssituation darstellt. Das Kreativ-Team soll schon einmal mit der Detailarbeit für die Drinks beginnen.

In vier Tagen soll das nächste Treffen stattfinden. Ausreichend Zeit für alle Beteiligten, nähere Informationen einzuholen, mit Kollegen zu sprechen und alle relevanten Fakten vorzubereiten.

Tab. 5.1 Meeting 1 – die Typen in der Übersicht

Chef-Ingenieurin & Techniker	Kreativer	K
Teamleiter & Vertrieb	**Macher**	**M**
Controlling & Finanzen	Erhalter	E

Um 13:30 Uhr ist das Meeting zu Ende. Keines der Teammitglieder geht frustriert in die Mittagspause, nein, im Gegenteil, alle sind motiviert und freuen sich, weiter am Projekt zu arbeiten. Aufgrund des Double-Arrow-Effects, der Kreativ-Pause und der offenen und ehrlichen Kommunikation glauben alle an die Umsetzung des Projekts. Das Team funktioniert als Einheit, auch wenn es einen Teamleiter gibt. Doch dieser bleibt mit sich verbunden, bringt sich sachlich ein, wenn es angebracht ist, und leitet nur dann die Gespräche, wenn es sein muss. Folglich ist er ein Teil des Teams und gleichzeitig sein Leiter (s. Tab. 5.1). Eine solche Position setzt voraus, dass diese Person Erfahrung im Bereich Team-Leading mitbringt.

So kann ein Meeting ablaufen, wenn Sie Vital Leadership in Ihrem Unternehmen etablieren. Und jetzt bitte Hand aufs Herz: Wie sehen Meetings in Ihrem Unternehmen aus? Laufen diese auch konfliktfrei und zielgerichtet ab, oder haben Sie erkannt, dass es noch „Luft nach oben" gibt? Vermeintlich normal ist in der heutigen Unternehmenslandschaft eher noch, dass einige wenige, meist die sogenannten „Alpha-Tiere" oder Macher des Unternehmens, langwierige, teils hitzige Diskussionen führen. Die Kreativen und Erhalter kommen meist kaum zu Wort, hören gelangweilt zu und warten, bis das Meeting zu Ende ist. Von dieser Art von Meeting dürfen Sie sich noch heute verabschieden. Es gibt keine langweiligen und ergebnislosen Team-Meetings mehr, wenn Sie das Triple-L-Konzept umsetzen. Wenn Sie die Voraussetzungen dafür schaffen, dass alle Beteiligten ihre Andersartigkeit leben dürfen, ihre Leidenschaften einbringen und diese auch äußern können. So kommen wieder Lust, Leidenschaft und Lebenskraft ins Unternehmen.

Eine der absolut wichtigen Voraussetzungen für das Triple-L-Konzept ist es, wie bereits angemerkt, dass Sie sich selbst und Ihr Gegenüber erkennen. Dafür dürfen Sie sich auf eine Reise begeben. Eine lustvolle Reise zu sich selbst.

5.2 Wie Sie lustvoll leben, die Sinne nutzen und Ihre Wahrnehmung stärken

Lustvoll leben. Was soll das nun wieder bedeuten? Vielleicht leben Sie bereits lustvoll. Sie genießen Ihre Freizeit, lassen sich Nouvelle Cuisine und exzellente Weine schmecken. Doch ein lustvolles Leben besteht nicht nur aus diesen Genüssen, sondern vielen weiteren, ja unzähligen sinnlichen Annehmlichkeiten. Bevor ich also näher auf Ihren körperlichen genetischen Print eingehen werde, habe ich folgende Fragen an Sie: Womit, denken Sie, nehmen wir das Leben wahr? Nehmen wir unsere Außenwelt etwa mit unserem Verstand wahr? Oder nehmen wir nicht vielmehr alles im Außen mit den Sinnen wahr? Verbinden die Sinne gar die Außenwelt mit der Innenwelt? Es gibt ja ein äußeres Sehen und ein inneres Sehen, ein äußeres Hören und ein inneres Hören. Fragen über Fragen …

Während ich dieses Buch schreibe, sitze ich an der Côte d'Azur in Ramatuelle. Ein vorbeifliegender Hubschrauber lärmt ein wenig, und der Anblick bringt mich zum Überlegen: Wer mag wohl in diesem Hubschrauber sitzen und die wunderbare Stille stören? Vermutlich die Familie Geiss oder eine andere wohlhabende Familie, die hier um die Ecke eines ihrer Domizile hat und die gerade zum Lunch abgeholt wird. Der Lärm verebbt, ich blicke auf das Meer und nehme einen Schluck klares Wasser. Ist es nicht, neben der Effizienz, die wir im Job an den Tag legen, das Wichtigste, unser Leben zu genießen? Mit allen Sinnen? Mit oder ohne Hubschrauber und egal, ob an der Côte d'Azur oder in Berlin? Häufig gönnen wir uns diese Sinneserfahrungen nicht.

Wie wäre es also, mal wieder den Wind auf der Haut zu spüren, oder zu fühlen, wie die warmen Sonnenstrahlen unseren Körper erwärmen oder zu schaudern, wenn das frische Meer unseren Körper umspült?

Manchmal laufen wir Gefahr, vor allem inmitten eines Projekts, dass unser Leben, und zwar nicht nur das lustvolle, auf der Strecke bleibt. Es gibt nur noch ein Ziel und das muss – koste es, was es wolle – erreicht werden. Wenn wir uns in einem solchen „Tunnel" befinden, leben wir nicht nur nicht mehr lustvoll, sondern uns gehen wichtige Zusatzinformationen durch das Verschließen der Sinne verloren. Stellen Sie sich vor, Sie bemerken nicht mehr, was um Sie herum passiert. Die veränderte, kraftvolle Ausstrahlung Ihres Assistenten, der mit alten Familienangelegenheiten abgeschlossen hat, die neue Frisur Ihrer Vertriebsleiterin, die Bemerkung des Marketingchefs, dass gerade neue Märkte im Süden Europas erschlossen werden oder die Information Ihres Partners, dass eine interessante Immobilie zum Verkauf steht. Im Tunnel nehmen wir unsere Gesprächspartner – und diese wichtigen Informationen – einfach nicht mehr wahr. Lustvoll leben ist also nur möglich, wenn wir unsere Sinne sensibilisieren, uns nach außen mehr und mehr öffnen und nicht abschotten. Lassen Sie uns die Sinneswahrnehmungen einmal genauer ansehen.

Der Sehsinn

Als erstes möchte ich das Sehen erwähnen. Welche sichtbaren Wahrnehmungen nähren uns, welche tun uns nicht gut? Finden Sie heraus, bei welchem Anblick Ihr Herz aufgeht, wann sich der Raum in Ihrem Inneren erweitert. Ich schaue gerade auf grüne Rebstöcke vor mir, sich leicht im Wind bewegende Kiefern zur Linken und die Segelyachten, die gemütlich auf dem Meer vor mir schaukeln. Dieser Anblick lässt mich tief durchatmen und ich fühle dabei, wie sich mein Brustkorb weitet und der Atem tiefer wird. Ich liebe es, den Himmel über mir zu sehen und die Natur hautnah zu spüren. Der Wind auf der Haut und die wärmenden Sonnenstrahlen beleben und beruhigen mich gleichzeitig. Diese Szenerie ist für mich genau die richtige, um meinen Gedanken freien Lauf zu lassen, kreativ zu werden und beispielsweise dieses Buch zu schreiben. Säße ich in einem Raum ohne Tageslicht und könnte den Himmel über mir nicht wahrnehmen, würde sich alles verschließen, verengen und meine Kreativität käme wohl zum Erliegen.

Wie ist es bei Ihnen? Wann öffnen Sie sich und was verschließt Sie? Es ist wichtig, das herauszufinden, damit Sie wissen, wie Sie sich Gutes tun können. Kennen Sie etwa amerikanische Serien, in denen die Chefetage grundsätzlich ihre Büros, die mit großen Fenstern versehen sind, über den Dächern von Manhattan oder L.A. hat? Durch die Höhe und meist großzügigen Büros soll Stärke demonstriert und allen anderen das Gefühl vermittelt werden, dass diese Damen und Herren es geschafft haben. Diese vermeintlichen Statussymbole wie ein großes Büro mit ausgiebigen Fensterflächen haben aber auch noch einen anderen Effekt, den sie für sich nutzen können.

Wenn Sie wissen, was Ihren Augen und Ihrer Seele guttut, dann lassen Sie es in Ihr Berufsleben, es wird Sie künftig in Ihrer Arbeit beflügeln. Sie können sich beispielsweise Kunstwerke an die Wand hängen, die Sie beflügeln, auch auf dem Schreibtisch darf das ein oder andere Utensil stehen, das Ihre Seele streichelt, wenn Sie darauf schauen. Und halten Sie immer wieder inne und genießen Sie es, dass Ihre Augen sich erfreuen. Das führt Sie unweigerlich zurück zu sich selbst und Sie landen im zufriedenen, klaren Zustand (mehr dazu in Kap. 7 über psycho-mentale Gesundheit). Ästhetik verschönert unser Leben. Gehen Sie auf Vernissagen oder Ballettaufführungen, schauen Sie sich architektonisch interessante Gebäude an, beleben Sie Ihre Sinneswahrnehmung über die Augen. Nicht umsonst heißt es: wie im Inneren so im Außen. Wer die Schönheiten des Lebens im Außen wahrnimmt, ist auch im Inneren aufgeräumt, und wer im Inneren aufgeräumt ist, zeigt Klarheit in seiner Kommunikation und in seinem Handeln.

> **Tipp**
> Wenn Sie der Meinung sind, dass Ihre Augen angespannt sind und Sie schon deshalb nicht mehr alles in Ihrem weiteren Umfeld wahrnehmen können, besorgen Sie sich ein Augenkissen. Augenkissen sind mit Kräutern und Halbedelsteinen gefüllt, und es gibt verschiedene Mischungen für unterschiedliche Zwecke. Suchen Sie sich eine passende Mischung aus und dann legen Sie sich kurz aufs Sofa und platzieren das Augenkissen sanft über Ihren Augen. Sie werden sehen, dass sich Ihre Augen schon in kürzester Zeit erholen, fünf bis zehn Minuten genügen.
> Sie können auch immer mal wieder in ein magentafarbenes Eye Illuminaire Fläschchen schauen, das beruhigt die Augen und wirkt wohltuend auf den Verstand. Ich habe so ein Fläschchen auf meinem Schreibtisch stehen und nehme es gerne zur Hand, wenn viele Eindrücke auf mich einstürmen und mein Geist etwas Ruhe braucht.

Der Hörsinn
Manchmal haben wir aber auch zu viel um die Ohren. Was besagt dieser Ausdruck? Unser Sinnesorgan Ohr kommt mit den verschiedenen, vielfältigen Geräuschen, die auf uns eindrängen, nicht mehr klar. Jedes Geräusch muss vom Gehirn wahrgenommen und eingeordnet werden. Das Gehirn sortiert also ständig danach aus, was für uns wichtig und was unwichtig ist. Es fungiert wie ein Filter und blendet die für uns unwichtig erscheinenden Geräusche oder Stimmen aus. Sie kennen das: Nach einem Meeting erinnert sich jeder an etwas anderes und manchmal scheinen ganze Passagen ausgeblendet gewesen zu sein.

Wenn wir zu viele Geräusche schnell hintereinander hören, wie etwas das „Ping" einer eingehenden Mail, die Nachricht, dass ein Social-Media-Like eingetroffen ist oder auch die Information, dass eine Messenger-Nachricht unsere Aufmerksamkeit erfordert, wir zudem die unterschiedlichsten Telefongespräche führen und von Meeting zu Meeting hasten, können unsere Ohren und unser Kopf schnell einmal zu voll sein. Wenn wir dann nicht gegensteuern mit etwas Stille, in der sich für einige Zeit gar nichts an Tönen bewegt, kann es sogar zu einem Tinnitus kommen, einem unangenehmen Fiepen oder Summen in den Ohren. Sie können den Tinnitus allerdings vermeiden, wenn Sie auf ein paar Zeichen achten. Ist der Kopf zu voll, beginnen die Ohren sich zurückzuziehen, es fühlt sich an als würden sich die Gehörgänge verengen und die Ohren wollten nicht mehr hinhören. Dann ist es Zeit für etwas Ruhe. Denn in diesen Momenten hören wir auch unsere innere Stimme nicht mehr. Der Körper und ganz besonders unser Gehör ist auf Abschotten ausgerichtet. Also ist es wichtig, aufmerksam zu sein und einer Überlastung durch etwas Ruhe vorzubeugen, damit eine solche Situation nicht kurz vor einer großen und wichtigen Sitzung auftritt.

> **Tipp**
> Merken Sie, dass Ihre Ohren „dichtmachen", dann hilft folgende Übung: Summen Sie! Egal wo, ob in Ihrem Büro oder draußen im Park, was immer für Sie möglich ist. Legen Sie die Lippen locker aufeinander und summen Sie laut, kräftig und lang. Holen Sie erneut Luft und summen Sie weiter, und zwar fünf Minuten lang, bis Ihr Kopf wieder frei ist. Durch das Summen entspannt sich Ihr Gehirn, das Zuviel an „Gehörtem" geht über das Summen heraus. Nach fünf Minuten verweilen Sie weitere drei Minuten in Stille. Stellen Sie sich einen Timer, um die Übung vollständig in Ruhe genießen zu können, ohne Sorge, dass Sie zu lange in der Situation verweilen. Spüren Sie während dieser drei Minuten, wie der Atem durch Ihre Nase herein- und wieder herausströmt. Das ist schon alles. Wenn sich nach drei Minuten der Alarm Ihres Timers meldet, können Sie in sich hineinfühlen und prüfen, ob Sie wieder bei sich gelandet sind. Wie fühlen Sie sich? Wie geht es Ihren Ohren? Sind Sie wieder aufnahmebereit? Falls ja, kann die nächste Sitzung starten, denn Ihre Ohren haben sich höchstwahrscheinlich wieder geöffnet und Sie können wieder hinhören, was der Tag Ihnen mitzuteilen hat.

Neben den alltäglichen auf uns eindringenden Geräuschen gibt es auch heilende Klänge. Klänge, die uns guttun, vor allem, nachdem wir die Stille haben zu Wort kommen lassen und nachdem wir den Kopf und die Ohren freigemacht haben. Ich kann Ihnen nicht raten, mit vollem Kopf in ein Konzert zu gehen. Ich habe es ausprobiert und mir waren selbst die angenehmsten Klänge von Lang Lang oder Ludovico Einaudi zu viel. Mit leerem Kopf und weit offenem Gehör hingegen sind Konzerte ein Ohrenschmaus, eine wahre Freude und ein Labsal für die Seele. Die Augen zu schließen und sich von den Klängen der Musik davontragen zu lassen ist ein Genuss, der bis in die kleinste Zelle Ihres Körpers vordringt und Sie zum Klingen bringt. Lassen Sie also heilende Klänge wieder in Ihr Leben kommen und genießen Sie das Gefühl, das diese Klänge in Ihnen wachrufen, in vollen Zügen.

Doch nicht jeder Klang ist für alle geeignet, also finden Sie zuerst heraus, welche Klänge Ihnen guttun. Ist es meditative Musik, ist es klassische Musik? Ist es eher Gesang oder sind es Klangschalen, Trommeln, Mantren? Wählen Sie die Klänge für sich aus, bei denen Ihr Herz aufgeht, Klänge, die dazu führen, dass Sie mit sich in Kontakt kommen. Ich mag beispielsweise indische, klassische Musik, weil sie den Klang der Instrumente mit der Stille vereint und sie mich beim Zuhören über das Herz zur Seele führt. Bei der Weltmusik von Ravi Shankar und seiner Tochter Anoushka Shankar wird westliche Musik mit indischer verknüpft. Klassische indische Instrumente werden gemeinsam mit der Musik eines westlichen Orchesters kombiniert. Was scheinbar nicht zusammenpasst, führt im Inneren zu einer ungewohnten, neuartigen Harmonie.

Die westliche Musik unterteilt die Oktave in zwölf verschiedene Halbtöne, die indische in 22 verschiedene Töne. Auf den ersten Blick verträgt sich die Musik nicht miteinander, aber wenn Sie einmal ein solches Konzert besucht haben, werden Sie spüren, was die Andersartigkeit sogar bei den Musikern auslöst. Sie spielen scheinbar entfesselt und mit großer Leidenschaft. Dieses Andersartige, das Ausprobieren von Neuem, entfacht nicht nur bei Musikern die Leidenschaft – vielleicht auch bei Ihnen?

Der Geruchssinn
Wenn wir ein Essen wahrnehmen oder einen exquisiten Wein begutachten, passiert das in der Regel über die Nase. Wir saugen mit unserer Nase den Duft der Gewürze auf, wir fächeln uns das Bouquet des Weines zu. Bei vielen Menschen, die eine Infektion mit dem Coronavirus durchmachen mussten, war laut deren Aussage mit das Schlimmste, dass ihr Geruchssinn ausfiel. Manche Berufe sind auf ihre Nase angewiesen, ohne sie geht nichts mehr. Ich habe auch beispielsweise schon einmal einen Winzer ayurvedisch behandelt, dessen Geruchssinn nicht mehr funktionierte. Das kam einer Arbeitsunfähigkeit gleich und ist in etwa vergleichbar mit einem Musiker, der schwerhörig ist.

Sicher kennen Sie den Ausdruck „ich habe die Nase voll". Auch hiermit drücken wir aus, dass unser Sinnesorgan Nase „genug" hat. Wenn das über längere Zeit der Fall ist, führt es häufig zu einer Erkältung, besonders zu einer Nasennebenhöhlenentzündung und unter Umständen auch zu einer Stirnhöhlenentzündung. Der Grund? Manchmal können wir eine andere Person nicht riechen. Entweder ist uns die Person unsympathisch oder sie trägt einen

Duft, den wir nicht mögen. Unsere Riechsensoren sind empfindsam, und das sollen sie auch sein.

Vermutlich kennen Sie die folgende Situation aus Ihrem Arbeitsalltag: Sie kommen in einen Konferenzraum und die Luft ist abgestanden von dem vorherigen Meeting. Sie möchten die Fenster öffnen, doch es gibt keine Fenster im Raum. Die Klimaanlage funktioniert nicht ausreichend. Abgestandene Konferenzluft ist Gift für ein gutes, kommunikatives Klima und Lüften ist wichtig, damit der kreative Gedankenfluss wieder in Gang kommt. Unternehmen kommen aus meiner Sicht nicht nur wegen der Coronaviren nicht mehr ohne Luftreiniger aus. Wenn sich also kein Fenster öffnen lässt, sind diese Luftreiniger eine gute Alternative. Sie befreien nicht nur von Viren und Bakterien, sondern reinigen den Raum auch von der Atmosphäre vorhergehender Meetings.

Um Ihr Riechen zu trainieren und Ihren Geruchssinn zu stärken, riechen Sie immer mal wieder an klaren Düften: an Kaffeebohnen, an Rosen, an Sandelholz, an frischen Erdbeeren, an Lavendel, an Zedernholz. Das belebt die Sinne und sorgt für Klarheit. Wenn Sie wollen, können Sie mit gezielt eingesetzten Aromaölen sogar Ihre Stimmung beeinflussen. Orangen- und andere Zitrusdüfte sorgen für positive Stimmung. Lavendel beruhigt, Rose und Sandelholz wirken kühlend, Kaffee anregend. Spannend ist, dass Düfte nicht nur in der Nase wahrgenommen werden, sondern, dass es sogar Duftrezeptoren in Herz, Lunge und Nieren gibt. Genau deshalb kann Aromatherapie eine tiefergehende Wirkung entfalten. Eine Duftlampe oder ein mit Aromaduft getränkter Kork können in Ihrem Büro ein angenehmes Raumklima und positive Stimmung schaffen.

Ich persönlich mag klare Düfte und nicht den heutigen Mischmasch aus diversen, mit künstlichen Duftstoffen angereicherten Produkten wie Duschgel, Deo, Shampoo und Eau de Toilette. Das kreiert bei mir ein Unbehagen, und meine Nase rümpft sich, ohne dass ich es möchte. Ich mag Produkte, die nur nach dem duften, was darin enthalten ist, also ohne zugesetzte Aromen. Wenn ich ein Parfüm auflege, dann hat es etwas Reines. Aber das darf ja jeder für sich selbst entscheiden. Ihre Nase wird Sie leiten.

> **Tipp**
> Um Ihren Riechsinn zu schärfen, dadurch auch feinere Geruchsnuancen wahrzunehmen und um klarer in Ihren Sinneswahrnehmungen zu werden, können Sie morgens die Wechselatmung mit ca. 20 Zyklen anwenden (Abschn. 8.1). Die Wirkung der Wechselatmung ist noch intensiver, wenn Sie zuvor jeweils drei Tropfen

Nasya-Öl oder ein anderes natürliches Nasenöl in jedes Nasenloch träufeln und es so weit wie möglich nach oben, also quasi Richtung Gehirn hochziehen. Ihre Kiefer- und Stirnhöhlen werden dadurch frei und es atmet sich leichter. Ein wunderbarer Nebeneffekt ist, dass auch Ihr Verstand wieder klarer wird, das heißt, die Wechselatmung können Sie auch zwischen Meetings anwenden, damit Ihr Verstand in kürzester Zeit wieder frisch wird.

Geschmackssinn

Wir kommen jetzt zu den Gaumenfreuden, zum Geschmackssinn. Nachdem wir den Geruch einer Speise oder eines Getränks wahrgenommen und den Anblick genossen haben, steigt die Erwartung auf den möglichen Geschmack: das Wasser läuft uns im Mund zusammen. Haben uns der Anblick und der Geruch bereits überzeugt, führen wir wahrscheinlich voller Andacht die Speise zum Mund. Wir fühlen die Wärme oder Kühle, die Konsistenz, bewegen die Speise im Mund hin und her oder kauen darauf herum und warten, bis sich der Geschmack über die Geschmacksknospen vollends entfaltet hat. Stimmt der Geschmack mit dem, was wir zuvor über die Augen und vor allem über die Nase wahrgenommen haben, überein, kommt es förmlich zu einem Festival der Sinne – und Augen, Nase, Mund, ja unser gesamtes Selbst erfreuen sich an der Speise. Leider ist es so, dass sich die Geschmacksrezeptoren aufgrund unserer Ernährung und unseres Alters verändern und sogar im Laufe des Lebens weniger werden. Doch es ist trotzdem möglich, weiterhin zu genießen.

> **Tipp**
> Wenn Sie den Eindruck haben, dass Ihre Geschmackrezeptoren etwas nachgelassen haben, folgender Tipp für Sie: Wir können eine Art „Reset" des Geschmackssinns machen. Dafür ernähren wir uns über einige Zeit mit möglichst naturbelassenen Lebensmitteln und verzichten auf das Übermaß an Salz und Zucker sowie scharfen Gewürzen. Plötzlich schmeckt ein Basmati Reis süß und der Chicorée Salat angenehm bitter. Geben Sie sich etwas Zeit für diesen Geschmacksreset, es dauert einige Tage oder sogar Wochen, bis Ihre Geschmacksrezeptoren wieder „genullt" wurden. Und dann erleben Sie Ihr Essen neu.

Die Haut

Zum krönenden Abschluss unserer Sinnesreise kommen wir zur Haut. Sie ist unser größtes Sinnesorgan. Manchmal laufen uns Schauer über den Rücken, wir sind zutiefst berührt oder fühlen uns wohl in unserer Haut. Begegnungen und Situationen gehen uns unter die Haut und manchmal bekommen wir

Gänsehaut, wenn wir durch Worte berührt werden. Unsere Haut kommuniziert ständig mit uns und reagiert auf unsere Umwelt, ob wir es bewusst wahrnehmen oder nicht. Eine zärtliche Berührung entspannt uns, tut gut, bei einer aggressiven Berührung ziehen wir uns zusammen. Die Haut kann erregt sein, dann scheinen wir mehr Sinnesrezeptoren zu haben als normalerweise. Wir können uns öffnen, fühlen uns weit, alle Sinne sind geschärft. Unsere Zellen vibrieren, sind lebendig und aufnahmefähig. Doch es geht auch in die andere Richtung: Unangenehme Erfahrungen führen dazu, dass wir unsere Sinne „dichtmachen", damit auch die Haut. Alles zieht sich zusammen. Als größtes Sinnesorgan enthält unsere Haut sehr viele Sinnesrezeptoren. Die unterschiedlichen Rezeptoren reagieren auf Temperatur, Druck, Schwingungen, Schmerz und Berührungen jeglicher Art.

Nehmen Sie auch gerne Massagen? Dann kennen Sie sicher auch den Unterschied zwischen einer mechanischen Massage und einer Massage, die berührt. Es können die gleichen Griffe sein, aber wenn die Masseurin oder der Masseur mit dem Herz dabei sind, spüren Sie mit der Zeit nicht mehr, dass sie massiert werden. Irgendwann werden Sie zu dem Körperteil, das gerade massiert wird und am Ende spüren Sie nur noch Ihre innere Weite. Besonders gut gelangen Sie in einen solchen Zustand durch eine ayurvedischen Abhyanga Massage mit warmem Öl, die von erfahrenen Therapeuten durchgeführt wird.
Bei einer Sportmassage wird das eher nicht der Fall sein. Dabei steht das Durchkneten und Lockern der Muskulatur im Vordergrund. Ich weiß nicht, wie es Ihnen geht, aber es gibt für mich kaum etwas Schöneres, als nach einem anstrengenden Tag kurz in die Sauna zu springen und danach eine Wohlfühlmassage zu bekommen. Die gefühlvolle Berührung tut nach dem Ausschwitzen der Schlacken und dem damit verbundenen Loslassen der negativen Energien besonders gut. Danach kurz warm duschen und dann im Bademantel vor den Kamin setzen, in dem knisterndes Holz für gemütliche Atmosphäre sorgt – herrlich! Wenn Sie keinen Kamin haben, finden Sie sicherlich einen anderen geeigneten Platz, um die Entspannung zu genießen.
Nutzen Sie die Möglichkeiten, die Ihnen das Sinnesorgan Haut bietet. Wenn Sie sich schon länger verschlossen und unsensibel fühlen, weil Sie über einen längeren Zeitraum großen Herausforderungen ausgesetzt waren und sich keine Auszeiten genommen haben, kann eine Selbsterfahrungsgruppe über das Wochenende Abhilfe schaffen. Das Angebot ist groß. Ich mag am liebsten Körperprozesse, beispielsweise Kurse in intuitiver Massage. Intuitive

Massage öffnet die Sinnesrezeptoren der Haut wieder, Sie fühlen mehr und nehmen Ihre Umgebung besser wahr. Oder Sie buchen sich ein Tantra Retreat. Dabei geht es nicht um zügellosen Sex, sondern um Empfindsamkeit und darum, sich einzufühlen. Tantra Retreats sind auf körperliche Erfahrung ausgerichtet und auf das Lebendig-Sein. Dabei werden z. B. bei verbundenen Augen verschiedene Berührungen gefühlt. Wie fühlt sich diese Hand an, ist sie rau, warm, zärtlich, kühl oder wie fühlt sich ein Seidentuch oder eine Feder an? Diese Berührungserfahrungen wirken öffnend, nicht nur für die Poren der Haut, sondern auch für das Herz. Die Erfahrungen sind sehr intensiv, daher empfehle ich Ihnen eine Teilnahme nur dann, wenn Sie bereits Erfahrung in Selbsterfahrungsgruppen gemacht haben und Sie sich herantrauen, mehr über sich und Ihre Empfindungen zu erfahren.

> **Tipp**
> Wenn Sie Ihrer Meinung nach verschlossen und eher gefühlsarm sind, buchen Sie sich als erstes ein Wellness-Wochenende mit Sauna, Massagen und kosmetischen Behandlungen. Gönnen Sie sich eine Extraportion Berührung.

So weit, so gut. Doch was bringt Ihnen die Intensivierung Ihrer Sinneswahrnehmungen? Sie werden lustvoller leben, offener sein und auch auf Veränderungen in Ihrer Arbeitswelt schneller reagieren können, weil Sie bereits Nuancen einer beginnenden Veränderung spüren werden. Vorausgesetzt auch hier wieder, dass Sie mit sich in Verbindung stehen und immer wieder in einen ausgeglichenen, glücklichen, klaren Zustand zurückkehren.

5.3 Beispiel: Meeting in der Bekleidungsbranche

Leider laufen Meetings, die ohne das Triple-L-Konzept stattfinden, heute eher ab wie im Folgenden beschrieben. Gehen wir dazu in ein Team Meeting der Bekleidungsbranche, in dem das Sortiment der nächsten Saison besprochen werden soll. Die Geschäftsleitung möchte kostengünstige Innovationen in der Damenoberbekleidung sehen. Hierzu treffen sich der Chef-Designer (Typus Kreativer), der Chef der Marketing Abteilung (Typus Kreativer Macher), der Vertriebschef (machender Erhalter), die Produktmanagerin (Macher), der Bereichsleiter der Produktion (machender Erhalter) und die Chefin des Einkaufs (Erhalter). In Tab. 5.2 finden Sie eine Übersicht über die teilnehmenden Führungstypen.

Tab. 5.2 Meeting 2 – die Typen in der Übersicht

Chef-Designer	<Kreativer>	K
Marketingchef	<Kreativer Macher>	KM
Chef des Vertriebs	<Machender Erhalter>	ME
Produkt Managerin/Team Leitung	<Macher>	M
Bereichsleiter der Produktion	<Machender Erhalter>	ME
Chefin des Einkaufs	<Erhalter>	E

Das Meeting findet um 9:30 Uhr statt. Es stehen Café, Tee, gekühlte Getränke und Kekse auf dem Tisch. Manche haben gefrühstückt und manche nicht, manche laufen schon geistig auf Hochtouren, manche nicht. Eine ganz normale Mischung, so wie sie in jedem Unternehmen vorkommt. Seit 8:00 Uhr sind alle im Büro. Manche ausgeschlafen, andere nicht, manche gestresst von ihrem Morgen, weil sie schon so früh im Büro sein müssen, andere entspannt, weil sie sich erst einmal ausgiebig in der Kaffeeküche auf einen Schwatz getroffen haben.

Das Meeting wird von der Produktmanagerin (M) eröffnet, sie leitet das Team, denn alle Kompetenzen laufen bei ihr zusammen. Ihr Job ist es, die Fronten zu klären, für einen reibungslosen Ablauf des Meetings und später des gesamten Projekts zu sorgen. Nach einem kurzen Hallo und Einstiegsfloskeln zur Klärung der Fronten startet der großgewachsene, sehr schlanke und extrem nervöse Chef-Designer (K) damit, seine Ideen in Form von Hunderten von Fotos, Skizzen, Farbkarten und Drucken zu präsentieren. Er ist begeistert von seinen neu gewählten, kühlen Farben, den neuartigen Stoffen und besonders den innovativen Verschlüssen seiner Blusen. Er zeigt, dass das Designerlabel Balmain diese Art der Verschlüsse in der letzten Show bei Kleidern eingesetzt hat, und er ist sich sicher, dass diese zum Trend werden. Niemand in der Runde weiß, dass er wegen des Meetings die letzten beiden Nächte kaum geschlafen hat und auch das Frühstück ausgelassen hat, weil er Magendruck verspürte.

Der Marketingchef (KM) atmet hörbar seine Missempfindung aus. Er ist von mittlerer Statur, sehr dynamisch und extrem schnell mit seinen Schlussfolgerungen. Aus seiner Sicht sind diese Farben ein Unding. Er stellt sich eine farbenfrohe Kampagne mit exotischen Models aus dem Sudan vor und nicht etwa kühle Farben an nordischen Blondinen. Er hat sowohl die passenden Slogans parat, also auch die Models im Kopf, die er buchen möchte, und hat natürlich auch die Orte schon ausgesucht, die für das Shooting geeignet sind. Seine klare Meinung: Nein, da soll sich der Herr Chef-Designer noch mal was Besseres überlegen. Das passt ja so gar nicht in die heutige Zeit. Bei seiner

Schilderung haut er mehrere Male mit der Faust auf den Tisch, um seine Meinung zu unterstreichen.

Und schon geht es zwischen Chef-Designer und Marketingchef in eine für alle nervige Diskussion, die bald zu eskalieren droht. Kein Double-Arrow-Effekt auf beiden Seiten. Der Chefdesigner ist mehr als beleidigt, denn er kann nicht verstehen, weshalb sich der Marketingchef in seine Designer-Fragen einmischen will. Außerdem möchte er sich gar nicht in Diskussionen verlieren, er möchte kreieren und ist gedanklich auch schon wieder einen Schritt weiter. Der Marketingchef möchte sich durchsetzen, er will seine Macht demonstrieren und lässt dem Chef-Designer keinen Raum. So gibt es auf beiden Seiten keinen Konsens, stattdessen aber reichlich verletzte Gefühle und das Gefühl, vom anderen nicht angenommen zu werden.

Die Teamleiterin und Produktmanagerin (M) interveniert und macht darauf aufmerksam, dass es heute Innovationen braucht, um auf dem Markt Bestand zu haben. Die Modebranche ist schnelllebig, und ständig müssen Unternehmen sich neu erfinden. Sie wirkt ruhig und klar, ist von mittlerer Größe und hat einen muskulösen Körper. Die von Balmain gezeigten Verschlüsse seien doch mal etwas ganz anderes und vielleicht sogar kostengünstig herzustellen. Wie wäre es denn, eine ganz andere Kampagne für die kommende Saison zu kreieren, dazu würde dem kreativen Herrn aus der Marketingabteilung doch sicher noch mehr einfallen. Er sei ja immer sehr inspirativ mit seinen Ideen und Kampagnen. Durch ihre vermittelnden Worte haben sich die beiden Kontrahenten – zumindest nach außen hin – etwas beschwichtigen lassen. Innerlich aber haben sich nach diesem Machtwort etwas zurückgezogen, der Chef-Designer schmollt und der Marketingchef versteckt sich hinter seinen Papierstapeln und seinem Smartphone. Beide sind dadurch nicht mehr in einem hundertprozentig anwesenden und wachen Zustand.

Jetzt meldet sich der Vertriebschef (ME) zu Wort. Er ist leicht übergewichtig, wirkt ruhig, aber bestimmt. Er weiß, was er will und kann auch länger in einer Sitzung verweilen, bis er die Chance sieht, seine Meinung kundzutun und durchzusetzen. Er möchte gerne noch die beiden bestverkauften Oberteile der letzten Saison zusätzlich auflegen lassen. Die haben sich schließlich hervorragend verkauft, und er wisse ja nicht, ob diese neuartigen Verschlüsse auf den Shirts mit den kühlen Farben den gleichen Absatz bringen würden. Während er seine Gedanken kundtut, nascht er immer wieder von den vor ihm stehenden Keksen.

Der Designer rollt die Augen und wird nervös. Am liebsten wäre er schon langst aufgesprungen und aus dem Raum gelaufen. Nur nichts Neues ausprobieren, immer nur beim Altbewährten bleiben – wie er das hasst. „Klar, wir können immer wieder das gleiche auflegen, nur keine Veränderung", motzt er und ist sichtlich entnervt. Kein Double-Arrow-Effekt, keine Verbindung mit sich …

Der Vertriebler meint, er wolle die beiden Oberteile nur zusätzlich in der Produktion wissen und dann natürlich in den kräftigen Farben, auf keinen Fall in den kühlen Farben.

Jetzt mischt sich auch der Marketingchef wieder in die Diskussion ein. „Genau, kräftige Farben", findet er auch, „bloß keine kühlen". Und schon folgt die nächste Eskalation. Die Teamleiterin ist am heutigen Tag stark gefordert. Sie führt fort: „Wir haben doch gerade darüber gesprochen, dass Innovationen wichtig in der heutigen Zeit sind, dass der Konsument schon alles im Kleiderschrank hat und man ihm etwas Neues bieten müsse. Nur so sind Kunden in die Geschäfte zu locken!" Sie möchte jetzt noch vom Einkauf wissen, ob die besagten Stoffe der letzten Saison noch vorrätig sind, und wenn ja, wie viele Meter davon. Die Chefin vom Einkauf (E), eine korpulente freundliche Dame, schaut in aller Ruhe in ihre Lagerliste und sagt, dass nur einer der Stoffe, und zwar der korallfarbene Stoff, vorrätig sei. Damit ließen sich genau 4000 Shirts in den gängigsten Größen fertigen.

Um die festgefahrene Situation wieder zum Laufen zu bekommen, wendet sich die Produktmanagerin an den Bereichsleiter der Produktion (ME). Er ist ein ruhiger, aber bestimmter Mann, der sich gut konzentrieren kann und mit Bedacht auf die jeweilige Situation eingeht. Leider macht es ihm mehr Freude, auf die vergangenen Produktionen zu schauen, als auf neue. Auf die Frage, ob er neben einer neuen Produktion auch noch die Shirts der letzten Saison auflegen könnte, meint er ja, damit habe er kein Problem. Er hätte jedoch ein Problem mit diesen komplizierten Verschlüssen, die plötzlich so innovativ und wichtig wären. Wie sollen das seine Näherinnen in Fernost hinbekommen? Warum können es nicht die üblichen Verschlüsse sein? Warum Balmain Verschlüsse? Schließlich würde es sich bei ihrem Modelabel um tragbare Mode für jede Frau handeln und nicht um Designerware. Alles Blödsinn. Die Situation scheint erneut festzufahren. Die Stimmung ist negativ angereichert. Das Projekt, eine neue Kollektion für die nächste Saison aufzulegen, droht zu scheitern.

Die Teamleiterin läutet eine kurze Pause mit den Worten ein: „In 15 Minuten treffen wir uns hier wieder, und dann werden wir dieses Meeting in Übereinstimmung abschießen."

Was passiert? Alle laufen in ihre Büros, checken die Mails, fragen bei ihren Assistenten nach, was es Neues gibt, genehmigen sich noch schnell einen Kaffee und ein paar Kekse und kommen angespannt statt entspannt in den Konferenzraum zurück.

Inzwischen ist es 12:00 Uhr und die Stimmung ist nicht gerade die beste. Die Produktmanagerin fragt, wie die allgemeine Meinung der Anwesenden für die vom Designer vorgeschlagene neue Kollektion wäre. Oder ob eine andere Farbgebung für die Shirts eine bessere Absatzchance haben würde? Produktion und Einkauf haben keine Farbmeinung, das Marketing wünscht kräftige Farben und der Vertrieb ist mit seiner Wiederauflage der Shirts besänftigt und stimmt den kühlen Farben zu. Das Marketing versucht, den Einkauf zu überzeugen. Wäre es nicht sinnvoll, zu der Wiederauflage der korallfarbenen Shirts noch eine kräftige Farbe für die neuen Shirts zu wählen, damit könnte doch sicher ein besserer Preis verhandelt werden? Die Dame vom Einkauf ist nicht der gleichen Meinung, denn die „Resteverwertung" hätte ja nichts mit der neuen Kollektion zu tun. Diese Stoffe müssten auf jeden Fall neu eingekauft werden, und dieses Mal sollte die Mengen auch besser kalkuliert werden. Sie werde die Preise bis zur nächsten Sitzung einholen.

Der Bereichsleiter der Produktion soll bis zur nächsten Sitzung die Zahlen zur Erstellung der neuen Produktion liefern. Er muss sich mit der Dame des Einkaufs darüber abstimmen, was alles zur neuen Produktion bestellt werden muss und was vielleicht noch vorrätig ist. Dazu gehören, Stoffe, Verschlüsse, Garn und alles was sonst noch dazu gehört damit die Näherinnen arbeiten können. Die Produktion sollte kostengünstig sein und in bester Qualität. Es handelt sich schließlich um eine Marke im mittleren Preissegment für ein anspruchsvolles und trotzdem preisbewusstes Klientel.

Der Designer fühlt sich noch immer missverstanden, der Marketingchef auch, der Vertrieb hat ein Zugeständnis bekommen und ist jetzt etwas hoffnungsfroher, die freundliche Einkäuferin ist nach wie vor ruhig, auch wenn sie alle Hände voll zu tun haben wird, die ausgefallenen wie die üblichen Waren von den ihr bekannten Lieferanten zu bekommen. Nicht alle sind einverstanden mit dem Ergebnis der Sitzung, haben aber trotzdem ihre Aufgaben zu erledigen. Das Meeting wird beendet und mehr oder weniger frustriert kehren alle Beteiligten an ihren Arbeitsplatz zurück. Die meisten laufen in die Kantine, um ihren Frust mit einem gehaltvollen Essen mit Nachtisch zu betäuben.

So oder ähnlich können Meetings ablaufen. Sie sind zu lang, oft ineffektiv und wenig innovativ. Die Bremser und Negativdenkenden bestimmen das Geschehen und das Ergebnis der Meetings. Die Innovativen, Kreativen haben es schwer, und das nicht nur wegen möglicher Zusatzkosten. Es kann beruhigend sein, das Bewährte mit einzubeziehen, aber wie wäre es, wenn sich nicht alle am Bewährten orientierten und den Neuerungen ihre Aufmerksamkeit schenken würden? Innovationen können im Unternehmen selbst entstehen, sie müssen nicht von außen kommen. Doch dafür braucht es Einfühlungsvermögen und die Bereitschaft aller Beteiligten, sich auf Neuerungen einzulassen. Und optimalerweise das Triple-L-Konzept, um die Weichen dafür zu stellen.

Im Meeting war es zu spüren, dass die Teilnehmer nicht in Kontakt mit sich selbst waren. Sie haben auf ihr Gegenüber reagiert, als würden sie angegriffen. Sie haben nicht hingehört, was die jeweils anderen sagten und aus welchem Blickwinkel sie gesprochen haben. Die Teamleiterin musste immer wieder intervenieren, damit die Situation nicht eskaliert. Das zeigt, dass es wichtig ist, dass sich nicht nur die Abteilungsleiter selbst besser lesen lernen, den Double-Arrow-Effekt anwenden und das Triple-L-Konzept leben.

Erinnern Sie sich noch an das Meeting des Getränkeherstellers? Auch hier gab es Herausforderungen zu bewältigen, doch im Gegensatz zu diesem Meeting, das nicht optimal verlaufen ist, herrschte beim Getränkehersteller eine positive Meetingkultur. Es gab kreative Pausen, und die Teammitglieder waren während des Meetings mit sich im Inneren verbunden und haben in zufriedener, klarer, offener und positiver Manier miteinander kommuniziert. Das Meeting lief entspannter ab und die Ergebnisse wurden zügiger und nachhaltiger erzielt.

Nun haben Sie schon eine erste Vorstellung, wie sich das Triple-L-Konzept auf Meetings in Ihrem Unternehmen auswirken wird. Doch was lässt sich noch alles ändern, wie können Sie es als Führungskräfte einfacher haben, wie können Sie lustvoller leben und leidenschaftlicher agieren? Ich werde jetzt mit der körperlichen Ebene fortfahren und Ihnen aufzeigen, dass es einfach ist, bei sich selbst anzufangen, sich selbst gut zu lesen, seine Bedürfnisse zu kennen, um sie dann an das jeweilige Team weiterzugeben.

Lesen Sie bitte alle Abschnitte im nächsten Kapitel, auch wenn Sie sich als Führungstyp bereits entdeckt und erkannt haben. Sie werden dadurch Ihr Gegenüber besser erkennen und unterstützen können und auch wissen, ob es genau dieser Typ ist, der in Ihrem Team noch als ergänzendes Glied fehlt.

Vital Leadership ist ein ganzheitliches Konzept. Lust, Leidenschaft und Lebenskraft entstehen im Zusammenwirken der Führungstypen und auch ihrer psycho-mentalen Zustände. Lassen Sie uns also einmal genauer hinsehen, wie alles zusammenhängt.

6

Die drei Menschentypen im Detail

Wenn Sie ein ungeduldiger Macher sind und sofort herausfinden wollen, welcher Führungstyp Sie sind, dann schauen Sie gerne auf meiner Webseite www.harshagramminger.de vorbei. Dort gibt es den Führungstypen-Test, und Sie erfahren schon direkt einige Details zu Ihrem Typ. Für diejenigen, die jeden der Typen besser verstehen wollen, folgt nun die detaillierte Beschreibung.

Insgesamt unterteile ich die Menschentypen in drei Grund- und vier Mischtypen. Die meisten von uns sind Mischtypen. Es ist für das Verständnis einfacher, zunächst die drei Grundtypen und deren Eigenschaften unter die Lupe zu nehmen. Da Sie als Führungstyp natürlich erst einmal wissen wollen, wie Sie persönlich ticken und wie Sie Ihre Qualitäten mit einfachen Mitteln besser entfalten können, schlage ich Ihnen vor, sich selbst erst einmal genauer zu betrachten. Denn, nur wer sich selbst gut versteht, kann auch andere führen. Ich lade Sie also ein, anhand der folgenden Beschreibungen zu erkennen, wer Sie sind – und danach, wer Ihre Mitmenschen sind. Ich wünsche Ihnen an dieser Stelle schon einmal viele Aha-Effekte. Los geht's!

6.1 Erkennen Sie den Kreativen

Illustration: Eva Strobel

6.1.1 Körperliche Merkmale

Äußerlich sind Sie entweder klein und zart oder Sie haben Model- oder Basketballspieler-Größe. Ihre Augen sind eher klein, sie bewegen sie lebendig hin und her und wollen Ihre Umgebung, die Stimmung, alles, was sich um sie herum befindet, erkunden und sind immer neugierig auf das Andere, das Neue. Ihre Haare kräuseln sich gerne zu Löckchen und sind fein, Ihre Haut neigt zu Trockenheit, Ihre Muskulatur ist drahtig und eher wie die eines Marathonläufers. Sie können die Gelenke jederzeit knacken lassen. Sie bewegen sich gerne und mögen nicht lange stillsitzen. Lange Meetings sind für Sie ein Gräuel. Die kalte Jahreszeit mögen Sie gar nicht, denn Sie frieren leicht. Im Büro muss es im Winter sehr warm sein, sonst fühlen Sie sich nicht wohl. Sie sind ein Sonnenanbeter und nutzen jeden Sonnenstrahl, der sich zeigt. Sie werden durch die Sonne richtig tiefbraun. Da Sie Wärme lieben, ist es Ihnen egal, dass Ihre Haut von der Sonne früh faltig werden könnte. Die Falten werden Sie nicht vom Sonnenbaden abhalten. Hauptsache, es ist warm.

Sie haben eine sehr schnelle Auffassungsgabe und können gar nicht verstehen, dass andere Menschen so langsam denken. Sie folgen am liebsten schnell Ihren Eingebungen. Sie lieben es, zu kreieren und nach Möglichkeit in irgendeiner Form künstlerisch tätig zu sein. Regelmäßigkeiten findet man in Ihrem Leben nicht. Sie brauchen Abwechslung und vergessen schon mal die Uhrzeit, wenn Sie mit etwas beschäftigt sind, das sie fesselt. Ach ja, da war doch so etwas wie essen? Das haben Sie glatt verschwitzt. Ach, die Mittagspause ist schon vorbei?

Dann nehmen Sie leider, was wenig förderlich ist, einen Schokoriegel oder irgendetwas anderes zum Knabbern zu sich. Das Wassertrinken vergessen Sie auch schon mal. Diese Unregelmäßigkeiten in Ihrem Tagesablauf führen dann leider dazu, dass Sie mitunter etwas rastlos wirken, Ihr Magen mit Magendruck reagiert und Ihre Verdauung zu wünschen übrig lässt. Wenn Sie längere Zeit in dieser Form nicht auf sich achten, kommt es zu Gelenkproblemen und Schlafstörungen. Es kann auch passieren, dass Sie sich bei längeren Auseinandersetzungen in sich selber zurückziehen und der Unfrieden Sie seelisch stark mitnimmt.

6.1.2 Ihre Stärken als Führungstyp

Sie wirken auf Ihr Team mitreißend, enthusiastisch, optimistisch und ideenreich. Sie sind die Innovation schlechthin. Wenn es nach Ihnen ginge, wäre Ihr Unternehmen ein Vorreiter in Sachen Zukunftsvisionen. Sie spüren den Puls der Zeit, haben Visionen und leben die Leichtigkeit des Seins. Das passiert bevorzugt, wenn Sie mit sich in Kontakt sind und frei agieren können. Sie haben eine enorm schnelle Auffassungsgabe und sind neuen Ideen gegenüber stets aufgeschlossen. Sie sind mit Ihrer vor Lebensfreude sprühenden Energie sehr beliebt. Wenn Sie für einige Zeit nicht vor Ort sind, werden Sie vermisst. Sie sind gerne unterwegs, folglich sind Sie Geschäftsreisen gegenüber nicht abgeneigt.

6.1.3 Daran sollten Sie im Umgang mit sich und anderen denken

Sie sind blitzschnell, hellwach und früh auf den Beinen. Es gibt aber in Ihrem beruflichen und privaten Umfeld Menschen, die wesentlich langsamer sind als Sie, die später aufstehen und nicht alles auf Anhieb verstehen. Diese Menschen sind weder dümmer noch sind sie grundsätzlich „out of date", sie haben nur einen anderen Rhythmus, als Sie ihn haben. Die langsameren, zu denen ich an anderer Stelle noch kommen werde, bringen Ihnen die notwendige Erdung und helfen Ihnen bei der Realisierung Ihrer Projektideen. Denn Ihre Ideen wollen durchdacht, kalkuliert und auf die Straße gebracht werden. Und das geschieht natürlich nicht im Galopp, sondern innerhalb einer angemessenen Zeit.

Wann immer es Ihnen also zu langsam geht und Sie durch diese Langsamkeit ermüden, gehen Sie kurz vor die Tür, gehen Sie schaukeln, spielen Sie Tischtennis gegen die Wand, tanzen Sie oder atmen Sie vor der Tür mehrere Male in den Bauch und stoßen Sie später wieder zu den Meetings dazu. Könnte es auch sein, dass Sie manchmal entnervt sind, weil Ihre Konzentration nachlässt? Ist ja nicht schlimm, dann brauchen Sie eben eine kurze Pause. Sorgen Sie für sich. Kein anderer wird das für Sie tun.

6.1.4 Was Ihnen gut tut und was Sie brauchen, um sich wohl zu fühlen

Starten Sie ruhig früh in den Tag, wenn Sie ein Frühaufsteher sind. Vielleicht ist es möglich, schon um 7:00 Uhr im Büro zu starten oder zumindest einen kleinen Bewegungsworkout am Morgen zu machen. Wenn Sie direkt mit 150 % in den Tag gestartet sind und Sie um 13:00 Uhr eine Erschöpfung spüren, gehen Sie bitte nicht zum Kaffee-Automaten. Essen Sie eine Kleinigkeit und legen Sie sich dann für 15 Minuten in den Ruheraum, falls es ihn schon in Ihrer Firma gibt. Ansonsten können Sie anregen, einen solchen Raum zur Verfügung zu stellen. Legen Sie sich ein Augenkissen auf die Augen und entspannen Sie sich. Das Powernapping tut Ihnen gut. Danach sind Sie wieder frisch. Jetzt passt vielleicht ein Verdauungstee oder ein Ingwertee. Ihnen tun warme Getränke immer gut, und Ingwer hat außerdem noch eine stimulierende Wirkung. Nachmittagstief adé.

Da Sie Meetings oft ermüdend finden, weil Sie Ihnen zu langatmig erscheinen, gönnen Sie sich in den Pausen Bewegung. Wie oben erwähnt, helfen schaukeln, Tischtennis spielen, auf die Rutsche gehen, zehn Minuten Seil springen im Open Space oder Fitnessraum, ein paar Yoga Asanas (Übungen) wie Drehsitz, Kobra, Pflug, Knie-Brust- Pose, Schulterstand, Halbes Rad, Kopfstand für Geübte oder einfach nur ein paarmal den Sonnengruß (s. Abschn. 8.2) zu wiederholen. Ein Open Space ist ein offener, leerer Raum, der auf verschiedene Arten von der Führungsetage oder ggfs. auch Ihren Mitarbeitern genutzt werden kann. Lassen Sie Ihrer Fantasie freien Lauf!

Nach einigen Geschäftsreisen oder vielen aufeinanderfolgenden Terminen können allerdings auch Sie aus dem Gleichgewicht geraten. Das kann sich in einer Lärm- und Kälteempfindlichkeit, nächtlichen Wadenkrämpfen, Muskelzuckungen und im Extrem in Angststörungen und Panikattacken äußern. Da heißt es jetzt nicht, sich Anxiolytika (angstlösende Medikamente) vom Arzt verschreiben zu lassen, sondern einen Tag frei zu nehmen und sich einen Wellness-Tag zu gönnen. Ihre Ohren sind besonders sensibel. Deshalb ist Stille in solchen Momenten für Sie äußerst erholsam. Hören Sie auf Ihren Körper und gönnen Sie sich die Stille, die Einkehr und eine wohltuende ayurvedische Massage mit warmen, wohlduftenden Ölen. Bei einer ayurvedischen Massage beispielsweise wird Ihnen das warme Öl auf den Körper geträufelt und mit sanften, langsamen Streichungen verteilt. Diese sinnlichen Berührungen lassen Sie alle Anspannung vergessen, und es werden Ihnen vielleicht tiefe Seufzer entgleiten. Jeder Seufzer kommt aus dem tiefsten Inneren und zeugt von Loslassen. Versuchen Sie, sich nicht zu kontrollieren. Die Seufzer geschehen nur dann, wenn Sie in diesem Moment richtig für Sie sind. Manche Ayurveda-Therapeuten geben vor einer Ganzkörper-Abhyanga (Ölmassage) auch ein paar Tropfen warmes Öl in die Ohren und massieren die Ohren dabei. Diese knetenden Bewegungen sind sehr wohltuend, und das innere Gehör beginnt, sich zu entspannen. Das Abschotten der Ohren nach außen löst sich auf.

Das Tüpfelchen auf dem i wäre ein Stirnguss, ein sogenannter Shirodara nach erfolgter Ganzkörper-Massage. Meiner Erfahrung nach ist es von Vorteil, an einem Tag eine Ganzkörper-Abhyanga zur Entspannung zu wählen und erst am Tag darauf nach einer zweiten Abhyanga einen Stirnguss. Das entspannt noch nachhaltiger.

Dadurch, dass das auf Körpertemperatur erwärmte Öl aus einem Kupfergefäß fließend langsam über die Stirn hin und her bewegt wird, werden Sie in einen Zustand gebracht, wie Sie ihn zuletzt im Mutterleib erlebt haben. Sie fühlen sich geborgen und behütet. Der Therapeut streicht Ihnen dabei noch sanft über den Kopf und das Öl läuft von rechts nach links auf Ihrer Stirn, bis der Strahl schließlich auf dem dritten Auge, also zwischen den Augenbrauen verweilt. Diese Anwendung sorgt für sehr tiefe Entspannung. Der Verstand wird still, die Lärmempfindlichkeit lässt nach, die Anspannungen verfliegen und Sie kommen wieder nach und nach zu sich selbst zurück.

An solchen Wellnesstagen darf natürlich auch ein warmes, leichtes Essen nicht fehlen. Als Essensauftakt darf es gerne eine warme gut gewürzte Suppe geben und nach der Hauptspeise ein leichtes, aber süßes Dessert. Gönnen Sie sich das in Ihrem Wellness-Tempel, lassen Sie sich bedienen und genießen Sie jeden Bissen. Vielleicht wollen Sie auch in Ruhe auf Ihrem Zimmer speisen, weil Sie in einem sehr empfindsamen Zustand sind.

Gehen Sie auf keinen Fall nach einer solchen tiefen Entspannung an Ihren Laptop oder an die Bar. Trinken Sie noch etwas warmes Wasser nach dem Essen und legen sich anschließend auf die Couch. Vielleicht lesen Sie noch etwas, hören klassische Musik oder tun einfach gar nichts.

6.1.5 Tipps für den Alltag

Sie mögen zwar keine Regelmäßigkeit, weil Sie kreativ sind, versuchen Sie es aber trotzdem mit wenigstens zwei regelmäßigen, warmen Mahlzeiten am Tag. Wählen Sie koffeinfreie warme Getränke und meiden Sie kohlensäurehaltige Getränke. Halten Sie sich warm. Wählen Sie weiche Stoffe für Ihren Körper. Gönnen Sie sich ein gemütliches Büro, das Wärme ausstrahlt. Greifen Sie zu erwärmenden Farben. Erlauben Sie sich Pausen. Planen Sie Entspannungstage ein. Arbeiten Sie nach Möglichkeit nicht in klimatisierten Räumen oder neben einem lauten Drucker. Gewähren Sie sich auch Natur und Konzerte oder Ballettabende. Ihre Sinne mögen Kunst und Musik. Liege ich richtig?

Ernährung
Probieren Sie mal einen warmen Getreidebrei, wie z. B. einen Porridge zum Frühstück. Kochen Sie ihn mit Milchersatz also Mandelmilch, Hafermilch oder Reismilch. Sie können noch zwei Teelöffel Mandelmus einrühren oder auch ein paar Rosinen hineingeben, wenn Sie das mögen. Vielleicht haben Sie bisher ein kaltes Frühstück zu sich genommen. Dann probieren Sie unbedingt ein warmes Frühstück aus, das folgende Vorteile bietet: Es unterstützt Ihre Verdauung, Sie bleiben länger satt und haben keine Heißhungerattacken mehr. Ihr Körper verliert keine Energie bei der Verdauung, weil ihm die Arbeit durch eine warme Mahlzeit abgenommen wird. Ihr Körper wird von innen gewärmt, was förderlich für ein starkes Immunsystem ist, und Sie fühlen sich nach dem Frühstück angenehm leicht und gleichzeitig gut gesättigt. Porridge liefert Ihnen wichtige Nährstoffe wie Eiweiß, Ballaststoffe, langkettige Kohlehydrate, Vitamine und Mineralstoffe und jede Menge ungesättigte Fettsäuren. Wenn das mal kein Grund ist, morgens früh gleich mit einem warmen Frühstück zu starten, oder?

Nehmen Sie täglich mindestens zwei warme Mahlzeiten zu sich, ein warmes Frühstück und noch eine weitere warme Mahlzeit. Nach Möglichkeit jeweils zur gleichen Zeit. Überlegen Sie sich, wann diese Zeiten sein könnten, zu denen Sie sich wirklich zum Essen Zeit nehmen wollen und auch Muße zum Essen haben. Die Speisen sollten gut gewürzt sein, also immer mit frischem Ingwer oder etwas schwarzem Pfeffer. Weitere Gewürze, die gut zu Ihnen passen, sind Kurkuma und Asafötida (ein Knoblauchersatz), schwarzes Salz (Kala Namak) oder Himalaya-Salz, Cumin, Senfsamen, Zimt und Cardamom. Frische Kräuter passen natürlich zur Garnierung und Verfeinerung zu jedem warmen Essen. Vermeiden Sie weißen Zucker, normales Speisesalz, Weizenbrot und kohlesäurehaltige, kalte Getränke, denn das mögen weder Ihr Magen noch Ihr Dickdarm. Gehen Sie mit Brot sehr sparsam um. Ihrem Körper bekommen warme, feuchte, leicht ölige und gut gewürzte Speisen. Essen Sie eine Mischung aus Getreide, Proteinen, Gemüse und Obst. In Tab. 6.1 finden Sie Empfehlungen. Wählen Sie davon das aus, was Sie gerne mögen.

Sport
Als erstes möchte ich Ihnen vom Typus Kreativer sagen, dass sie sich bitte nicht so mit dem Muskelaufbau schinden sollen. Sie werden nicht zum Typ Schwarzenegger heranreifen, auch wenn Sie noch so viele Gewichte stemmen und Proteinshakes trinken. Sie sind der feingliedrige Typ. Vielleicht mögen

Tab. 6.1 Ernährung für Typus Kreativer

Obst	Früchte wie Banane, Kokosnuss, Apfel, Feige, Trauben, Mango, Melone, Orange, Papaya, Pfirsich, Ananas, Pflaume, Beeren, Kirschen, Aprikose, Avocado. Alle Früchte können auch als Trockenobst, aber nur in kleinen Mengen, verzehrt werden. Generell gilt für Obst: Mindestens eine Stunde vor oder nach den Mahlzeiten, außerdem nicht am Abend verzehren.
Gemüse	Gekocht: Spargel, rote Beete, Karotte, Süßkartoffel, Rettich, Sellerie, Zucchini, Spinat, Sprossen, Tomaten, gedünstete Zwiebeln und Knoblauch nur in geringen Mengen.
Getreide	Hafer (gekocht), brauner Reis, Weizen.
Tierische Produkte	Eier (Omelette/Rührei), Fisch, Huhn und anderes weißes Fleisch.
Hülsenfrüchte	Keine Bohnen mit Ausnahme von Mung-Bohnen, besser Mung-Dal.
Zum Süßen	Jaggery (getrockneter Zuckerrohrsaft), brauner Vollrohrzucker.
Gewürze	Alle Gewürze, Pfeffer und Chili nur in kleinen Mengen.
Milchprodukte und Ersatzprodukte	Ghee (geklärte Butter), frische Milch, Sahne, Paneer (Frischkäsezubereitung). Pflanzliche Milch und Tofu als veganer Ersatz.
Öl	Alle biologischen Öle.

Sie Langstreckenlauf oder Radfahren. Das trainiert die Ausdauer und formt die Muskulatur. Mögen Sie auch alles, was mit schnellen Bewegungen zu tun hat und wobei es auf Reaktionsschnelligkeit ankommt? Dann toben Sie sich aus. Die meisten Damen werden alle Arten von Tanz mögen. Das kommt Ihrem Koordinationsvermögen und ihrer geistig regen Natur entgegen. Egal, ob Salsa, Hipp Hopp oder argentinischer Tango, Step-Dance oder Ballett, gehen Sie Ihrer Leidenschaft nach. Die Zeit dazu finden Sie immer.

Mit Sport können Sie Ihre Anspannung loswerden und wieder zu Ihrer Mitte zurückkehren. Beim Laufen dreht sich alles um wiederkehrende, rhythmische Bewegungen. Viele Läufer berichten von einem „Flow"-Moment, oft auch als Runner's High bezeichnet. Ein rauschähnlicher Zustand, in dem alles fließt und Sie quasi von alleine laufen. Wer öfter läuft, wird das Phänomen kennen: Nach einem längeren Lauf sind alle Probleme wie weggeblasen oder die naheliegende Lösung taucht vor dem inneren Auge auf. Durch Bewegung werden Beta-Endorphine im Körper freigesetzt. Diese körpereigenen Peptide steuern die Informationsübermittlung zwischen den Nerven- und Gehirnzellen und haben eine entfernt dem Opium verwandte Wirkung: Depressive Stimmungen werden vertrieben, das Schmerzbewusstsein sinkt. Durch das Schwitzen haben Sie außerdem noch einen natürlichen Detox und regen damit auch noch gleichzeitig Ihren Stoffwechsel an.

Und was sagt die Spiritualität (frei nach Osho) dazu? „Das bloße Dasein des Körpers ist Glückseligkeit. Wenn Sie Ihren Körper lieben, entspannen Sie sich und sorgen für ihn. Daran ist nichts verkehrt; Ihren eigenen Körper zu lieben ist nicht narzisstisch. Tatsächlich ist es der erste Schritt zur Spiritualität." (Osho 1987)

6.1.6 Meditation

Sie als flinker Kreativer, der immerzu schnell agiert, brauchen selbstverständlich zum Ausgleich auch die andere Seite in Ihrem Leben, nämlich Stille. Wenn Sie den Ruhepol in sich nicht finden, kann es passieren, dass Sie sich ungerecht behandelt und vom Ganzen abgetrennt und isoliert fühlen. Bei Ihnen als schöpferisch agierende Person ist es besonders wichtig, dass Sie täglich zu sich zurückkehren, sich erden, denn sonst können Sie Ihre Kreativität nicht mehr so leben, wie sie gelebt werden will. Sie würden sich dann selbst blockieren und weit hinter Ihren Möglichkeiten zurückbleiben. Dann kann es leicht passieren, dass Sie Ausreden benutzen, weshalb Sie gerade nicht so kreativ sind, wie z. B. dass man Sie daran hindert. Hm, so ist es aber nicht. Sie wissen ja, dass Sie genau dann die für Sie typische Strahlkraft haben, wenn Sie in sich selbst verankert sind, Ihr Verstand sich nicht einmischt und Sie sich frei fühlen. Sie sind einzigartig. Es gibt keinen zweiten Menschen wie Sie. Genau Ihre Qualitäten sind heute gefragt.

Diese Einzigartigkeit in sich zu entdecken, wird durch Meditationen gefördert. Durch Meditation entdecken Sie, was Sie wirklich erfüllt und was Sie zum Erblühen bringt. Die Frage ist, welche der vielen Methoden für Sie die geeignete ist. Es gibt mindestens 112 bekannte Meditationen und unzählige weitere. Es kommt darauf an, die geeignete für Sie herauszufinden. Das heißt nicht, dass Sie lebenslang dieselbe Meditation machen müssen.

Bei Meditationen geht es darum, den inneren Beobachter zu entdecken, zu erkennen, dass wir weder unser Verstand noch unser Körper sind, sondern der Beobachter von beidem. Falls das zu abstrakt für Sie klingt, lade ich Sie jetzt ein, mich zu einem Sonnenuntergang an Meer zu begleiten. Erinnern Sie sich an den letzten Sonnenuntergang am Meer, den Sie gesehen haben? Sie sehen, wie die orangefarbene Sonne sich als Feuerball am Horizont in Richtung Wasser bewegt. Sie sehen die Sonne, das glitzernde Wasser. Sie sehen, wie sich der Himmel in den verschiedensten Rottönen verfärbt. Sie sehen, wie die Sonne langsam das Meer küsst, der Horizont dabei rosa bis tiefrot leuchtet und die Sonne nach und nach im Meer versinkt. In diesen Momenten haben Sie das Gefühl von Eins-Sein, eins mit diesem Sonnenuntergang: Es gibt keine Trennung zwischen Ihnen und diesen wundervollen Farben am Firmament, Sie fühlen sich erfüllt und frei, da spricht kein Verstand und auch der Körper schweigt. Das ist ein Moment tiefster Meditation. Wir alle haben diese Momente des Innehaltens und der Ausdehnung. Bei manchen ist es ein Sonnenuntergang, für andere ist es ein Spaziergang im Wald. Es braucht nur etwas Abstand zum hastigen Leben der heutigen Zeit. Da wir nicht jeden Tag den Sonnenuntergang am Meer beobachten können, ist es förderlich, wenn wir uns in unserer Wohnung oder in unserem Haus einen Ort der Stille schaffen. Ich habe mir in jedem meiner Häuser einen Raum der Stille eingerichtet. In diesem Raum gibt es nur Yogamatten und Meditationsstühle und einen Buddha, der mich daran erinnert, Innenschau zu halten, mehr nicht. Wenn Sie keinen ganzen Raum zur Verfügung haben, dann wählen Sie eben eine Ecke in Ihrer Wohnung aus. Ihr Ort der Stille kann auch im Schlafzimmer oder in einem anderen Raum sein. Wichtig ist, dass Sie sich ungestört zurückziehen können. Ich habe einen Meditationsschal, den ich mir zum Meditieren umlege. Dieser Schal ist wie ein Schutzschild, das ich verwende, um ganz nach innen zu gehen und mich dabei beschützt zu fühlen.

Meditation muss nicht ewig dauern. Wenn Sie etwa zehn bis 15 Minuten Zeit haben, um in die Stille zu gehen, dann setzen Sie sich einfach bequem auf einen Stuhl oder ein Mediationskissen und halten den Rücken gerade. Sie können jeden Stuhl nehmen, es muss kein Meditationsstuhl sein. Wichtig ist nur, dass Sie frei atmen können und nicht zusammengesunken sitzen. Jetzt nehmen Sie vier bis fünf tiefe Atemzüge, wobei das Ausatmen länger dauern darf als das Einatmen. Kreisen Sie kurz Ihre Schultern, um sie zu lockern und recken und strecken Sie kurz Ihren Oberkörper. Wenn das Lockern etwas länger dauern sollte, ist das auch in Ordnung. Hauptsache, der Rücken und die Schultern haben sich gelockert. Jetzt schließen Sie die Augen und tun einfach NICHTS. Lassen Sie die Hände auf Ihren Oberschenkeln ruhen und machen Sie gar nichts. Schauen Sie sich einfach an, was da kommt oder nicht kommt, welche Gedanken vorbeiziehen, vielleicht schnell, vielleicht langsam, vielleicht kommt Ihnen auch gerade die beste Idee des Tages. Auch wenn Sie anfangs noch unruhig und keine tiefe Versenkung in die Meditation spüren können, bleiben Sie trotzdem aufmerksam sitzen. Wenn es Ihrer Meinung nach zu viele Gedanken sind, die Ihnen da von Ihrem Verstand aufgezeigt werden, können Sie zwischendurch in Ihren Bauch atmen, das fördert das Absenken in Richtung Hara, dem Energiezentrum, welches etwa vier Finger breit unter Ihrem Nabel im inneren Ihres Bauchraums zu finden ist. Bleiben Sie einfach da und lassen die Energie frei fließen. Nichts ist wichtig, außer diesem Moment.

Das ist eine ganz einfache Meditation, die Sie überall und zu jeder Tageszeit machen können und auch gleichzeitig eine Vorübung zu einer Vipassana-Meditation. Die Vipassana-Meditation basiert auf einer Methode von Gautama Buddha.[1] Sie dient dazu, Bewusstheit, Achtsamkeit, Wachheit und das Zeuge-Sein zu üben. Es gibt verschiedene Arten, wie diese Meditation ausgeführt werden kann. Ich beschreibe hier die Form, die ich kennengelernt habe.

Die Vipassana-Meditation dauert 45 Minuten und besteht aus stillem Sitzen und 15 Minuten bewusstem Gehen im Anschluss. Insgesamt benötigen Sie also eine Stunde. Finden Sie zu Beginn eine Sitzposition, in der Sie bequem über 45 Minuten sitzen können. Sie können die Körperhaltung auch ändern, wenn es nötig wird. Wichtig ist, dass Ihr Rücken dabei immer gerade bleibt. Ihre Augen sind geschlossen. Stellen Sie sich vorab den Timer Ihres Smartphones.

Beobachten Sie alles, was in ihrem Verstand und Körper geschieht, und nehmen Sie es an. Richten Sie Ihr Bewusstsein auf Ihren Bauch und beobachten Sie, wie sich Ihr Bauch oberhalb des Nabels durch das Ein- und Ausatmen hebt und senkt. Es kann passieren, dass Sie immer wieder von der

---

[1] Siddhartha Gautama lehrte als Buddha den Dharma (die Lehren) und wurde als solcher der Begründer des Buddhismus. Er wird im Allgemeinen als „der historische Buddha" bezeichnet (Wikipedia 2022).

Beobachtung des Atems abgelenkt werden, das ist in Ordnung. Versuchen Sie, sich nicht zu konzentrieren. Alle Eindrücke aus der Außenwelt, Ihre Gedanken, Urteile, Gefühle und Körperempfindungen beziehen Sie in Ihrer Beobachtung mit ein. Es ist wichtig, *dass* Sie beobachten und nicht so sehr, *was* Sie beobachten.

Wenn Sie diese Meditation in einer Gruppe machen, kann es passieren, dass der Gruppenleiter Sie ab und zu mit dem Vipassana-Stock sanft berührt, um Sie zu ermutigen, bewusst zu sein und es zu bleiben. Für mich waren das immer die Momente des Zurückkommens, weil ich dadurch aufmerksam wurde, wo ich gerade mit meinen Gedanken war.

In der zweiten Phase stehen Sie langsam und bewusst auf und beobachten, Sie wie sich Ihre Füße beim Gehen vom Boden abheben und den Boden wieder berühren. Richten Sie Ihre Augen nach unten und nur wenige Schritte vor sich. Bleiben Sie bewusst beim Gehen. Schlagen Sie ein Tempo ein, dass nur etwa halb so schnell ist, wie Sie normalerweise gehen.

Als kreativer Typ werden Sie die Vipassana-Meditation lieben. Ich glaube, weil es scheinbar das Gegenteil ist von dem, was Sie nach außen leben. Sie sind so lebendig und freudig, und deshalb wird Ihnen die Stille gar nicht zugetraut. Ich erinnere mich an eine Vipassana-Lehrerin, die sehr schnell gesprochen hat, sich schlecht konzentrieren konnte und sozusagen eine Person war, die gefühlt überall, also „all over the place" war. Diese bemerkenswerte Frau vom Typus Kreative war die beste Vipassana-Lehrerin, die man sich vorstellen kann. Sobald sie ein Retreat geleitet hat, war sie zentriert, in sich ruhend und absolut klar in ihrer Wahrnehmung. Es war so, als hätte Sie bei sich einen Zentrierknopf gedrückt. Wenn diese Dame es kann, können auch Sie aus Ihrer Fahrigkeit und Unkonzentriertheit, die Sie vielleicht im Alltag behindert, herauskommen und in Nullkommanichts in Ihrem Stille-Pol landen. Es bedarf nur einiger Übung.

Wenn Sie diese einstündige Meditation ohne körperliche Wehwehchen vom langen Sitzen überstanden haben und beginnen, die Stille zu genießen, können Sie den nächsten Schritt wagen. Sie buchen ein Vipassana-Retreat in einem Kloster oder irgendwo in der Natur. Auf jeden Fall an einem stillen Ort. Bei einem Retreat sitzen Sie über zehn Tage etwa sechs Stunden täglich in Stille. Sie sprechen in dieser Zeit mit niemandem, auch nicht beim Essen. Es ist klar, dass dort Handy und Laptop-Verbot herrschen. Sie sind für zehn Tage nur mit sich, gehen vielleicht durch die Hölle und auch wieder zurück. Aber, am Ende sind Sie ein neuer Mensch. Sie werden verstehen, welche Spielchen der Verstand spielt und wie er gemeinsame Sache mit dem Körper macht, und Sie werden gelernt haben, wie Sie sich in sich versenken. Der Berufslärm bleibt fortan von Ihrem Inneren fern. Ihr Verstand wird kristallklar sein.

Wenn Sie diese Meditation weiterführen, werden Sie nie mehr Opfer Ihrer Umstände, Sie werden wissen, dass unangenehme Dinge passieren und dass wir in dieser Welt nun einmal leben, aber Sie werden nicht mehr davon gebeutelt werden. Und last but not least, Ihre Sinne werden nach dem Retreat geschärft sein. Sie werden vieles genießen, was Sie zuvor noch nicht einmal wahrgenommen haben. Ihre Wahrnehmung im Außen wächst, während Sie gleichzeitig in Selbstbeobachtung sein werden. Unweigerlich werden Sie künftig den Double-Arrow-Effekt anwenden, er wird Ihnen in Fleisch und Blut übergehen, ganz ohne Anstrengung.

Was Meditationen bewirken können, lässt sich sogar messen: Laut einer Studie aus dem Jahr 2011 (Hölzel et al. 2011) wirken sich regelmäßige Meditationen und Achtsamkeitsübungen auf die Struktur unseres Gehirns aus. Die Teilnahme an einem achtwöchigen Meditationsprogramm schien bei den Probanden Veränderungen in Gehirnregionen zu bewirken, die mit Gedächtnis, Selbstgefühl, Empathie und Stress verbunden sind. In der Studie, die in *Psychiatry Research* veröffentlicht wurde, berichtete ein Team unter der Leitung von Harvard-nahen Forschern des Massachusetts General Hospital (MGH) über die Ergebnisse ihrer Studie, die erste, die durch Meditationen hervorgerufene Veränderungen in der grauen Substanz des Gehirns im Laufe der Zeit dokumentierte.

Eine Studie der Michigan State University aus dem Jahr 2019 fand heraus, dass Meditation Menschen helfen kann, weniger Fehler zu machen. Die in Brain Sciences veröffentliche Studie (Lin et al. 2019) testete, wie eine geleitete Meditation, die sich auf das Bewusstsein der Gefühle, Gedanken oder Empfindungen konzentriert, während diese sich in Geist und Körper entfalten, die Gehirnaktivität in einer Weise verändert, die es den Teilnehmern ermöglicht, Fehler häufiger zu erkennen.

Und hier ist noch eine sehr interessante Studie, die aufzeigt welche Auswirkungen die Vipassana Meditation sogar bei chronischen Herzerkrankungen haben kann: Eine in PubMed im Jahr 2020 veröffentlichte Langzeitstudie zeigte auf, dass bei Patienten mit dekompensierter Herzinsuffizienz und implantiertem Kardioverter-Defibrillator, bei den drei Mal wöchentlich Meditierenden, nicht nur ein Trend zu verbessertem Überleben sondern auch weniger Arrhythmien zu verzeichnen waren, als in der Kontrollgruppe (Aditee et al. 2020).

Fühlen Sie sich jetzt motiviert, auch einmal die Stille auszuprobieren? Dann legen Sie los und seien Sie Vorreiter künftiger Kreativ-Generationen.

6.1.7 Achtsamkeitsübungen

Der Double-Arrow-Effect
In diesem Buch habe ich schon häufig vom Double-Arrow-Effect gesprochen. Und auch, wenn es Ihnen vielleicht anfangs seltsam vorkommt, einen „Pfeil" auf sich selbst zu richten, wird Ihnen die Anwendung dieses Effekts, der sich aus dieser Übung ergibt, im Alltag äußerst nützlich sein. Die Anwendung des Effekts ist ganz leicht zu üben. Während Sie in die Außenwelt schauen, egal ob Sie Menschen, die Natur oder bestimmte Dinge ansehen, versuchen Sie gleichzeitig, nach innen zu schauen. Spüren Sie, was das Bild im Außen mit Ihnen im Inneren macht. Wenn Sie eine Rose ansehen, kann es sein, dass Ihr Herz aufgeht und Sie im Inneren spüren, wie wohl Ihnen dieser Anblick tut. So etwas kann natürlich auch bei dem Anblick Ihres schnittigen Sportwagens passieren. Sie fühlen sich beflügelt, sind stolz auf Ihren Besitz.

Doch es gibt natürlich nicht nur Angenehmes im Leben, wie Sonnenauf- und -untergänge oder einen schicken Flitzer. Es kann auch sein, dass Sie einen Kollegen anschauen und dieser bei Ihnen ein ungutes Gefühl auslöst. Durch den Double-Arrow-Effect nehmen Sie Ihr Gefühl einfach wahr, ohne es zu verändern. Sie werden aus diesem Gefühl heraus den Kollegen nun nicht angreifen, sondern sich dessen bewusst sein, dass er in Ihrem Inneren ein ungutes Gefühl auslöst, mehr auch nicht. Wenn Ihnen diese Art der Sicht auf Mensch und Natur in Fleisch und Blut übergegangen ist, haben Sie eine glasklare Wahrnehmung. Sie nehmen wahr, wie Sie sich von Äußerlichkeiten beeinflussen lassen und sind gleichzeitig davon befreit. Ich gebe zu, es bedarf einiger Übung, aber der Effekt ist besonders für jegliche Arten von Meetings ein sehr befreiender. Eine offene und klare Wahrnehmung lässt uns die richtigen Entscheidungen treffen und ein besserer Teamplayer werden.

Schluss mit dem Chaos in den Schreibtisch-Schubladen
Als Kreativer fällt es Ihnen oft schwer, Ordnung zu schaffen und diese auch einzuhalten. Das ist wirklich viel verlangt, vor allem, weil sich so viele kleine Dinge in Ihren Schreibtischschubladen befinden. Schon tausendmal haben Sie aussortiert und geordnet, aber das Chaos kommt immer wieder zurück. Wie wäre es, das Projekt Schreibtisch-Schubladen erneut anzugehen? Es gibt so einige Tricks, wie die Schubladen nachhaltig geordnet werden können. Hierzu können Sie sich etwa Sammelboxen für Kleinteile und Schubladeneinsätze bestellen. Messen Sie vorher aus, welche Boxen sie brauchen und

gehen Sie dann das Projekt an. Sie werden sehen, es tut Ihnen wirklich gut, wenn Sie danach eine Ihrer Schubladen öffnen und die Ordnung darin sehen. Lassen Sie die Ordnung auf sich wirken. Sie tut Ihrem Kopf und Ihrer Seele gut. Kümmern Sie sich regelmäßig, beispielsweise einmal wöchentlich, darum, dann hat das Chaos keine Chance mehr, sich auszubreiten. Was nicht gebraucht wird, dürfen Sie entsorgen.[2]

Barfuß auf dem Rasen gehen
Was ich auch gerne mache, um mich zu erden, und was wir auch in den Seminaren, die ich gebe, immer wieder gerne tun, ist, auf einer gepflegten Rasenfläche oder in einem Park die Schuhe auszuziehen, die nackten Füße auf den Rasen zu stellen. Versuchen Sie es auch einmal. Lassen Sie die Füße den Rasen erkunden und schließen Sie für einen Moment dabei die Augen: Ist der Rasen feucht, weich, trocken, hart, spüren Sie einzelne Grashalme, wollen sich die Füße auf der Rasenfläche ausbreiten, sind sie erfreut, weil sie sich frei und ohne Schuhe bewegen dürfen? Lassen Sie Ihre Füße das Kommando übernehmen, denken Sie nicht nach, sondern folgen Sie ihnen. Vielleicht gehen Sie auf die Zehenspitzen, dann auf den Fersen, rollen die Füße ab oder gehen ganz langsam Schritt für Schritt, um dann anzuhalten. Vielleicht stehen Sie mit leicht gebeugten Knien und spüren die Kraft der Erde und damit Ihre Erdung durch die Fußsohlen aufsteigen. Vielleicht atmen Sie tief ein und aus, weil Ihre Anspannung Sie loslässt. Was immer geschieht, es tut gut und führt sie mit Leichtigkeit zurück in Ihre Kraft. Mit dieser kleinen Übung sind Sie nach fünf Minuten wie runderneuert und zu sich zurückgekehrt.

6.1.8 Wie fördern Sie den Kreativen?

Kreative sind offene, freudige Wesen, die neugierig und interessiert sind, die mit Ihrem Ideenreichtum begeistern. Sie leben gerne in ihrem eigenen Flow. Sind Sie selbst kein kreativer Typ, dann vermeiden Sie es, kreative Teammitglieder komplett in Strukturen zu zwängen. Zwar nehmen Kreative oft die Strukturen an, doch nach einiger Zeit wird genau diese Kreativität, weshalb Sie die Person eingestellt haben, stagnieren. Kreative brauchen die Freiräume wie die Luft zum Atmen. Sie stehen gerne früh auf und sind dann auch gleich hellwach und aktiv, weshalb sie es schätzen würden, wenn Sie ihnen die Möglichkeit böten, schon früh mit der Arbeit zu starten, vor allem im Som-

---

[2] Anregung hierzu gibt es im Buch „Joy at work: Aufgeräumt und erfolgreich im Arbeitsleben" (Kondo und Sonenshein 2020).

mer. Ich kenne Kreative, die um 5:00 Uhr im Fitness-Studio mit einer Runde Weight lifting und Zirkeltraining starten, um dann um 7:00 Uhr im Büro schon schnell die Mails zu checken. Es ist verständlich, dass Kreative, die so früh starten, um 12:00 Uhr ein kleines Tief haben und erstmal etwas essen sollten. Wenn Sie ihnen diese Pause geben, mit einem kleinen Power Napping im Anschluss, haben Sie einen sehr zufriedenen Kreativen.

Vermeiden Sie bei den Kreativen, die früh starten, die Meetings genau in diese Uhrzeit des ersten Tagestiefs zu legen, denn weder Sie noch die Kreativen werden damit eine Freude haben. Kreative arbeiten schnell und sind direkt am Start, aber sie haben kein langes Durchhaltevermögen und werden Ihnen ganz plötzlich ihre Aufmerksamkeit entziehen, weil sie müde sind. Wenn sie sich dann keine kleine Pause gönnen dürfen, werden sie zum Kaffeeautomaten laufen, Kaffee trinken und Sie ihm nächsten Meeting nervös machen, weil sie immer hin- und herwippen, mit dem Kuli auf den Tisch klopfen oder auf dem Stuhl schaukeln. Sie merken auch, dass Ihre Kreativen im Stressmodus laufen, wenn sie überall ein Chaos hinterlassen. Sie sollten aber auch wissen, dass sie die Teeküche und den Schreibtisch selten komplett aufgeräumt hinterlassen. Selbst wenn sie sich bemühen, bleiben hier und da trotzdem Kleinigkeiten zurück.

Achten Sie darauf, sich ein ganzheitliches Bild von Ihren Kreativen zu machen. Schauen Sie nicht nur auf die vermeintlich negativen Dinge, das Chaotische, sondern achten Sie auf die gesamte Persönlichkeit. Sprechen Sie mit den Kreativen in Ihrem Unternehmen. Fragen Sie nach, wie Sie am liebsten in Ihren Tag starten und wann sie ihre Energietiefs haben. Auch wenn es Eigenschaften gibt, die auf die meisten Kreativen zutreffen, so ist doch jede Persönlichkeit einzigartig. Ganz wichtig ist es für Kreative, dass sie nach einer langen, sitzenden Tätigkeit in Bewegung sein dürfen. Zehn bis 15 Minuten genügen. Lassen Sie Ihre Kreativen schaukeln, ins nächste Stockwerk rutschen oder eine Tanzeinheit einlegen. Haben Sie diese Möglichkeiten noch nicht im Unternehmen, ist auch ein Spaziergang förderlich.

Kreative brauchen den Wechsel von Freiraum und Struktur. Ohne Struktur können sie sich verlieren, mit zu viel Struktur geht ihre Originalität verloren. Da die meisten Kreativen gerne früh starten, bieten Sie ihnen ruhig die Möglichkeit an, innerhalb (nicht allzu restriktiver Strukturen) Freiräume zu leben und auch entsprechend früh Feierabend zu machen. Eine Stechuhr-Methode ist nichts für Ihre Kreativen. Kreativität lässt sich nicht pünktlich um 08.00 Uhr an- und um 17:00 Uhr abschalten.

Da Ihre Kreativen mit offenen Sinnen durchs Leben gehen, werden ihnen laute Geräusche und Dauerstress nicht guttun. Sie werden versuchen, sich abzuschotten, um weiterhin zu funktionieren, allerdings unter großem Stress.

Bei umfangreichen Projekten, für die Ihre Kreativen brennen, kennen sie keinen inneren „Stopp" mehr. Sie arbeiten und arbeiten immer weiter, trinken zu viel Kaffee und vergessen dabei das Essen.

Wenn Sie das wahrnehmen, dürfen Sie Ihre Kreativen daran erinnern, mal eine Pause einzulegen, etwas zu essen oder zumindest eine Miso-[3] oder andere Suppe zu sich zu nehmen. Ihre Kreativen müssen sich Energie zuführen und durch die Pause wieder mit sich selbst in Kontakt kommen. Nach dem Abschluss von umfangreichen Projekten, beispielsweise nach sechs Wochen, benötigen Ihre kreativen Mitarbeiterinnen und Mitarbeiter einige Tage Pause. Meist arbeiten sie in solchen Projekten fast rund um die Uhr und verausgaben sich komplett. Geben Sie ihnen dann frei, um sich zu erholen und neue Kraft zu tanken. Da Ihren Kreativen Berührung guttut, buchen Sie Ihnen vielleicht sogar einen Verwöhntag in einer Wellnessoase. Bei einer sanften Ölmassage, wohliger Wärme und Berührungen werden Ihre Kreativen komplett entspannen, um dann mit neuer Energie wieder durchzustarten.

Ihre Kreativen müssen sich immer wieder ausdehnen und auch kreative Pausen einlegen, um danach wieder gut durchstarten zu können.

Welche Einrichtungen im Unternehmen sind für Ihre Kreativen förderlich?

- Kantine mit ganztägig warmen Getränken mit Ingwer, Miso-Suppe, evtl. Tofu dazu, am besten mit Vollkorn-Toast
- Ruheraum oder ruhige Ecke mit der Möglichkeit, sich hinzulegen
- Schaukeln, wenn genügend Raum vorhanden ist
- Leerer Raum zum Tanzen oder Yoga
- Tischtennisplatte, um alleine oder zu zweit zu spielen
- Massage alle vier Wochen

6.1.9 Kreative und die Zusammenarbeit mit anderen

Kreative in Zusammenarbeit mit Machern
Leicht nervös und chaotisch wirkende Kreative und strukturierte, zielorientierte Macher müssen sich erst beschnuppern und die Vorteile der Zusammenarbeit erkennen, bevor sie sich aufeinander einlassen.

---

[3] Die Miso-Suppe ist ein japanisches Suppengericht. Die Suppe besteht hauptsächlich aus Sojabohnen mit Anteilen von Reis oder anderen Getreiden und wird mit den unterschiedlichsten leichten Einlagen aufgepeppt.

Der Macher muss verstehen, dass Kreation eine gewisse Unordnung braucht, um zu entstehen. Er darf lernen, dass in einem laufenden Projekt eine Neuordnung noch nicht sichtbar geworden ist und alles erst einmal nach Chaos aussieht. Das erfordert Geduld vom Macher. Er ist es gewohnt, schnell zum gewünschten Ergebnis zu kommen, denn er weiß um seine Ziele. Er ist ein perfekter Planer und würde gerne die Fertigstellung der neuen Kreation zügig mit einplanen. Doch das funktioniert nicht, Geduld ist gefragt.

Schauen wir noch mal zurück auf die Modebranche. Ständig müssen neue Kollektionen erstellt werden, mindestens viermal jährlich ist die Regel. Dabei sind die Designer, die Kreativen, stetig gefragt und befinden sich häufig am Limit, insbesondere kurz vor Fertigstellung der Kollektion. Oft ändern sie noch kurz vor Abgabeschluss Kleinigkeiten, die aus ihrer Sicht das Ergebnis erst perfekt machen. Der Macher aber denkt schon Wochen vorher: Sieht fertig aus, also kann ich mit der Vertriebskampagne loslegen. Dabei entstehen verständlicherweise Spannungen. Die Kreation wird vom Macher gebraucht, ist wichtig, um innovativ zu sein und neue Märkte zu erschließen. Und auch, wenn ich hier eine sehr kreative Branche gewählt habe, gilt dies für alle Branchen, in denen Produkte oder auch Dienstleistungen angeboten werden.

Der Kreative fühlt sich vom Macher also schnell unter Druck gesetzt. Der Macher möchte ihn strukturieren, ihm zeitliche Limits und andere Begrenzungen setzen. Und das ist auch gut so. Denn alle Kreativen müssen verstehen, dass ihre Kreationen dem Unternehmen rein gar nichts nützen werden, wenn nicht ein wohlstrukturierter Macher die Finger mit im Spiel hat und die Fertigstellung beispielsweise der Kollektionen so plant, dass sie in einem angemessenen Zeitraum auf dem Markt erscheinen und Gewinne einfahren. Kreieren alleine bringt noch keinen wirtschaftlichen Gewinn.

Um erfolgreich zu sein, müssen Kreativer und Macher Hand in Hand arbeiten. Wenn Sie sich gegenseitig als den Menschen anerkennen und verstehen, wie sie selbst und auch ihr Gegenüber ticken, können sie ein erfolgreiches Gespann sein.

Kreative in Zusammenarbeit mit Erhaltern
Der sich schnell durch das Leben bewegende, lebensfreudige Kreative und der Fels in der Brandung, der Erhalter, der manchmal nicht nur liebevoll, sondern auch behäbig wirken kann, mögen sich auf Anhieb sehr.

Der Kreative fühlt sich vom Erhalter beschützt und genährt. Die Ruhe des Erhalters lässt der Kreative gerne in sich einströmen. Er kann mit dessen Hilfe herunterfahren und sich beruhigen. Gerade vor wichtigen Events oder auch

Deadlines ist es förderlich, diese beiden zusammenzubringen. Der Erhalter wird energetisiert und der Kreative beruhigt.

Der Erhalter fühlt sich im Gegenzug vom Kreativen belebt und richtiggehend in Schwung gebracht. Ihm gefällt die quirlige Art des Kreativen. Auch in Sachen Finanzen sind die beiden ein Dream-Team. Dem Kreativen flutschen gerne die Euros durch die Finger, wäre da nicht der Erhalter in der Nähe, der Geld nur sehr ungern ausgibt. Wenn er Geld ausgibt, muss er genau wissen, wofür, ansonsten spart er die Ausgabe lieber. Die gegenseitige Beeinflussung in Finanzdingen ist folglich für beide von Vorteil und führt zu wohlüberlegten Geldausgaben.

Wenn beide nach den ersten erfolgreichen Wochen allerdings beginnen, über einen längeren Zeitraum miteinander zu arbeiten, kann es passieren, dass der Erhalter dem Kreativen den letzten Nerv raubt. Der Erhalter ist für den Kreativen scheinbar enorm langsam geworden und blockiert alle großartigen Ideen! Der Kreative fühlt sich ausgebremst, seine Energie beginnt zu stagnieren und er zieht sich zurück. Dabei möchte der Erhalter nur etwas Ruhe einkehren lassen und nicht immer den neuen Ideen des Kreativen hinterherhecheln. Genau an dieser Stelle herrscht enormes Konfliktpotenzial.

Um Eskalationen zu vermeiden, ist es wichtig, dass der Kreative versteht, dass der Erhalter gleichzeitig auch Erbauer ist. Um Projekte im Detail zu planen, Fehler vergangener Projekte zu beleuchten und Verbesserungen einzuplanen braucht es einfach eine gewisse Zeit. Für den Kreativen ist das Projekt bereits zu Ende, wenn es für den Macher und den Erhalter erst beginnt. Hier darf sich der Kreative entspannen und überlegen, wie er seine Kreativität weiterhin in das laufende Projekt einbringen kann, allerdings ohne wieder das bereits Erreichte über den Haufen zu werfen. Der Erhalter darf den Macher bei der Abwicklung des Projekts mit seiner Fähigkeit des Rückblicks unterstützen. Der Erhalter ist nämlich derjenige, der sämtliche Informationen vorangegangener Projekte gespeichert oder notiert hat. Er erinnert sich an jede Fehlerquelle, aber genauso auch an die Dinge, die gut funktioniert haben, und bringt dieses Wissen gewinnbringend in neue Projekte ein, wenn er etwas Zeit dafür erhält.

Wenn Kreativer und Erhalter sich also respektieren und ihre jeweiligen Stärken anerkennen, können die beiden ein sich gegenseitig befruchtendes und äußerst erfolgreiches Team bilden.

6.2 Erkennen Sie den Macher

Illustration: Eva Strobel

6.2.1 Körperliche Merkmale

Sie sind eine feurige Person von mittlerer Statur und wirken sportlich. Ihre Augen sind mittelgroß, empfindsam gegen Zug und scheinen alles und jeden zu durchdringen. Manche würden Ihren Blick als „stechend" bezeichnen. Ihre Haut ist sensibel und kann zu Sommersprossen neigen. Wenn Sie einen Raum betreten, werden sofort Ihre Dynamik und Ihr Tatendrang spürbar, sofern Sie diese Eigenschaften nicht allzu stark kontrollieren – denn in Ihrem tiefsten Inneren möchten Sie kontrollieren. Sich und andere und das zeigt sich häufig auch im Außen. Ihr Gewicht ist konstant. Falls es einmal aufwärtsgeht, tun Sie sofort etwas dagegen. Ihre Muskulatur ist, zumindest solange Sie Sport treiben, eher wie die lockere Muskulatur eines Sprinters. Sie bauen schnell Muskelmasse auf und mögen die kühle Jahreszeit lieber als die heiße. Sie sitzen im Sommer gerne in einem gut gekühlten Raum. Im Winter sieht man Sie häufig hemdsärmelig umherlaufen, denn Ihnen ist meistens warm.

Wenn Sie träumen, dann finden Sie sich in einem bunten, actiongeladenen Traum wieder. Trotzdem schlafen Sie tief und fest und fühlen sich bereits nach sechs Stunden Schlaf gut ausgeruht und leistungsfähig.

Zu essen vergessen Sie nie. Denn Ihr Appetit ist außerordentlich gut, und wenn der Hunger sich bemerkbar macht, müssen Sie auch essen, sonst werden Sie unleidlich. Wenn Sitzungen in Ihrem Unternehmen länger als geplant und sogar über den Mittag hinaus dauern, müssen Sie zumindest einen Snack zu sich nehmen, denn sonst können Sie sich nicht mehr konzentrieren, oder Sie reagieren dann eventuell ungehalten und impulsiv. Gut, das zu wissen, nicht wahr?

Achten Sie auf das, was Sie zu sich nehmen. Reichlich Kaffee, Rotwein im Übermaß oder größere Mengen an scharfen, frittierten Speisen, möglichst noch mit Mayonnaise oder Ketchup, tun Ihnen nicht gut. Zwischendurch einmal genossen ist es kein Problem, doch auf Dauer wird Ihr Magen mit Sodbrennen und Reflux reagieren, Ihre Haut wird Ekzeme produzieren und vielleicht werden Sie auch noch andere Entzündungen bekommen. Sind Sie ein Macher, dann haben Sie vielleicht das ein oder andere Symptom schon einmal an sich bemerkt und haben sich gefragt, woher es kam. Vielleicht haben Sie es bereits mit Ihrer Ernährung in Verbindung gebracht? Damit lagen Sie wahrscheinlich gar nicht so falsch – hier gilt es also, genauer hinzusehen.

Bei Dauerstress ohne kreative Pausen können Sie mit Bluthochdruck reagieren. Da Sie sich gerne kontrollieren und im wahrsten Sinne des Wortes zusammenreißen, können auch noch Rückenbeschwerden dazukommen. Sie sind ein leidenschaftlicher Mensch, im Beruf wie auch privat. Dabei können bei Ihnen auch die Emotionen hochkochen. Aber, alles nicht so schlimm, denn ich gebe ich Ihnen gleich noch Strategien an die Hand, wie Sie das vermeiden oder in geregelte Bahnen lenken.

Sie können sich lange gut konzentrieren und haben ein ausgezeichnetes Gedächtnis. Darum beneiden Sie viele Ihrer Mitmenschen.

6.2.2 Ihre Stärken als Führungskraft

Sie sind ein hervorragender Mentor, ein brillanter Redner und eine besonnene Führungspersönlichkeit. Sie bereiten sich auf Sitzungen akribisch vor und verfügen über fundiertes Wissen auf Ihrem Sachgebiet. Sie bilden sich gerne weiter, sind wissbegierig und halten Ausschau nach neuen Methoden, die Ihnen und Ihrem Team die Arbeit erleichtern und Sie weiter nach vorne bringen. Mit Ihnen als Projektleiter werden Projekte verlässlich rechtzeitig zur Deadline abgeschlossen. Sie brillieren auch als Dozent, denn Ihr Schulungen haben Hand und Fuß, sind klar strukturiert und nachvollziehbar. Ihre Sprache ist klar und leicht verständlich. Das sind alles wunderbare Eigenschaften, nicht wahr? Doch leider sind Sie mit sich trotzdem nicht zufrieden. Sie fragen sich immer, ob Sie nicht noch mehr hätten geben oder leisten können. Sie zweifeln, ob der Vortrag nicht noch etwas prägnanter hätte sein können, die Darstellung in der Präsentation etwas präziser oder ob in der Verhandlung nicht doch noch ein Prozent mehr Rabatt möglich gewesen wäre. Sie sind ein Perfektionist und streben danach, das Beste aus sich und anderen herauszuholen.

6.2.3 Daran sollten Sie im Umgang mit anderen denken

Sie sind klar strukturiert, kennen Ihr nächstes Ziel, und Ihnen ist völlig klar, wie Sie dort hinkommen. Sie wissen, was Sie wie planen und welche Informationen Sie benötigen und einholen müssen, um das nächste Projekt erfolgreich durchzuführen. Prima. Das würde jetzt vermuten lassen, dass Sie eher autokratisch führen als demokratisch. Wenn das so ist, möchte ich Sie dazu ermutigen, etwas auszuprobieren, was Ihnen und Ihrem Team weiterhilft.

Lehnen Sie sich zurück und hören Sie Ihren Teammitgliedern zu. Fordern Sie jeden auf, seine Meinung, seine Bedenken und seine Kritik frei zu äußern. Durch einen zu strengen Führungsstil würgen Sie die Kreativität in Ihrem Team ab und erzielen nicht das maximal mögliche Ergebnis. Führen Sie situationsbezogen und haben Sie dabei keine Angst, dass Ihnen das Projekt entgleitet. Sie setzen ohnehin die Direktiven, geben Zeitlimits vor und fassen zusammen. Es wird nicht nur Ihrem Team, sondern auch Ihnen guttun, die Kontrolle auch einmal loszulassen. Ganz abgesehen davon, dass es Ihnen mehr Leichtigkeit bringt, tut es Ihrem Magen und Ihrem Blutdruck ebenfalls gut.

6.2.4 Was Ihnen gut tut und was Sie brauchen, um sich wohl zu fühlen

Sie stehen gerne zeitig auf, sind dann gut ausgeschlafen und entweder der Typ, der früh schon Sport treibt oder erst nach Feierabend. Sie sind am liebsten immer um die gleiche Zeit im Büro, Sie mögen es geregelt.

Für Sie ist das perfekte Büro ein lichtdurchfluteter kühler Raum, der nur mit essenziellen Möbeln bestückt ist. Sie mögen klare Linien und brauchen vor allem viel Platz. Sie arbeiten effektiver, wenn Sie ein eigenes Büro haben. Ihr Schreibtisch ist aufgeräumt, nach Post-its sucht man bei Ihnen vergeblich. Sie brauchen einen klaren Raum, um sich nicht von unnützen Dingen und Menschen ablenken zu lassen. Das aufgeregte Geschnatter der Assistenten, der Haustratsch, das alles interessiert Sie gar nicht. Sie wollen sich fokussieren.

Sie essen gerne immer um die gleiche Zeit, auch auf Geschäftsreisen halten Sie Ihre Routine ein. Wenn Sie aus der Balance kommen, vielleicht weil Sie über Tage hinweg schwierige Verhandlungen führen mussten und abends zum Herunterfahren dann zu Wein oder schlimmer noch zu Whisky gegriffen haben, dann zeigt sich das bei Ihnen schnell. In Diskussionen werden Sie ungeduldig, können den Beiträgen anderer nicht mehr aufmerksam zuhören und schlagen eventuell sogar wütend mit der Hand auf den Tisch oder werden laut. Ihr Gegenüber beäugen Sie immer kritischer und maßregeln Ihre Partner am Ende auch noch. Wenn Sie dieses Verhalten bei sich feststellen, wird es Zeit, Maßnahmen zu ergreifen.

Bei leichteren Formen der Aggressivität genügt es, wenn Sie während einer Pause in den firmeninternen Fitnessraum gehen, sich Boxhandschuhe anziehen und auf einen 30 bis 40 kg schweren Boxsack einschlagen. Sie können auch abwechselnd mit den Füßen und den Fäusten auf den Boxsack donnern. Noch besser ist es, wenn Sie ein paar Töne dabei herauslassen. Schreien Sie, fluchen Sie, lassen Sie raus, was kommt. Egal, ob Sie ein Mann oder eine Frau sind, das Boxen ist eine Geheimwaffe. Danach können Sie sich selbst wieder besser ausstehen und auch alle Kontrahenten, die Sie zuvor wütend gemacht haben, sind plötzlich nette, verständnisvolle Kollegen – und das nicht, weil sie Angst haben, zu Boden zu gehen, sondern weil sich Ihre Sicht auf diese Personen verändert hat.

Wenn Sie Ihre Balance verlieren, dann wird es bei Ihnen immer hitzig. Ihnen brennen sprichwörtlich „die Sicherungen durch". Also sorgen Sie dafür, dass Sie Ihr inneres Feuer bei Bedarf kühlen. Der Winter gibt Ihnen eine natürliche Kühlung, während eines heißen Sommers dürfen Sie die Maßnahmen zum Wohlfühlen selber ergreifen. Geeignetes Essen ist dazu eine der vielen Möglichkeiten, dazu komme ich später noch.

Sorgen Sie dafür, dass es in Ihrem Büro angenehm kühl ist. Gönnen Sie sich, wann immer Sie Lust darauf haben, eine Abkühlung in Form einer kühlen Dusche oder einen Sprung in einen Pool, sofern Ihnen dieser Luxus zur Verfügung steht. Trinken Sie kühle, aber keine eisgekühlten Getränke und vor allem – trinken Sie reichlich. Verzichten Sie auf übermäßigen Alkoholgenuss, denn Alkohol erwärmt Sie noch mehr. Lassen Sie auch die Chilis oder andere scharfe Gewürze aus dem Essen, denn die erhitzen Sie ebenfalls.

Nach stressigen Projektwochen gönnen Sie sich bitte ein paar freie Tage in der Natur. Ihnen tut es gut, im Grünen zu sein, frische Luft zu atmen, viel frischen Salat und knackiges Obst zu essen. Vielleicht gehen Sie segeln oder drehen einige Runden auf dem Golfplatz? Vielleicht haben Sie auch Lust zu schwimmen und machen danach ein paar Saunagänge, wodurch sich die Extra-Hitze leicht aus Ihrem System entfernen lässt. Durch den Wechsel von Hitze und Kälte reguliert sich Ihr System. Wichtig ist insbesondere die Abkühlphase, lassen Sie diese auf keinen Fall weg, ansonsten geht der Schuss nach hinten los.

Nach einer Entspannungspause begeben Sie sich am besten in die Hände einer erfahrenen Sportmasseurin oder eines Sportmasseurs. Genießen Sie eine tiefe, kräftige Massage mit kühlenden Ölen. Achten Sie darauf, dass bei einer Ganzkörpermassage auch Ihr Kopf massiert wird. Die Öle dürfen mit Rosen- oder Sandelholzduft oder auch mit Minze und Eukalyptus angereichert sein. Während jeder Muskel bei Ihnen durchgeknetet wird, macht sich bei Ihnen schnell Entspannung breit. Den Kopf lassen Sie sich gerne mit kühlendem Brahmi-Amla Öl[4] in kreisenden Bewegungen massieren, denn es macht jeden überhitzten Kopf wieder angenehm kühl. Und auch, wenn es sich vielleicht seltsam anhört: Es tut Ihnen auch gut, wenn Haarsträhne für Haarsträhne langsam am Haaransatz gedreht wird und damit überschüssige Energie durch die Strähne herausgezogen wird. Probieren Sie es aus! Es fühlt sich so an, als würde jeder überflüssige Gedanke einzeln aus Ihrem Kopf herausgezogen. Die Fülle in Ihrem Kopf verschwindet und Sie sind wieder angenehm klar und frei für neue Taten. Eine weitere angenehme Nebenwirkung dieses Öls ist es, dass der Haarwuchs gefördert wird.

Wenn Sie sich noch einen zweiten Entspannungstag gönnen, kann ich Ihnen neben einer Abhyanga, also einer Ganzkörper Massage, eine kühlende Augenbehandlung empfehlen. Ihre Augen neigen häufig zum Brennen. Eventuell haben Sie auch mit Bindehautentzündungen zu kämpfen. Daran zeigt sich, dass Ihr System zu heiß geworden ist. Eine sehr erholsame Behandlung ist in solchen Fällen die Augenbehandlung Netra Tarpana mit Ghee.[5] Für dieses ayurvedische Augenbad wird aus speziellem Kichererbsenmehl und Wasser ein Teig geknetet, der Ihnen anschließend behutsam um die Augen gelegt wird. Jetzt schließen Sie die Augen, denn die auf diese Weise entstandene „Augenwanne" wird mit geklärter Butter (Ghee) gefüllt. Dieses gereinigte Butterfett befeuchtet die Augen und die umliegenden Hautpartien. Nach einer kurzen Einwirkzeit werden Sie aufgefordert, Ihre Augen zu öffnen. Dies kann sich zunächst merkwürdig anfühlen, wird aber schon nach kurzer Zeit zu einem sehr angenehmen Gefühl. Die Augen werden regelrecht vom Ghee eingehüllt und es scheint, als blickten Sie durch Milchglas. Bewegen Sie dann Ihre Augen in alle Richtungen. Das Ghee-Augenbad wirkt angenehm kühlend und nährend. Danach ist Ihnen eine klare Sicht gewiss und Ihre Augen fühlen sich geschmeidig, entspannt und kühl an. Sie können sich eine solche Behandlung auch zuhause gönnen. Warten Sie nicht darauf, dass Ihre Augen brennen. Besorgen Sie sich eine Augenwanne in der Apotheke und lassen Sie beide Augen nacheinander in Ghee baden. Diese Behandlung tut Ihnen auch ohne Symptome gut.

---

[4] Brahmi-Amla Öl ist im Ayurveda ein klassisches, kühlendes Massageöl.
[5] Ghee ist ein dem Butterschmalz verwandtes Produkt und gehört in der indischen und pakistanischen Küche zu den wichtigsten Speisefetten. Es wird auch für ayurvedische Behandlungen eingesetzt.

Nach den Anwendungen erfrischen Sie sich mit einem Gurkengetränk mit Limette und Minze und bestellen sich ein leichtes, vegetarisches Essen. Nach dieser kleinen Auszeit fühlen Sie sich wie neugeboren, Ihr Kopf ist wieder frei und Ihr Körper fühlt sich angenehm leicht an.

6.2.5 Tipps für den Alltag

Als Macher mögen Sie einen geregelten Tagesablauf, und das ist völlig in Ordnung. Wahrscheinlich handeln Sie in allen Bereichen Ihres Lebens sehr diszipliniert. Dagegen ist gar nichts einzuwenden, denn das ist Ihre Natur. Wichtig ist nur, dass Sie Gewohnheiten wählen, die Ihnen guttun. Sportarten im Freien und vegetarische Ernährung sind für Sie optimal.

Ihr Büro und Ihr Zuhause sind schlicht und elegant. Sie brauchen eine klare Atmosphäre, um sich wirklich wohlzufühlen und um Höchstleistungen erbringen zu können. Sie lieben leichte Kleidung aus Seidenstoffen, die kühlend wirken und Ihren Körper angenehm umhüllen, auch die Bettwäsche darf gerne aus Seide oder einem Seidenmischgewebe sein. Im Winter greifen Sie am liebsten zu leichten Kaschmir-Stoffen. Sie legen Wert auf Qualität, auch bei Schuhen und Accessoires.

Wenn allerdings aus Disziplin übermäßige Kontrolle wird, dann wird es unangenehm – für Sie und für die Menschen um Sie herum. Wer sich selbst kontrolliert macht das meist, ob bewusst oder unbewusst, auch bei anderen. Lassen Sie sich nicht von dem Glaubenssatz „Vertrauen ist gut, Kontrolle ist besser" beherrschen und werden Sie nicht zum Kontrollfreak! Toben Sie sich lieber täglich beim Sport aus und finden Sie ein für sich passendes Loslass-Ritual. Ein entspannter Macher, der nicht unentwegt vorwärtsdrängt und Kräfte messen will, ist ein angenehmer und klarer Zeitgenosse.

Ernährung
Wenn es heiß ist, braucht der Körper Abkühlung. Sie als Macher merken schneller als andere Typen, dass die Hitze zu viel wird. Also sorgen Sie insbesondere im Sommer bei hohen Temperaturen dafür, dass Sie kühlende Lebensmittel zu sich nehmen. Rohkost und frisches süßes Obst bekommen Ihnen besonders gut. Kühlend wirken auch Bittergemüse wie Chicorée mit Quinoa oder Reis, Fleischersatz wie Tofu oder Seitan oder auch Hülsenfrüchte und alle Gemüsesorten.

Morgens starten Sie im Sommer am besten mit einer riesigen Schüssel Obstsalat mit Sahne oder einem Müsli, im Winter können Sie mal zu einem Amaranth-Getreidebrei mit gedünstetem Obst greifen. Wenn es schnell gehen muss, ist ein Porridge mit gehackten Mandeln, angereichet mit einem Esslöffel Leinöl perfekt. Amaranth ist ein glutenfreies Pseudogetreide. Es enthält hochwertiges Eiweiß, weil es besonders viel von der Aminosäure Lysin enthält, welche sonst eher in tierischen Lebensmitteln vorkommt. Amaranth ist reich an Mineralstoffen wie Calcium, Magnesium, Zink und Eisen. Probieren Sie aus, was Ihnen schmeckt und gut bekommt.

Denken Sie daran, immer genügend und vor allem das Richtige zu trinken. Am besten kühlende Getränke wie Gurkenwasser mit Limette und Minze, Pfefferminztee, Melonensaft oder einfach Wasser. Koffeinhaltige Getränke pushen Ihr Feuer nur noch mehr und Sie werden dadurch noch ungeduldiger. Ab und an ein Espresso ist in Ordnung, aber nicht vier oder mehr pro Tag. Falls Sie das Koffein brauchen, ist Matcha-Tee eine gute Alternative. Der enthält viele Antioxidantien und die Wirkung des Koffeins im Matcha-Tee hält länger an als bei Kaffee. Die Erklärung, warum das so ist, wäre an dieser Stelle sehr wissenschaftlich. Wichtig ist nur, dass der Abbau des Koffeins beim Matcha-Tee bis zu acht Stunden dauert und Sie auch keinen Heißhunger davon bekommen, wie das bei Kaffee durchaus passieren kann. Ihr Adrenalin und Insulinspiegel steigen nicht plötzlich sprunghaft an, und trotzdem entfällt das Nachmittagstief. Ich fühle mich nach einer Tasse Matcha-Tee klarer und wacher als nach einer Tasse Espresso. Denn dieser Tee enthält neben dem Koffein die beruhigend wirkende Aminosäure L-Theanin und zudem sekundäre Pflanzenstoffe, die die Konzentrationsfähigkeit und Aufmerksamkeit erhöhen. Leider schmeckt er etwas bitter, außer Sie schlagen ihn mit Reismilch auf. Dann ist er richtig lecker. Doch letztlich ist Geschmackssache auch Gewöhnungssache.

Ihr Essen vergessen Sie meist nicht, der Hunger erinnert Sie. Wenn Sie unterwegs sind, planen Sie bitte genügend Zeit und eventuell auch Proviant ein. Denn wenn der Hunger Sie regelrecht überfällt, dann essen Sie alles, was greifbar ist. Für unterwegs empfehle ich Ihnen immer Mandeln, rote Weintrauben oder Aprikosen dabei zu haben, eben Energiespender. Mit diesen kleinen Snacks halten Sie so lange durch, bis Sie etwas Richtiges zu essen bekommen.

Nicht alle Gewürze sind für Sie geeignet, denn viele wirken erhitzend. Gehen Sie mit diesen Gewürzen bitte sparsam um. Sie vertragen gut frischen Koriander, Fenchel, Safran, Kurkuma, frischen Ingwer, Zimt und Kardamom sowie langen Pfeffer[6] in Maßen. Sollten Sie allerdings sechs bis acht Saunagänge absolviert haben und Ihr System schön heruntergekühlt sein, dann

---

[6] Langer Pfeffer heißt so, weil er tatsächlich länger ist als schwarzer Pfeffer. Er hat nicht nur eine scharfe, sondern auch eine leicht süßliche Geschmacksnote und wirkt entschleimend.

Tab. 6.2 Ernährung für Typus Macher

Obst	Süße Früchte wie Apfel, Avocado, Kokosnuss, Melone, Orange, Birne, Pflaume, Granatapfel, Mango. Trockenobst ist zu vermeiden. Generell gilt: Obst mindestens eine Stunde vor oder nach den Mahlzeiten, außerdem nicht am Abend verzehren.
Gemüse	Süß und bitter: Spargel, Kohl, Gurke, Blumenkohl, Sellerie, Brechbohnen, Salat, Erbsen, Petersilie, Kartoffeln, Zucchini, Sprossen, Kresse, Chicorée, Pilze
Getreide	Gerste, Hafer (gekocht), Basmati- oder weißer Reis, Weizen
Eier, Fleisch & Fisch	Eier sind ok, sonstige tierische Nahrung brauchen Sie nicht
Hülsenfrüchte	Alle Hülsenfrüchte außer Linsen
Zum Süßen	Vollrohrzucker, Jaggery (getrockneter Zuckerrohrsaft), Honig (nicht älter als sechs Monate)
Gewürze	Koriander, Zimt, Kurkuma, Kardamom, Fenchel und etwas schwarzen Pfeffer, frischer Ingwer, Kala Namak (schwarzes Salz)
Milchprodukte und Ersatz	Butter (ungesalzen), Ghee (geklärte Butter), Ziegenmilch, Kuhmilch, Paneer (Frischkäsezubereitung) und Käse, vor allem Ziegenkäse, pflanzliche Milch und Tofu als veganer Ersatz
Öl	Kokosöl, Olivenöl, Sonnenblumenöl, Leinöl, Sojaöl

können auch Sie Chili und schwarzen Pfeffer im Essen vertragen. Hören Sie auf Ihren Körper, er wird Ihnen signalisieren, was Ihnen gerade guttut

In Tab. 6.2 finden Sie Hinweise für Speisen, die Sie höchstwahrscheinlich gut vertragen und die Sie zudem nicht übersäuern. Suchen Sie sich diejenigen aus, bei denen Ihr Körper Ihnen innerlich ein „Ja" signalisiert.

Um Ihr hitziges Gemüt und Ihre Reizbarkeit etwas im Zaum zu halten, ist es optimal, wenn Sie sich vorwiegend vegetarisch ernähren. Minimieren Sie den Konsum von Fleisch, Gesalzenem, Scharfem und sauer Eingelegtem, denn das sorgt genauso wie Rotwein und Whisky für einen Schub „Extra-Hitze" in Ihrem System. Wenn Sie sich jetzt auch mal das ein oder andere Gläschen gönnen, wissen Sie nun, wie Sie gegensteuern können: mit Sport, Sauna und einer kleinen Detox-Kur am Wochenende.

> **Die Detox-Wochenendkur**
>
> Als Führungspersönlichkeit wissen Sie, dass ein neues Körperbewusstsein der Schlüssel zum Erfolg ist. Genau deshalb ist Detoxen in der heutigen Zeit so wichtig geworden. Denn nach einem Detox-Programm fühlen Sie sich leichter, dynamischer und klarer. Hier kommt meine Empfehlung für Ihr Detox-Wochenende, nach dem Sie sich wie neugeboren fühlen werden.

Starten Sie freitagabends mit einer großen Tasse Gemüsebrühe. Diese bereiten Sie zu, indem Sie verschiedene Gemüse wie z. B. eine halbe Knolle Sellerie, eine Stange Lauch, ein Viertel Blumenkohl, zwei Möhren, eine Zwiebel, frische Kräuter wie z. B. Petersilie in einem Liter Wasser aufkochen und dann ca. 30 Minuten köcheln lassen. Danach die Brühe in eine Schüssel durch ein Sieb abgießen. Das verkochte Gemüse wird entsorgt, die Brühe ohne weitere Gewürze getrunken.

Vor dem Schlafen trinken Sie eine Tasse Ingwerwasser mit drei bis vier Teelöffeln Rhizinusöl (erhältlich in der Apotheke). Das entlastet den Darm und bereitet ihn für die Entschlackung vor. Ein gesunder Darm sorgt dafür, dass Nährstoffe vom Körper besser aufgenommen werden.

Trinken Sie auch am Samstag und Sonntag sowohl morgens als auch mittags eine Tasse Gemüsebrühe. Führen Sie die Kur im Sommer aus, können Sie anstelle der Gemüsebrühe jeweils eine Portion frisches, süßes Obst essen.

Am frühen Abend können Sie am Samstag und am Sonntag ein Kitchari aus Mung Dal und Basmatireis zubereiten (zwei leckere Kitchari-Rezepte finden Sie in Abschn. 8.3). Kitchari ist ein Gericht mit ausleitender, entgiftender Wirkung. Außerdem ist es leicht verdaulich, proteinreich, hat einen hohen Anteil an B-Vitaminen, Vitamin A, Kalium, Kalzium, Phosphor, Eisen und Magnesium. Deshalb empfehle ich es zu jeder Detox-Kur. Die enthaltenen Gewürze sorgen dafür, dass das Verdauungsfeuer und der Stoffwechsel über das Wochenende angeregt werden.

Wer abnehmen möchte, kann Kitchari über längere Zeit, also auch drei oder sechs Monate lang, täglich essen, ohne irgendwelche Mangelerscheinungen zu bekommen. Während ayurvedischer Detox-Kuren wird das Kitchari sogar dreimal täglich gegessen. Der Vorteil dieses Gerichts ist, dass es sehr gut sättigt, das Traumgewicht ohne zu hungern erreicht werden kann und wir uns nach dem Essen leicht fühlen. Klassische Kitchari-Gewürze sind Kreuzkümmel, Kurkuma, frischer Ingwer, Zimt und Asafötida. Ich streue sehr gerne etwas frischen Koriander darüber und gebe ein paar Spritzer Zitronensaft darauf.

Nachdem Sie Freitagabend, Samstag und Sonntag tagsüber nur Gemüsebrühe oder Obst zu sich genommen haben, sind Sie am Sonntagnachmittag so richtig hungrig, denn dann ist Ihr Stoffwechsel wieder angeregt und Ihr Körper leistungsfähig. Verlegen Sie das Abendessen etwas vor und essen Sie gegen 16:00 Uhr. Essen Sie so viel Kitchari, wie Sie wollen. Am Abend gönnen Sie sich ein Entspannungsbad, und auch wenn ein Sekt nun sehr verlockend wäre, trinken Sie bitte weiterhin nur warmes Wasser.

Ich verspreche Ihnen, nach diesem Wochenende fühlen Sie sich am Montagmorgen, als ob Sie Bäume ausreißen könnten. Ein angenehmer Nebeneffekt ist meist ein Gewichtsverlust von ein bis zwei Kilogramm.

Ich habe bei mir einen festen Detox-Tag in meine Woche eingebaut. So gönne ich mir nach Möglichkeit jeden Samstag einen intensiven Detox-Tag. Morgens starte ich mit einer Joggingrunde, danach genieße ich eine Schüssel Obst und anschließend bewege ich mich in Richtung Sauna. Nach ein paar Saunagängen, den tiefen Entspannungsphasen dazwischen und einer guten Massage freue ich mich am Abend auf mein Kitchari. Am Sonntag fühle ich mich wie neugeboren.

Sport
Als echter Macher lieben Sie Sport im Freien und vor allem mögen Sie jeglichen Wettkampf. Sie messen sich gerne mit anderen und weichen keiner Herausforderung aus. Ob es ein Tennismatch ist, ein Golfturnier oder ob Sie gegen sich selbst um die Zeit von gestern laufen. Bei Ihnen darf es immer höher, schneller weiter gehen. Nur Bewegung reicht Ihnen nicht, Sie wollen gewinnen.

Wer Sport treibt, erhöht die Menge an Serotonin und anderen Botenstoffen wie Dopamin, Adrenalin und Noradrenalin im Körper. Sie alle zusammen können beim Laufen einen Rauschzustand auslösen: Serotonin wird auch als Glückshormon bezeichnet, da es die Stimmung aufhellt. Vielleicht laufen Sie ja genau deshalb so gerne? Behalten Sie es bei, es tut Ihnen gut.

Hier noch ein paar gute Gründe, um weiterhin am Ball zu bleiben: Bereits 20 Minuten lockeren Laufens reichen aus, um den Dopaminspiegel signifikant ansteigen zu lassen. Durch diesen Anstieg werden Sie wacher, konzentrierter und fokussierter. Deshalb betreiben Sie vielleicht sogar gerne Frühsport, denn Sie wissen, dass das Ihre Klarheit und Konzentrationsfähigkeit steigert.

Nach dem Training sinkt der Dopaminspiegel langsam wieder ab und sein Gegenspieler Serotonin erhöht sich. Serotonin ist unser Wohlfühlhormon und seine Ausschüttung sorgt für ein Gefühl innerer Zufriedenheit und reguliert den Appetit und den Schlaf-Wach-Rhythmus. Wer strebt nicht nach innerer Ausgeglichenheit und Zufriedenheit?

Vielleicht fahren Sie gerne Rad, Schwimmen oder sind nebenbei ein Triathlet. Alle Ausdauersportarten haben den gleichen Effekt wie das Laufen, sind also perfekt für Sie geeignet. Doch auch, wenn Sie sich gerne bewegen und das wunderbar ist, möchte ich Ihnen noch etwas mit auf den Weg geben: Nehmen Sie den Druck raus! Denn neben ständigem Wettkampf kann auch die reine, körperliche Bewegung sehr erfüllend sein, ohne immer auf höher, schneller und weiter zu zielen. Diesen Tipp gebe ich gerne allen Machern ab Mitte 40. Versuchen Sie es zwischendurch einmal, das ist auf Dauer viel entspannter, als immer und mit jedem, vielleicht sogar mit sich selbst, im Wettbewerb zu sein.

Als kreativer Macher bin ich ein großer Freund sportlicher Betätigung. Ich mag die Anspannung, aber insbesondere auch die Entspannung. Ich liebe es, die Ausschüttung der Glückshormone im ganzen Körper und danach die innere Ruhe zu spüren. Da ich mich bereits frühmorgens zwischen 06:00 und

07:00 Uhr körperlich verausgabe, bin ich danach gewappnet für den Tag, komme, was wolle, denn ich ruhe in mir. So wie ich haben die meisten Macher einen sportlichen Background, viele kommen aus dem Leistungssport, vielleicht auch Sie? Und auch, wenn Ihr Job herausfordernd ist, Sport – und das damit einhergehende Kräftemessen – gehören für Sie einfach dazu.

Doch es gibt auch Macher, die nicht sportlich aktiv sind. Vielleicht haben Sie in Ihrer Jugend schlechte Erfahrungen gemacht, haben sich im Leistungssport zu sehr verausgabt oder finden einfach nicht die Zeit in Ihrem Alltag, längere Sporteinheiten regelmäßig unterzubringen. Vielleicht haben Sie auch ein paar Kilogramm zu viel auf den Rippen und deshalb keine Lust, hechelnd durch den Wald zu rennen. Wie können nun auch Sie in den Genuss von Endorphinen kommen? Wie können Sie Ihre Emotionen wie Wut, Eifersucht oder auch Kontrollverhalten regulieren?

Versuchen Sie, zumindest flotte Spaziergänge oder Nordic Walking in Ihren Alltag einzubauen. Lassen Sie sich hierfür von einem Personal Trainer einmal den optimalen Einsatz der Stöcke erklären. Finden Sie Ihren Rhythmus und gehen Sie in die Natur, um Dampf abzulassen, egal ob mit oder ohne Stöcke. Bewegung ist wichtig und hält Sie gesund, denn Sie brauchen einen Ausgleich zur ständigen, inneren Kontrolle.

6.2.6 Meditation

Nun auch noch meditieren? Brauchen Sie das denn? Lassen Sie nicht schon genügend Dampf im Sport ab? Ja, das kann natürlich sein. Aber messen Sie sich nicht auch ständig mit anderen im Sport? Wollen Sie nicht auch hier Ihr Bestes geben, andere überflügeln und sind deshalb ständig unter Strom? Gerade deshalb braucht es noch weitere Möglichkeiten, damit Sie die Kontrolle des Verstandes über sich selbst loslassen und wirklich bei sich in Ihrem Innersten landen. Sie brauchen eine Methode, damit Sie losgelöst wahrnehmen, was ist – im Inneren wie im Äußeren. Meditation kann nicht vom Verstand gesteuert werden und Kreativität entsteht letztendlich nicht aus dem Verstand, sondern aus dem Innersten Ihres Seins. Wenn Sie an nichts mehr denken, komplett entspannen, dann geschieht etwas mit Ihnen. Sie kommen irgendwann in Kontakt mit dem Universum – oder nennen Sie es den großen Verstand – den Ort, an dem alles Wissen enthalten ist, dieses Wissen, dass so viel mächtiger ist als unser kleiner individueller Verstand. Und auch wenn es schade ist, dass wir an diesen Ort nicht über unseren Verstand hinkommen, sondern nur dann, wenn wir völlig still sind und sich nichts mehr bewegt, weder unser Körper noch unsere Gedanken, Zugang zu dieser wunderbaren Quelle erhalten, lade ich Sie ein, Meditation für sich zumindest einmal auszuprobieren.

Für Sie als Macher habe ich natürlich eine sehr herausfordernde aktive Meditation herausgesucht. Vielleicht haben Sie schon von dem indischen Mystiker Osho gehört? Osho hat für Menschen der heutigen Zeit aktive Meditationen entwickelt, bei denen Bewegung und Stille sich abwechseln. Über die besagte Meditation, die ich Ihnen empfehle, gibt es mittlerweile sogar interessante Forschungsergebnisse. So z. B. wurde untersucht, wie sich das Serum Cortisol (unser Stresshormon) verändert, wenn Probanden 21 Tage hintereinander diese einstündige Meditation täglich morgens zwischen 6:00 und 7:00 Uhr durchführen (Bansal et al. 2016). Das Serum Cortisol fiel bei allen Teilnehmern bezogen auf das Startniveau erheblich ab. Die Signifikanz betrug $p = 0{,}001$. Die dynamische Meditation, die ich Ihnen nun kurz beschreibe, hat Osho bereits 1970 ins Leben gerufen. Sie dauert eine Stunde und besteht aus fünf folgenden Phasen: chaotisches, tiefes Ausatmen durch die Nase, Katharsis, auf den ganzen Fuß aufspringen und das Mantra Hoo rufen, Stille und Tanzen.

Da es sich um eine Gruppenmeditation handelt, können Sie diese mit anderen Machern zusammen angehen. Falls keiner mitmachen möchte, können Sie die Meditation auch alleine bei sich zu Hause ausüben. Falls Sie Lust haben, diese wunderbare dynamische Meditation auszuprobieren, hier die Beschreibung, wie sie funktioniert. Wenn Sie bisher dachten, meditieren würde bedeuten, stundenlang still auf einer Yogamatte zu sitzen und irgendwie zu versuchen, an nichts zu denken, dann wird diese Beschreibung Ihnen ganz neue Perspektiven aufzeigen:

- **1. Phase: Wildes chaotisches Atmen (10 Minuten)**
  Die Augen bleiben während der kompletten Meditation geschlossen. In der ersten Phase atmen Sie chaotisch und tief durch die Nase und fokussieren sich dabei auf das Ausatmen. Einatmen erledigt Ihr Körper automatisch. Atmen Sie so kräftig und zügig, wie Sie können, sodass Sie sich wirklich vollständig der Atmung hingeben.
- **2. Phase: Katharsis, sich ausdrücken (10 Minuten)**
  In dieser Phase legen Sie noch eine Schippe drauf und Sie lassen alles aus Ihrem Körper heraus. Schreien, tanzen, singen, weinen – alle Ausdrücke sind erlaubt. Achten Sie jedoch darauf, die anderen in der Gruppe nicht an ihrem Ausleben zu hindern, sollten Sie nicht alleine sein.

Versuchen Sie dabei den Verstand, der gerne alles kontrolliert, herauszuhalten, lassen Sie es geschehen. Auch wenn Ihr Verstand sich erst einmal weigert und Ihnen tausend Dinge durch den Kopf schießen, warum Sie genau das nun gerade nicht machen können: Lassen Sie sich ein, es ist so befreiend. Am Anfang ist es ratsam, etwas zu übertreiben und zu schauspielern, bis es sich nach einiger Zeit natürlich anfühlt.

- **3. Phase: Mit erhobenen Armen springen (10 Minuten)**
Durch zehnminütiges auf und ab Springen auf den ganzen Fuß, und das mit erhobenen Armen, wird die Energie des Sexzentrums, das für unsere Lebensenergie steht, frei. Rufen Sie beim Aufspringen das Mantra „Hoo!" In der buddhistischen Lehre stellt jedes Chakra eine Verbindung zwischen Körper und Aura dar. Die feinstofflichen Energieströme im Körper (Nadis) kreuzen sich an bestimmten Knotenpunkten und bilden energetische Zentren – die sogenannten Chakren. Jedes Chakra schwingt in einer Farbe (Aura) und hat einen körperlichen Bezug. Das zweite Chakra ist das Hara, das von den Japanern mit dem Schwertstoß für den freiwilligen Selbstmord, dem Harakiri, bei einer Niederlage, genutzt wurde. Warum war das so? Weil das Hara das Lebenszentrum ist, von dem aus wir ins Leben treten und von dem aus wir aus dem Leben gehen. Es ist das Kontaktzentrum zwischen Körper und Seele. Die Japaner machten das, damit ihre Seele durch den Harakiri direkt befreit werden konnte. Um die festgehaltene Lebensenergie wieder zu befreien, ist es wichtig, dass Sie sich in der dritten Phase verausgaben und aus dem Hara das Mantra „Hoo!" rufen. Es ist zwar anstrengend, aber dafür fühlen Sie sich nach der Meditation mit Energie neu aufgeladen, da Ihr Lebenszentrum wieder aktiv ist.
- **4. Phase: Still sein (15 Minuten)**
Jetzt heißt es plötzlich „Stopp!" und dabei frieren Sie jegliche Bewegung ein. Verharren Sie in der Position, in der Sie sich gerade befinden, bewegen Sie Ihren Körper gar nicht mehr und beobachten Sie, was in Ihrem Körper und Ihrem Verstand geschieht. In der Regel läuft einem der Schweiß über das Gesicht. Ich mag es in dieser Phase sehr gerne, die lebendige Energie in meinem Körper zu spüren. Der Verstand ist nach dem Verausgaben der ersten drei Phasen erstaunlich ruhig. Verändern Sie Ihre Position nicht in eine bequemere.
- **5. Phase: Feiern (15 Minuten)**
Zum Abschluss wird es noch mal ausgelassen! Zelebrieren Sie das Leben und Ihre Dankbarkeit und bewegen Sie sich ausgelassen zur Musik. Gehen Sie mit einem positiven, lebendigen Gefühl aus der Meditation heraus.

Diese Meditation wird von Sportlern, besonders Boxern geliebt, denn sie führt zu völliger Klarheit und tiefer Wachheit. Angst, Depression, Aggression und Stress nehmen dadurch massiv ab.

Die kleine wissenschaftliche Studie, die ich bereits genannt hatte, stellt nur einen anfänglichen Teil der Erkenntnisse dar, die bereits zu dieser Meditation existieren. Da die Teilnehmerzahl an der Studie nicht sehr groß war, kann sie nur eine Tendenz aufzeigen. Zusätzlich kann ich aber aus der eigenen Erfahrung und aus der Zusammenarbeit mit meinen Patienten berichten. Oshos Dynamische Meditation wirkt wahre Wunder bei unterdrückten Emotionen und versteckten Aggressionen, auch bei Traumata. Wer diese Meditation mindestens drei Wochen bis zu drei Monate durchführt, fühlt sich wie neu. Sie führt zu kristallklarer Wachheit und Mut. Der Körper fühlt sich genauso erleichtert wie der Verstand.[7] Klar, dass sich dadurch zusätzlich noch der Blutdruck normalisiert, der Blutzuckerspiegel und der Cholesterinspiegel sinken, Ihr Hunger und Sättigungsgefühl sich einpendeln und sich ihre Laune verbessert.

Ach so, Sie dachten an etwas einfacheres, an nicht so anstrengende Bewegung? Dann jetzt einmal Hand aufs Herz: Geht bei einem Macher etwas einfach? Sie fordern sich ja selbst immerzu heraus. Dazu kommt, dass Ihr Verstand außerordentlich clever ist und ihn auszuschalten, gar nicht so einfach für Sie ist.

Trotzdem, natürlich können Sie es auch langsam angehen lassen. Was ich sehr gerne mache, ist, mich nach dem Laufen (oder alternativ das etwas gemächlichere Walken, bei dem Sie aber, wenn Sie es richtigmachen, auch ordentlich ins Schwitzen kommen werden) auf eine Bank zu setzen. Dann bin ich durch die körperliche Aktivität ausgepowert und es ist Zeit, zur Ruhe zu kommen. Ich finde es sehr angenehm, im Wald meine Augen zu schließen. Ich setze mich dazu aufrecht hin, die Füße stehen dabei nebeneinander auf dem Boden oder ich sitze im Schneidersitz auf der Bank, je nachdem, was gerade passt. Der Schweiß rinnt mir dann über das Gesicht, doch davon lasse ich mich nicht stören und lausche den Waldgeräuschen. Versuchen Sie das gerne einmal. Öffnen Sie Ihre Ohren, hören Sie die Vögel zwitschern, vielleicht weiter weg ein paar Autogeräusche oder einen vorbeifahrenden Zug. Richten Sie jetzt Ihren Blick nach innen, gehen Sie mit Ihrer Aufmerksamkeit bis in Ihren Bauchraum und beobachten Sie, wie sich durch Ihren Atem die Bauchdecke hebt und wieder senkt, das ist alles. Spüren Sie gleichzeitig, wie ein sanfter Hauch um Ihre Nase und Ihren Körper weht. Ihre Sinne bleiben

---

[7] Buchtipp: Osho (1998) Meditation die erste und die letzte Freiheit. Unter www.oshorajneesh.com finden Sie Musik zum kostenlosen Download.

in diesen Momenten offen, doch der Blick ist nach innen gerichtet. Verharren Sie etwa zehn Minuten in dieser Position.

Die Natur wirkt unterstützend, damit Sie zur Ruhe kommen, und auch das Laufen davor sorgt dafür, dass Sie sich voll und ganz auf diese ruhige Meditation einlassen können.

6.2.7 Achtsamkeit

Kennen Sie das? Sie sind z. B. Einkäufer von Stoffen in der Bekleidungsindustrie. Der Bereichsleiter der Produktion ist der Meinung, dass die zuletzt gelieferten Stoffe nicht die gleiche Qualität haben wie die zuvor gelieferten. Sie wissen aber ganz genau – und haben es auch überprüft – dass die neuen Stoffe die gleiche Qualität haben wie diejenigen der letzten Saison. Sie können die Kritik des Bereichsleiters absolut nicht nachvollziehen und finden sie ungerechtfertigt. Sie verzweifeln ob der Situation, Ihr inneres Feuer lässt sich nicht mehr zügeln und Wut steigt in Ihnen auf. Am liebsten möchten Sie mit der Faust auf den Tisch hauen, brüllen und förmlich aus der Haut fahren. Sie können zwar mit berechtigter Kritik umgehen aber nicht mit Ungerechtigkeiten. Was können Sie also tun, um in einer solchen Situation gelassen zu bleiben und schnell wieder in Ihre innere Balance zu gelangen?

Mein Tipp für solche und ähnliche Situationen, in denen Sie den Eindruck haben, ungerecht behandelt zu werden, ist folgender: Atmen Sie ein paarmal tief in den Bauch ein und wieder aus, vielleicht mögen Sie auch innerlich bis zehn zählen, und dann sagen Sie sich genau in diesem Moment. Der Kollege aus der Produktion (oder wer auch immer in diesem Moment Ihr Gegenüber ist) hat da aber „eine interessante Ansicht".

Diese Worte wirken Wunder. Ich habe sie mehrfach in ähnlichen Situationen ausprobiert. Dadurch, dass Sie den Fokus von der Person nehmen und auch von der Sachlage, entkräften Sie die starre Haltung von beiden Beteiligten – sowohl Ihre als auch die Ihres Gegenübers. Durch diese Aussage distanzieren Sie sich mental und werden von der dadurch entstandenen emotionalen Enge befreit. Sie spüren die Veränderung, wenn in Ihrem Gesicht ein Schmunzeln aufsteigt.

Wenn Sie es dann auch noch schaffen, nicht nur die Ansicht Ihres Gegenübers interessant zu finden, sondern sogar Ihre eigene, dann wäre das Problem zwischen Ihnen direkt gelöst. Sie gewinnen in diesem Moment vor allem Raum und verabschieden sich von Ihrer zielgerichteten, engen Ansicht, die Sie für die einzige Wahre gehalten haben.

6.2.8 Wie fördern Sie den Macher?

Der Macher macht zuerst einmal den Eindruck, dass er keine Förderung oder Unterstützung braucht. Er ist der Meinung, dass er alles kann, alles weiß und findet sich sowie so schon perfekt so, wie er ist. Wenn also jemand auf den Macher zugeht und ihm Hilfe anbietet, könnte es sein, dass der Macher an sich zu zweifeln beginnt und sich fragt: Habe ich irgendetwas nicht perfekt gemacht? Wirke ich etwa schwach oder hilflos?

Macher sind strukturiert, diszipliniert und selbstkritisch. Sie neigen zum Perfektionismus und haben hohe Erwartungen an sich und andere. Dafür geben Sie alles – Macher eben. Damit diese sehr effizient arbeitenden Menschen auch weiterhin powern können, ist es gut, wenn sie ein großzügig geschnittenes, eigenes Büro haben und nicht in einem Großraumbüro sitzen müssen, selbst dann, wenn das Büro Pflanzeninseln hätte und sich jeder in dem großen Raum individuell einrichten könnte. Macher brauchen es kühler, nüchterner und klarer in der Einrichtung.

Wenn der Macher beginnt, reizbar zu werden und sich diese Stimmung über mehrere Tage zuspitzt, geben Sie Ihrem Macher frei. Er weiß in der Regel, was er braucht. Ob es 50 Kilometer Radfahren ist, ein Zehn-Kilometer-Lauf oder 1000 Meter schwimmen. Vielleicht hilft auch ein Spaziergang, die Möglichkeit, mit sich in Stille zu sein, eine lockernde Sportmassage oder ein gemütliches Essen mit Freunden.

Auf jeden Fall sind Reizbarkeit und immer stärker werdende Ungeduld Anzeichen von Stress – und Handlung ist nötig. Bitte weisen sie den Macher in jedem Fall darauf hin, dass seine Leistungen hervorragend sind, dass er sich aber, weil das Projekt noch eine Weile auf gleichem Anforderungslevel so weiterläuft, doch eine kurze Auszeit nehmen soll. Wenn der Macher sich seiner Macherqualitäten und Disbalancen bewusst ist, wird er Ihnen mit Sicherheit zustimmen und Ihr Angebot für eine Auszeit annehmen.

Ist eine Auszeit nicht möglich, dann können folgende Angebote Ihrem Macher Kraft zurückgeben: Haben Sie einen Pool in der Firma, einen Tennisplatz oder einen Raum, in dem ein Boxsack hängt? Das wäre perfekt. Falls Sie solche Angebote noch nicht im eigenen Unternehmen haben, gibt es vielleicht in der Nähe Ihres Unternehmens ein Schwimmbad oder ein Fitness- oder Boxstudio, mit dem Sie Vereinbarungen treffen können. Der Macher muss immer mal wieder Dampf ablassen können. Danach kann er auch konzentriert weiter planen, sich mit Zahlen und Details beschäftigen und Projekte begleiten.

Denken Sie unbedingt daran, keine Meetings über die Mittagspause abzuhalten, zumindest nicht, wenn Sie Macher dabeihaben. Macher müssen essen, wenn sie hungrig sind und am besten auch, ohne während des Essens noch Verhandlungsgespräche zu führen. Ein Macher braucht außerdem keinen Powernap, wenn er leicht isst, also frische Salate, süßes Obst, Gemüse und vegetarische Proteine. Als Nachtisch darf es etwas Süßes sein, gerne etwas mit Schokolade. So gestärkt kann er dann bis zum Abend voller Power durcharbeiten.

Welche Einrichtungen im Unternehmen sind für Ihre Macher förderlich?

- Ein kühles Büro
- In der Kantine zusätzlich: Salatbar, frisches Obst, Müsli, Matcha Tee
- Boxsack zum Austoben in einem Fitnessraum
- Tennisplatz, Pool was immer das Unternehmen anbieten mag
- Tiefe Sport-Massagen alle vier Wochen

6.2.9 Macher und die Zusammenarbeit mit anderen

Macher in Zusammenarbeit mit Kreativen
Der strukturierte und ergebnisorientierte Macher und der Kreative, der, um kreativ zu sein, gerne das Strukturierte verlässt, kommen von zwei unterschiedlichen Planeten. Wenn sich diese beiden Menschentypen aufeinander einlassen, können sie die Menschheit und Ihr Unternehmen mit ihren Innovationen ein Stück weiter nach vorne bringen.

Als Kreativer müssen Sie wissen, dass Ihre genialen, zukunftsträchtigen Ideen ohne das Projektmanagement des Machers nur Ideen bleiben und nicht die Realisierung bekommen, die sie verdienen. Vielleicht haben Sie schon alleine versucht, Projekte vollumfänglich zu planen, durchzuführen und abzuschließen, doch dabei mussten Sie meist feststellen, dass Ihre Ideen nicht die gleiche Reichweite bei der Realisierung hatten, wie sie das mit einem Macher im Team gehabt hätten. Macher sind ehrgeizig und wollen mit Projekten Geld verdienen. Ihnen als Kreativem geht es meistens nur um die Idee. Sie finden Gefallen daran, etwas Neues zu erschaffen. Was dann mit der Idee passiert ist eher zweitrangig. Der Macher hingegen ist genervt, wenn er nicht sofort weiß, wo es hingehen soll. Doch auch das wird manchmal passieren.
Wichtig ist, dass Sie als Macher den Kreativen an dieser Stelle etwas leiten, um zum Ziel zu kommen. Wenn Kreative nervös werden, reden sie manchmal

ohne Punkt und Komma und schweifen auch schon mal vom Thema ab. Es gilt dann, sie sanft auf die wesentlichen Punkte zurückzuführen und auf keinen Fall zu forsch zu werden und sie unter Druck zu setzen. Denn dann werden die Kreativen noch nervöser und fahriger und die Meetings finden kein Ende.

Wenn sich allerdings beide aufeinander einstellen, der Macher den Kreativen so annimmt, wie er ist, und ihm auch zur Seite steht, wenn dieser sich mal verheddert und der Kreative sich für seine Kreationen vom Macher geschätzt und anerkannt fühlt, sind die beiden ein Dream-Team. Jeder hat seine Stärken und Sie beide brauchen einander – und ein Team ist immer erfolgreicher als jede noch so erfolgreiche Einzelperson.

Macher in Zusammenarbeit mit Erhaltern
Der ergebnisorientierte und effizient arbeitende Macher und der langsam startende, liebevolle Dauerbrenner, der Erhalter, verstehen sich auf Anhieb gut. Der klare Verstand des Machers schätzt die Bibliothek im Kopf des Erhalters. Der Erhalter vergisst nichts und hat auch Jahre nach einem Projekt noch alle Fakten im Kopf. Das kommt dem Macher während der Planung eines Projektes zugute.

Bei allem Verständnis aber kann der Erhalter eine Sache partout nur mit Kopfschütteln quittieren: Warum muss der Macher immer früh um 8:30 Uhr im Büro starten und weshalb will er das Büro bereits am frühen Abend wieder verlassen? Der Erhalter hat einen wesentlich längeren Atem, er läuft gegen Abend zur Höchstform auf – und dann sind die Macher bereits weg. Wenn sich beide mit ihrem unterschiedlichen Biorhythmus anerkennen und gegenseitiger Wertschätzung den Vorrang lassen, kann jeder seine Stärken ausleben.

Eine gute Eigenschaft des Machers ist es, immer wieder Konfliktpunkte in den Meetings anzusprechen. Der Erhalter neigt da eher zum Aussitzen, er ist von seinem Wesen her konfliktscheu. Für die Teamstimmung ist es enorm wichtig, Konflikte offen anzusprechen und auszutragen und nicht unter den Tisch zu kehren. Hierbei braucht der Erhalter etwas Schützenhilfe vom Macher. Wenn der Macher sein Herz auf der Zunge trägt und Aggressionen beiseitelässt, wird der Erhalter sich gerne auf die Konflikte ansprechen lassen. Etwas Fingerspitzengefühl ist dabei angesagt, denn Erhalter mögen keine Aggressionen, sie sind friedliebende Menschen. Der Erhalter wiederum kann dem Macher dabei behilflich sein, sich etwas zurückzunehmen, wenn dieser, um die Deadline zu schaffen, das Team durch die Agenda pusht und dabei seine Wahrnehmung für die einzelnen Teammitglieder auf der Strecke bleibt.

Der Erhalter macht auf seine sanfte Art manchmal Einwände und weist auf Erfahrungen aus der Vergangenheit hin. Als Macher nehmen Sie diese eher leisen Töne unter Umständen nicht wirklich wahr. Es gilt also für beide, gut hinzuhören und dranzubleiben. Der Erhalter darf sich wiederholen, bis der Macher ihm zugehört hat. Der Macher muss sich immer wieder von seiner Scheuklappen-Attitüde verabschieden. Das ist nicht leicht für den Macher, denn der fühlt sich durch die Einwände des Erhalters ausgebremst und zudem enorm unter Druck gesetzt, weil er glaubt, das Projekt nicht rechtzeitig fertiggestellt zu bekommen. Deshalb wird der Macher eventuell manchmal ungeduldig und ungehalten. Merkt er das – oder auch der Erhalter – dann darf er den Raum mit dem Boxsack nutzen (oder empfehlen), alternativ ist auch eine Joggingrunde morgens oder abends hilfreich. Der Macher baut Druck ab, atmet wieder durch und gewinnt damit Abstand, um die Vorteile zu sehen, die die Einwände eines erfahrenen Erhalters bringen können.

Wenn Macher und Erhalter zusammenarbeiten, ihre Andersartigkeit akzeptieren und respektieren, setzen sie gemeinsam jedes Projekt um, denn Planung und Durchführung brauchen den langen Atem, Beharrlichkeit und den Verstand des Erhalters und gleichsam die Power des Machers.

6.3 Erkennen Sie den Erhalter

Illustration: Eva Strobel

6.3.1 Körperliche Merkmale

Sie sind gut gebaut, stattlich eben, manche würden sagen eher korpulent, aber das ist Ansichtssache. Sie haben große Augen und dichtes Haar. Dazu haben Sie auch wunderschöne, regelmäßige und weiße Zähne und einen sinnlichen Mund. Ihre Haut ist alabasterfarben und glatt bis ins hohe Alter. Sie bauen schnell Muskulatur auf, aber beim Nichtstun baut sich diese auch wieder ab. Die Trägheit zeigt sich dann in einem Fettpölsterchen hier und da. Aber da Sie dies hier lesen, sind Sie sicher aktiv und dementsprechend auch muskulös.

Sie nehmen von Natur aus leicht zu und schwer ab. Es ist schon deshalb schwer für Sie abzunehmen, weil Sie ein Gourmet sind und niemals freiwillig eine Mahlzeit ausfallen lassen würden. Verzicht ist nicht Ihr Ding, eigentlich in keinem Lebensbereich. Jetzt sollte man aufgrund Ihrer Statur meinen, dass Sie im Winter nicht frieren. Dem ist aber nicht so. Sie mögen ein eher überwärmtes Zuhause und ein warmes Büro.

Sie führen ein regelmäßiges Leben, Langeweile dabei kennen Sie allerdings nicht. Sie stehen gerne etwas später auf und lassen sich morgens Zeit. Morgens geht nichts schnell, denn Sie brauchen eine Weile, um wach zu werden. Sie schlafen tief und lang, es dürfen sogar mehr als acht oder neun Stunden sein. Wenn Sie träumen, kommt Ihre romantische Ader zum Vorschein. Ja, Sie sind ein Romantiker.

Frühsport ist auch nicht Ihr Ding. Das können andere machen. Dafür nehmen Sie sich lieber gleich einen Espresso Doppio, vielleicht sogar noch einen hinterher. Frühstücken müssten Sie nicht unbedingt, denn Sie haben morgens noch keinen Appetit. Wenn es nach Ihnen ginge, würden Sie vor 10:00 Uhr nicht ins Büro kommen. Sie haben dafür auch nichts dagegen, länger zu bleiben. Am Nachmittag bekommen Sie langsam Betriebstemperatur. Für Sie sind die Nachmittags-Meetings die besten.

Ihr Appetit kommt um die Mittagszeit. Wenn Sie das essen, wonach Ihnen ist, wie dicke Soßen, viel Sahne, Kohlehydrate und vor allem Süßspeisen, dann könnten Sie sich direkt nach dem Essen hinlegen. Sie sind dann sehr müde und vor allem träge. Mit etwas veränderten Gewohnheiten ginge es Ihnen allerdings besser, doch dazu gleich mehr.

Mit kalorienreichem Essen und wenig Bewegung geht nämlich leider Ihre Dynamik schnell verloren und nicht nur das, Sie können davon erhöhte Blutfette, Bluthochdruck, Diabetes und Herz-Kreislauferkrankungen bekommen. Mit Gefäßverschlüssen ist nicht zu spaßen, sie führen sowohl zu Herzinfarkten als auch zu Schlaganfällen. Stents und Bypässe sind ja bekanntlich keine systemische, sondern nur eine lokale Lösung. Das Gefäßsystem ist, wie das Wort schon sagt, ein System und von daher nicht auf eine Stelle in den Gefäßen beschränkt.

Ich weiß, da wollen Sie nicht hin, Sie wollen dynamisch sein, das Leben und das Essen genießen, auch Ihren Reichtum. Apropos Reichtum, Sie sind eine Sammlernatur. Sie sammeln gerne Besitztümer und natürlich Geld, das Sie mit Vorliebe sparen. Bei Ihnen ist Reichtum sichtbar. Sie lieben Luxusgüter und sparen auch schon mal darauf. Es macht Ihnen nichts aus, wenn es Jahre dauert, bis Sie das Objekt Ihrer Begierde bekommen. Gut Ding will Weile haben – das wäre wohl Ihr Spruch.

Und noch eine zu beneidende Eigenschaft: Sie sind stressresistent. Sie können nicht verstehen, dass Kollegen eine Auszeit brauchen, um Stresssymptome abzubauen. Sie sind einfach immer innerlich entspannt. Das Pendel kann bei Ihnen allerdings von zu viel Entspanntheit in Trägheit ausschlagen, weshalb es Ihnen guttut, ab und an etwas in Ihrem Leben zu verändern.

Fast hätte ich es vergessen, Sie haben ein „Elefantenhirn". Das heißt, Sie vergessen nichts. Ich liebe Erhalter, denn wann immer ich mich an etwas nicht erinnere, frage ich einen Erhalter, denn der erinnert sich meist sogar noch an die Details von Vorkommnissen, die jahrelang zurückliegen. Ihr exzellentes Gedächtnis unterstützt sie auch bei Aufgaben, die Genauigkeit erfordern. Grandios, oder?

6.3.2 Ihre Stärken als Führungskraft

Sie sind ein Meister für das Handling von schwierigen Situationen. Sie behalten den Überblick und haben stets den Durchblick, weil Sie genügend Geduld und Verständnis für die meisten Situationen und auch Mitmenschen mitbringen und Sie dadurch nichts und niemand aus der Ruhe bringen kann. Dazu kommt, dass Sie stets respektvoll mit Ihren Kontrahenten umgehen und sich schon deshalb allgemeiner Beliebtheit erfreuen.

Mit angenehmer Stimme leiten Sie entweder durch Meetings oder sind unterstützende Kraft. Ihnen geht es nicht darum zu gewinnen, es geht Ihnen darum, dass es Ihrem Team gut geht. Sie brauchen keinen schnellen, dafür aber stetigen Fortschritt. Für Ihren langen Atem in Projekten werden Sie beneidet und manchmal auch gehasst. Wenn andere schon müde und erschöpft sind, machen Sie noch detailliert auf Unzulänglichkeiten im Projekt aufmerksam und möchten am liebsten danach noch in stundenlangen Gesprächen Klarheit darüber erlangen, wie genau diese Unzulänglichkeiten behoben werden können. Mentale und körperliche Power für solche Gespräche steht Ihnen scheinbar unbegrenzt zur Verfügung und genau deshalb sind Sie ein Leader.

Sie wirken im Alltag eher wenig emotional, sondern ruhen in sich, und trotzdem gibt es auch bei Ihnen Momente im Leben, wo Ihnen nach langer

Zeit der Geduldfaden reißt. Das ist äußerst selten, aber jeder der Anwesenden wird sich an diese Ausnahme noch Jahre danach erinnern können. Als Erhalter entfalten Sie Ihre PS langsam, aber stetig, und es gelingt Ihnen auch, diese Power über einen langen Zeitraum aufrecht zu erhalten. Sie haben reichlich Ausdauer und Kraft – eben auch für Wutausbrüche. Wenn es knallt, dann richtig.

Ihre passive Emotionalität ist erst auf den zweiten Blick sichtbar. Sie nehmen alle emotionalen Regungen und Spannungen um Sie herum war, reagieren nur nicht darauf. Die Emotionen verwahren Sie in Ihrem Inneren. Sie sind nicht spontan wie es Kinder sind, die aktiv emotional agieren, indem sie von einem Moment auf den anderen zu Tode betrübt und mit hängenden Schultern durch die Wohnung laufen, während sie zwei Minuten später himmelhochjauchzend durch den Garten springen. Sie sind der Fels in der Brandung.

6.3.3 Daran sollten Sie im Umgang mit anderen denken

Ich sitze wieder auf meiner schönen Terrasse. Heute ist traumhaftes Wetter, ein perfekter Tag, um zu schreiben. Es ist Mittwoch und offenbar Einkaufstag der Familie Geiss hier in Ramatuelle. Der Hubschrauber ist schon früh losgeflogen. Ob darin Carmen und Robert gesessen haben, weiß ich nicht mit Bestimmtheit, doch mir ist Folgendes durch den Kopf gegangen. Kann man wohl mit einem Hubschrauber zum Einkaufen fliegen? Oder nur zur Jacht? Und ist Carmen wohl eher eine Kreative oder eine Macherin? Und Robert? Was denken Sie? Häufig lassen wir uns von Äußerlichkeiten blenden. Dabei ist es enorm wichtig, nicht nur den ersten Blick wirken zu lassen, sondern auch immer einen zweiten und dritten zu riskieren. Machen Sie das bereits regelmäßig in Ihrem Unternehmen?

Aber zurück zum Thema. Als Erhalter müssen Sie manchmal auch morgens früh aufstehen, weil Meetings stattfinden, auch wenn Ihnen das gar nicht schmeckt. Anstatt dann muffelig zu sein und Ihre Laune an anderen auszulassen, sollten Sie über Ihren Schatten springen und die miese Laune über Bord werfen. Versuchen Sie, den Kreativen und den Macher nicht auszubremsen, denn das wäre kontraproduktiv für das Endresultat des Meetings und Konflikte könnten entstehen. Darauf haben Sie nun gar keine Lust, das wäre noch schlimmer, als früh aufzustehen. Also trinken Sie einen Doppio, bevor das Meeting startet. Geben Sie dem Meeting ein innerliches „Ja", um wach am Start zu sein. Denn dann sind Sie unschlagbar: sympathisch, eloquent und Sie glänzen mit Ihrem Charme.

Und wenn das Meeting um 16:00 Uhr angesetzt ist, haben Sie bitte etwas Verständnis für die Kreativen, die um diese Zeit nicht mehr so leistungsfähig sind, denn sie sind schon seit dem frühen Morgen wach und produktiv. Die Konzentrationsspanne der Kreativen ist dann nicht mehr so gut. Für sie ist es hilfreich, wenn Sie, wie ohnehin üblich, eine Tagesordnung aufstellen, die Ziele des Meetings setzen und die wichtigsten Punkte immer mal wieder zusammenfassen und am besten auch noch auf ein Flipchart schreiben. So können Sie sichergehen, dass auch die weniger Konzentrierten bis zum Schluss mit Ihrer Aufmerksamkeit bei der Sache bleiben. Wenn Sie dann noch das Meeting vergleichsweise kurzhalten, sind Sie auf der sicheren Seite. Ich weiß, dass Sie sich das nicht immer aussuchen können, aber Sie können es im Hinterkopf behalten.

6.3.4 Was Ihnen gut tut – und was Sie brauchen, um sich wohl zu fühlen

Ob Sie meine folgenden Vorschläge wohl mögen werden als Erhalter? Ich vermute nicht, außer, Sie haben erkannt, dass etwas mehr Dynamik in Ihrem Leben gar nicht schlecht wäre. Nun, lassen wir es darauf ankommen. Los geht's.

So bekäme es Ihnen etwa gut, wenn Sie so wenig wie möglich schlafen würden, also weniger als acht Stunden täglich. Auch ein Powernap um die Mittagszeit ist keine gute Idee für Sie. Statt einen kleinen Powernap von fünf oder zehn Minuten zu machen, würden Sie wahrscheinlich gemütlich wegdösen, und danach sind Sie nicht mehr wirklich einsatzfähig. Ich möchte Sie auch gar nicht zur morgendlichen Fitness überreden, denn das würden Sie sowieso nicht machen. Auch wenn Sie es schon mal versucht haben, so sind Sie sicher nicht dabeigeblieben, oder?

Sie mögen Ihre Routinen. Doch was etwa für den Kreativen gut ist, gilt nicht für Sie. Routinen machen Sie auf Dauer leider zu behäbig. Damit Sie beweglich bleiben, und zwar geistig wie auch körperlich, tut es Ihnen gut, ihre Routinen immer mal wieder zu durchbrechen. Vermeiden Sie beispielsweise langes Sitzen, bedienen Sie Ihren Laptop auch einmal am Stehtisch oder führen Sie dort Ihre Telefonate. Haben Sie keinen Stehtisch, stehen Sie beim Telefonieren wenigstens auf, um das lange Sitzen zu unterbrechen. Vielleicht haben Sie die Möglichkeit, ab und zu Ihr Büro an einen anderen Ort zu verlegen. Falls Sie in einem Großraumbüro sitzen, versuchen Sie, auch dort für Abwechslung zu sorgen. Vielleicht möchte ein anderer Erhalter den Schreibtisch mit Ihnen tauschen? Oder es gibt einen Steharbeitsplatz? Benutzen Sie die Treppe so oft es geht. Sie haben enorm viel Kraft und Ihr Körper hält auch größte Belastungen aus. Treppensteigen geht also immer. Überwinden Sie Ihre Trägheit! Wenn es Ihnen gelingt, Ihre innere Trägheit zu überwinden, werden Sie eine neu gewonnene Dynamik erfahren und sich endlich in Ihrem Körper rundum wohlfühlen. Ein zusätzlicher Bonus: Auch Ihr Verstand wird dann morgens schon anspringen und nicht erst nach 13:00 Uhr.

Sie mögen Menschen um sich herum und fühlen sich von ihnen auch nicht abgelenkt. Sie finden Lebendigkeit um sich herum gut und inspirierend, nicht nervig, und Sie sind sehr stresstolerant. Bei Ihnen können mehrere Telefone gleichzeitig klingeln und auch noch jemand an der Tür stehen, der Ihnen etwas zuruft, während eine andere Person Sie um eine Unterschrift bittet. Sie werden alles mit stoischer Ruhe erledigen. Absolut bewundernswert!

Sie brauchen es warm, denn Sie frieren leicht. Also bitte setzen Sie sich nicht neben eine Klimaanlage im Sommer, denn dann würden Sie sich schnell eine ordentliche Erkältung zuziehen. Meiden Sie Speiseeis und eisgekühlte Getränke, denn davon bekommen Sie am nächsten Tag entweder ein Räuspern im Hals oder sogar Halsschmerzen oder Husten. Im Winter dürfen Sie sich warm anziehen und sich in gut beheizten Räumen aufhalten. Vergessen Sie aber trotzdem nicht, sich ab und zu ins Freie zu begeben.

Trinken Sie immer warme Getränke, aber auch davon nicht zu viel, nur bis zu vier Tassen täglich. Sie wissen leider, wie es sich anfühlt, wenn Sie Wasser einlagern, vor allem vor Vollmond und bei den Frauen immer dann, bevor Sie Ihre Menstruation bekommen.

Ich bemerke gerade, dass meine Tipps hauptsächlich unbequem für Sie sind. Leider kann ich das nicht ändern und ermuntere Sie, für sich auszuprobieren, wie Ihnen die Umsetzung im Alltag gelingt – und auch, was sich für Sie ändert. Bleiben Sie dran. Manche Änderungen zeigen Ihren Effekt erst nach einigen Wochen, manches wird Ihnen sofort etwas mehr Schwung verleihen.

Auch wenn Sie mit großem Genuss Desserts und andere Süßigkeiten verspeisen, so möchte ich Ihnen doch dazu raten, das so selten wie möglich zu tun. Ausnahmen sind möglich, etwa wenn Sie dafür eine Mahlzeit ausfallen lassen. Leider setzt sich jede Extraportion bei Ihnen sofort auf Bauch oder Hüften und das muss nicht sein, denn Sie sehen mit einem antrainierten Sixpack (egal ob Mann, Frau oder divers) zum Anbeißen aus. Nicht jeder besitzt eine so gut ausgeprägte Muskulatur wie Sie – also nutzen Sie sie!

Statt zu einem Nachtisch sollten Sie bei den Hauptspeisen verstärkt zu Gewürzen greifen. Pfeffer, Chilis und Ingwerpulver sind perfekt für Sie. Dadurch verbessern sich Ihre Verdauungskraft und Ihr Stoffwechsel. Salz leider nicht, denn das führt bei Ihnen zu verstärkten Wassereinlagerungen. Wenn

Sie Lust verspüren zu fasten, tun Sie es. Sie sind der Typ, dem sieben Tage fasten und nur von Gemüsebrühe leben sehr gut bekommt. Sie werden dadurch wahre Energieschübe in sich freisetzen, und dabei können Sie während des Fastens sogar noch ganz normal arbeiten.

Falls es einen Fitnessraum in Ihrem Unternehmen gibt, besuchen Sie ihn vorzugsweise am Nachmittag oder Abend und das wenigstens zwei bis dreimal die Woche. Sie können dort alles tun, was Muskeleinsatz verlangt, wie beispielsweise Gerätetraining, Bankdrücken, Kniebeugen, Kreuzheben, Klimmzüge und mehr. Der menschliche Körper verfügt über 650 Muskeln und viele davon können trainiert werden. Jedes Extrakilo an Muskelmasse verbrennt auch im Ruhezustand mehr Energie. Je mehr Muskeln Sie also aufgebaut haben, desto besser wird die zugeführte Energie in Form von Nahrung verbrannt, Ihr Grundumsatz steigt. Fazit: Sie können mehr essen, ohne zuzunehmen bzw. Sie nehmen leichter ab. Hört sich das nicht verlockend an? Und mit Ihrem wohlproportionierten Körper, angereichert um einen Six-, Eight- oder sogar Tenpack, stellen sie leicht jeden der anderen Typen in den Schatten, der versucht, sich Muskeln anzutrainieren. Sie bringen dafür von Natur aus die besten Voraussetzungen mit und brauchen mit Sicherheit keine Anabolika. Alles, was Sie brauchen, ist die mentale Stärke, um loszulegen. Und auch wenn Sie gar nicht trainieren, um einen muskulösen Körper zu bekommen, den Sie im nächsten Sommer am Strand zur Schau stellen können, so ist die Verlockung, sich in genau diesem Urlaub ein Tiramisu mehr gönnen zu können, wahrscheinlich ihr Ansporn.

Da Sie keinen Boxsack zum Stressabbau benötigen, weil Sie quasi nie gestresst sind, aber trotzdem immer mal das Gefühl haben, sich schwach zu fühlen, hier noch ein kleiner Tipp: Wenn Sie sich das nächste Mal schwach fühlen und meinen, dass Sie deshalb sofort etwas zu essen brauchen, machen Sie einen kurzen, aber flotten Spaziergang. Denn meistens kommt das Schwächegefühl aufgrund passiver Emotionen. Vielleicht war gerade ein Konflikt in der Luft oder Sie hatten in einem Gespräch Ihren Standpunkt nicht deutlich genug ausgedrückt. Ein Spaziergang bewahrt Sie vor emotionalem Essen. Probieren Sie es mal aus.

Gibt es bei Ihnen stressige Projektwochen? Sie werden die Projektwochen als belebende Wochen erleben und sich dynamisiert fühlen. Trotzdem braucht auch Ihr System eine Zeit der Erholung und der Entleerung von Fremdenergien. Sie als tragende Säule im Unternehmen und Herzensmensch nehmen sich gerne der Sorgen und Nöte Ihrer Teammitglieder an, tragen diese energetisch durch das Projekt und genau deshalb haben auch Sie sich eine Auszeit verdient.

Sie lieben die exklusiven Spas dieser Welt. Sie genehmigen sich am liebsten ausgiebige kosmetische Behandlungen, Pediküre, Maniküre, lange Facials, und dabei ist es völlig gleich, ob Sie Mann oder Frau sind. Danach folgen ein oder mehrere Gänge in der Bio-Sauna oder im Steam Bath, da diese nicht so heiß sind. Sie können auch stundenlang in Whirlpools verbringen und sich das Wasser über die Massagedüsen auf den Rücken, die Beine und die Arme sprudeln lassen. Wie wäre es mit einer Hot-Stone-Massage oder einer energetisierenden Seidenhandschuh-Massage im Anschluss? Bei der Seidenhandschuh-Massage wird der Körper trocken mit Seidenhandschuhen in aktivierenden, stoffwechselanregenden Bewegungen massiert. Oder eine Udvartana? Bei der ayurvedischen Udvartana wird heißes Kräuterpulver tief und nachhaltig in jede Körperregion tief einmassiert. Entweder wird dabei ausschließlich Kräuterpulver verwendet oder auf der bereits eingeölten Haut eine warme Paste aus einer Mischung von Kräuterpulvern und medizinierten Ölen kräftig einmassiert. Beide Massageformen wirken belebend. Danach könnten Sie tanzen gehen. Vielleicht tun Sie das dann auch. Falls Sie es vergessen haben: Sie können sich sehr elegant über das Parkett bewegen – also, warum nicht einmal wieder tanzen? Mit oder ohne Partnerin oder Partner – ich wünsche Ihnen viel Freude, egal ob Diskothek oder Ballsaal.

Was Sie mit Sicherheit vorher nicht vergessen werden, ist, sich mit einem göttlichen Essen und einem guten Glas Wein zu belohnen, für all die Zeit gefühlter Entbehrungen. Ab und zu dürfen selbst Sie sich mit einem ganz besonders köstlichen Essen verwöhnen. Das ist gut für Ihre Seele und gibt Ihnen neue Energie. Nach drei bis vier gemütlichen Tagen der Auszeit sind Sie dann wieder bereit, neue Herausforderungen anzunehmen.

6.3.5 Tipps für den Alltag

Sie lieben Qualität und Sie sind anspruchsvoll. Bei Ihnen darf der Schreibtisch eindrucksvoll, groß und klassisch geformt sein, dahinter dürfte sich ein bequemer Chefsessel befinden. Falls das noch nicht der Fall sein sollte, werden Sie sich in Geduld üben und die exquisiten Stücke, die Sie bereits im Auge haben, später anschaffen. Auch in Ihrem Zuhause befinden sich sichtbar hochwertige Einrichtungsgegenstände, alle mit Bedacht ausgesucht. Ihr Auto zeigt auch Ihren Hang zum Luxus, „Standard" kommt für Sie eher nicht in Frage. Mit Beständigkeit arbeiten Sie darauf hin, sich den Luxus, den Sie mögen, auch leisten zu können. Sie sammeln gerne und sind sparsam. Ihre Kleidung dürfte ebenfalls eher klassisch ausfallen, und den Stoffen sieht man die hochwertige Qualität an. Stehen Sie dazu! Sie leisten viel und das darf man ruhig auch sehen. Also akzeptieren Sie sich und Ihren Hang zu schönen Dingen, und zwar ohne dabei ein schlechtes Gewissen zu haben.

Ich habe bereits erwähnt, dass Sie mit Ruhe und Gelassenheit Verhandlungen führen und auch Wogen glätten, wo es notwendig ist. Auch wenn Ihr Gemüt sehr von Ihren Mitmenschen geschätzt wird, ist zu viel Ruhe für Sie eher von Nachteil. Sie dürfen sich in jeder Hinsicht täglich bewegen, denn nur so können Sie das gesamte Spektrum Ihrer Talente leben. Wenn Sie in die Trägheit abrutschen, beginnen Sie mehr zu essen, und damit manövrieren Sie sich mehr und mehr in Richtung körperlicher Wehwehchen, später Krankheiten oder sogar einer Depression. Leben und lieben Sie Veränderungen! Das ist nicht bequem, erhöht aber Ihre Leistungsfähigkeit und Ihre Gesundheit. Nimmt das träge Element in Ihnen zu sehr überhand, erkranken Sie nicht nur, sondern rutschen ganz leicht in noch mehr Trägheit und Lethargie.

Doch nun wissen Sie, wie Sie das umgehen können. Laufen Sie Treppen hoch und runter, wechseln Sie Ihr Büro, stellen Sie Möbel um und fahren Sie eine andere Strecke ins Büro (oder noch besser, laufen Sie diese Strecke, wenn das möglich ist). Ändern Sie Ihre Routinen, dann glänzen Sie auch wieder mit Ihrer Power, Ihrer Ausdauer und Ihrer Lebenskraft.

Ernährung
Die goldene Regel bei Ihnen ist: Essen Sie nur, wenn Sie hungrig sind und nicht, wenn Sie „nur" Appetit haben. Nehmen Sie sich immer weniger auf den Teller als Sie meinen, essen zu wollen. Sie sollen nicht hungern, aber etwas weniger unterstützt sie dabei, noch dynamischer zu werden.

Frühstücken Sie nur, wenn Sie hungrig sind. Da Sie morgens Zeit brauchen, um in die Gänge zu kommen, sollten Sie eigentlich nicht hungrig sein. Statt Frühstück unterstützt Sie ein heißes Ingwerwasser mit etwas Honig am frühen Morgen. Dafür schneiden Sie frischen, geschälten Ingwer in feine Scheibchen, übergießen ihn mit ca. 750 ml kochendem Wasser und lassen das Ganze ca. zehn Minuten ziehen. Sobald das Getränk auf Körpertemperatur heruntergekühlt ist, geben Sie zwei Teelöffel Honig dazu. Das weckt Ihre Lebensgeister. Trinken Sie das Ingwerwasser schlückchenweise, auch über den Tag verteilt. Wenn Sie das Ingwerwasser noch mit etwas Zitrone anreichern, ist es selbst kalt getrunken ein erfrischendes, stoffwechselaktivierendes Getränk. Auch Ihr Espresso am Morgen sei Ihnen gegönnt. Versuchen Sie es aber trotzdem tagsüber mit Ingwerwasser und eventuell nur einem weiteren kleinen Kaffee.

Wenn Sie keinen Hunger haben, dann lassen Sie das Frühstück ausfallen! Niemand muss Frühstücken wie die Geissens … Den von mir betreuten Erhaltern fiel nach dieser Äußerung immer ein Stein vom Herzen, denn bis dahin hatten sie sich ein Frühstück aufgezwungen und gegessen, ohne hungrig zu sein. Sie können sich vorstellen, wozu das dann führte: Genau, zu etwas Hüftgold hier und einem kleinen oder größeren Bäuchlein da …

Doch irgendwann kommt der Hunger, und da Sie Ihre Gewohnheiten gerne pflegen und auch Routine schätzen, haben Sie auch immer um die gleiche Zeit Hunger. Man kann die Uhr nach Ihnen stellen, denn Sie sind die Person, die jeden Tag um die exakt gleiche Zeit zu Tisch geht. Was Ihnen dann gut tut, ist warmes, fettarmes, kohlenhydratarmes, gut gewürztes Essen. Es darf auch gerne mal ein Stück Fleisch dabei sein. Ihre geliebten Soßen dürfen Sie weglassen und auch die Rigatoni al Forno dürfen Sie stehen lassen, denn Käse und dicke Soßen fördern die Schwerkraft und die Trägheit. Dafür können Sie so viel Gemüse und Hülsenfrüchte auf den Teller nehmen, wie Sie wollen. Normalerweise würzen Sie sparsam, aber versuchen Sie es mal mit Ingwer, Cumin, schwarzem Pfeffer, langem Pfeffer, Chilis, Kurkuma und Zimt. Das fördert Ihren Stoffwechsel und die Verdauungskraft. Sie verbrennen das Essen besser und fühlen sich nach dem Essen angenehm leicht. Bitte salzen Sie so gut wie nie, denn das führt bei Ihnen zu Wassereinlagerungen und evtl. zu hohem Blutdruck. Wählen Sie anstelle des Salzes Kala Namak, das ist ein schwarzes Salz, welches bei Ihnen nicht zu Wassereinlagerungen führen wird und sehr gerne in der indischen Küche verwendet wird. Es schmeckt etwas schweflig, und wer daran gewöhnt ist, mag es nicht mehr missen. Sie finden es in Bioqualität online und nur selten in Bioläden. Benutzen Sie wenige, dafür aber hochwertige Öle und lassen Sie nach Möglichkeit Kuhmilchprodukte weg. Anstatt schwermachender Kuhmilchprodukte können Sie pflanzliche Milchprodukte oder Produkte aus Ziegenmilch wählen.

Das Dessert dürfen Sie, sofern Sie kein Nachmittagstief wollen, auch vergessen. Ab und zu mal ein kleines Stückchen bittere Schokolade und Sie werden sehen, Sie müssen beim Nachmittagsmeeting nicht mehr mit Müdigkeit kämpfen.

Am Abend können Sie ganz nach Belieben entweder das Dinner canceln oder warm essen. Seien Sie ehrlich mit sich. Haben Sie wirklich Hunger? Falls ja, dann können Sie leicht, warm und gut gewürzt essen. Vielleicht haben Sie sich beim Nachmittagsmeeting die Häppchen und die Kekse verkniffen und Ihr Magen knurrt bereits. Dann lassen Sie sich am Abend das für Sie richtige Essen gut schmecken mit wenig Fett und Kohlenhydraten, dafür mit viel Proteinen und natürlich mit Ballaststoffen.

Falls Sie sich entschließen, zwei bis dreimal die Woche Ihr Abendessen ausfallen zu lassen oder sich zum Intervallfasten entschieden haben, sind Sie mit Sicherheit morgens hungrig. Morgens darf es bei Ihnen ein Bratapfel mit

Chilihonig sein, ein Gerstenschrotbrei mit gedünstetem Obst oder Tapiokabrei mit Passionsfrucht. Warmes Essen am Morgen tut Ihnen gut, es versorgt Sie mit Energie, ohne zu belasten. Es gibt reichlich leckere Rezepte. Auch hier – möglichst wenig Routine. Probieren Sie aus, was Ihnen schmeckt, und gönnen Sie sich Abwechslung.

Eben habe ich das Intervallfasten erwähnt. Warum sollte das für Sie gut sein? Um ehrlich zu sein ist fasten für Sie immer gut. Beim Intervallfasten, der 16:8-Methode, wird das Essen auf acht Stunden am Tag beschränkt und 16 Stunden lang wird nichts gegessen. Sie essen dann beispielsweise zwischen 10:00 und 18:00 Uhr und danach nichts mehr. Dadurch werden dem Körper immer wieder Hungerphasen vorgegaukelt und er baut in dieser Zeit verstärkt Fette ab. Es gibt bei dieser Methode des Fastens auch keinen Jo-Jo-Effekt, weil Sie ja innerhalb der acht Stunden wenigstens zweimal essen. Ich rate Ihnen dann auch dazu, sich auf diese Hauptmahlzeiten zu beschränken und nicht noch zwischendurch zu snacken.

Wir haben noch nicht über Getränke gesprochen. Da Sie ein eher „saftiger" Typ sind, brauchen Sie generell wenig Flüssigkeit. Also eher eineinhalb als vier Liter am Tag. Viel Flüssigkeit macht Sie nicht nur schwer, sondern löscht auch noch Ihr Verdauungsfeuer und das brauchen Sie, um die Nahrung, die Sie zu sich nehmen, auch aufzuschlüsseln und weiter zu verwerten. Für Sie sind Verdauungsgetränke wie das oben beschriebene Ingwerwasser gut. Aber auch ein anderer selbstgebrauter Tee aus Fenchel, Cumin, Ingwer und Kurkuma kann Ihnen schmecken. Sie wissen es ja, Ihr Stoffwechsel mag es, immer mal wieder aktiviert zu werden, und dazu dienen diese Tees. Falls Sie den Tee leid sind, trinken Sie ruhig zwischendurch heißes Wasser ohne alles. Dafür lassen Sie einfaches Leitungswasser etwas länger köcheln (etwa 10 Minuten), dann ist es noch besser verdaulich und schmeckt auch noch gut. Ab und zu ein Glas Wein dürfen Sie sich gönnen.

In Tab. 6.3 finden Sie Vorschläge für Speisen, die für Sie geeignet sind. Suchen Sie sich das davon aus, was Ihr Körper mag. Hören Sie nicht auf Ihren Verstand, denn Körper und Verstand können Welten auseinanderliegen. Ich wünsche Ihnen viel Freude beim Experimentieren.

Sport
Sport und Bewegung sind auch für Sie wichtig, es muss ja nicht morgens früh um 6:00 Uhr sein. Ihre innere Ruhe animiert Sie nicht unbedingt dazu, Sport zu treiben. Das ist bei den anderen Führungstypen anders. Bei Ihnen könnte Sport eine neu zu erlernende Routine werden. Denn Sport vertreibt die Trübsal und sorgt für gute Laune durch Ausschüttung von Beta-Endorphinen. Diese Peptide steuern die Informationsübermittlung zwischen Gehirn und

Tab. 6.3 Ernährung für Typus Erhalter

Obst	Zu empfehlen: Apfel, Beeren, Kirschen, Mango, Pfirsich, Birne, Rosinen. Getrocknete Feigen und Pflaumen sind gut, anderes Trockenobst nach Möglichkeit vermeiden. Generell gilt für Obst: Mindestens eine Stunde vor oder nach den Mahlzeiten, außerdem nicht am Abend zu verzehren.
Gemüse	Würzig und bitter: Rote Beete, Kohl, Karotte, Blumenkohl, Sellerie, Aubergine, Knoblauch, Salat, Pilze, Zwiebeln, Petersilie, Erbsen, Rettich, Spinat, Sprossen, Fenchel, Rosenkohl
Getreide	Gerste, Mais, Hirse, Hafer, Basmati-Reis (kleine Mengen)
Eier, Fleisch & Fisch	Eier (gekocht oder fettarmes Omelette oder Rührei), Huhn, Pute, Kaninchen
Hülsenfrüchte	Alle Hülsenfrüchte, ausgenommen weiße Bohnen, schwarze Linsen. Gut sind Azuki, Kidneybohnen und schwarze Bohnen.
Zum Süßen	Nur biologischer Honig und Jaggery (getrockneter Zuckerrohrsaft)
Gewürze	Alle Gewürze
Milchprodukte und Ersatz	Fettreduzierte Milch in kleinen Mengen, zu vermeiden sind fetter Kuhmilchkäse, Feta und Quark. Generell ist pflanzliche Milch vorzuziehen.
Öl	Walnuss- und Maisöl, aber nur wenig

Nervenzellen. Depressive Verstimmungen werden vertrieben. Doch nicht nur Ihre Laune profitiert von Sport, es gibt noch viele weitere gute Gründe dafür: Sport verbrennt Kalorien, sodass die Fettdepots schneller schrumpfen. Er baut Muskulatur auf, die ständig Kalorien verbraucht und damit den Kalorienbedarf des Körpers steigert. Sport verbessert Ihr Körpergefühl, und Sie werden mehr Freude daran haben, Ihren Körper gesund und fit zu halten. Sport beugt genau bei denjenigen Erkrankungen vor, für die Sie ein erhöhtes Risiko haben.

Wenn Sie allerdings derzeit noch ein Sportmuffel sind, dann versuchen Sie, sportliche Betätigung in Ihren Tag zu integrieren. Fahren Sie mit dem Fahrrad zur Arbeit, auch wenn es nur fünf oder zehn Kilometer sind, und gehen Sie so viel wie möglich zu Fuß. Es ist derzeit sowieso „in", etwas mehr für den Klimaschutz zu tun, da können Sie mit gutem Beispiel vorangehen. Klingt das zu viel für den Anfang? Na, dann starten Sie eben mit kleineren Zielen. Wir wäre es mit Treppe statt Fahrstuhl?

Sie können auch im firmeneigenen Fitnessstudio vor dem Hanteltraining zum Aufwärmen aufs Laufband gehen. Hier können Sie einstellen, wie schnell sie laufen möchten und Ihr Tempo langsam steigern. Außerdem ist ein Steigungsgrad wählbar, der einen Berganstieg simuliert. Hierbei werden besonders viele Kalorien verbrannt, auch wenn es darauf bei Ihnen nicht in erster Linie ankommt. Mir geht es eher um das Herz-Kreislauf-Training und Ihr Wohlbefinden. Wenn das Hanteltraining noch zu anstrengend ist, dann starten Sie einfach nur mit dem Laufband und zu einem späteren Zeitpunkt schließen Sie Gerätetraining zum Muskelaufbau an. An Profigeräten sind nur geführte Bewegungen mit Gewichten möglich. Von daher ist die Verletzungsgefahr gering. Sie brauchen nicht direkt Hanteln stemmen wie Arnold Schwarzenegger, mit kleinen Schritten kommen Sie auch voran.

Sie können auch nach getaner Arbeit im nahegelegenen Park walken. Das ist besonders schonend für die Gelenke. Mit dem Walken bringen Sie Ihren Kreislauf in Schwung, und mit den Walkingstöcken trainieren Sie auch noch zusätzlich Ihre Arme. Wenn Sie sich dazu nicht alleine aufraffen können, schließen Sie sich einer Walkinggruppe an oder nehmen Sie noch andere Erhalter aus der Firma mit. Vielleicht klappt es ja auch besser, wenn Sie einen fixen Termin haben? Ja, im Büro ist es auch spannend und es gibt viel zu tun, doch vergessen Sie nicht sich selbst und Ihre geistige und körperliche Gesundheit bei all dem, was Sie zu erledigen haben.

Ich mag ja auch Kampfsport und der ist nicht nur gut, um Pfunde purzeln zu lassen, sondern auch, um einen flexiblen, wohldefinierten Körper zu bekommen und um reaktionsschneller zu werden. Sie können Boxen, Karate oder Judo wählen oder aber auch Tae Bo, welches ich sehr liebe. Es könnte aber sein, dass die Tae-Bo-Bewegungen für Sie zu schnell sind und Sie schon deshalb Boxen, Judo oder Karate vorziehen. Wenn es Sie interessiert, um welche Bewegungen es sich beim Tae Bo handelt, schauen Sie sich eine Sequenz mit Billy Blanks Tae Bo auf YouTube an, dann werden Sie wissen, ob Sie es für Sie in Frage kommt. Tae Bo enthält Übungen aus dem Kickboxen kombiniert mit Aerobic-Elementen.

Wenn Sie mal Sportler waren, dann graben Sie bitte Ihre Sportbegeisterung wieder aus. Vielleicht waren Sie ja Diskuswerfer oder Kugelstoßer oder sogar Ringer? Ganz egal, welche Sportart Sie irgendwann einmal getrieben haben, es wird Ihnen leichtfallen den Zugang zum Sport wiederzuentdecken, denn Sie haben die Ausdauer und die Kraft, erneut eine sportliche Betätigung zu beginnen. Erinnern Sie sich nur an die vielen wundervollen Momente, in denen Sie schweißgebadet vor Anstrengung überglücklich waren. Sie müssen nur eins: erneut mit irgendeinem Sport starten. Wie wäre es mit etwas mehr Leidenschaft in Ihrem Leben? Sport-Endorphine machen wirklich glücklich und vor allem gute Laune. Lassen Sie sich berauschen von Ihrem eigenen Körper.

6.3.6 Meditation

Bevor ich über Meditation schreibe, möchte ich Ihnen ein Zitat des Mystikers Osho nennen, der in diesem Buch bereits einige Male erwähnt wurde: „Meditation heißt Nicht-Verstand: nicht einmal Konzentration ist erlaubt. Der Verstand an sich darf nicht sein! Darum kann Meditation vom Verstand her nicht begriffen werden. Der Bereich des Verstandes erstreckt sich bis zur Konzentration. Der Verstand kann Konzentration verstehen, aber der Verstand kann Meditation nicht verstehen. Tatsächlich ist der Verstand überhaupt nicht mehr zugelassen. In Konzentration darf der Verstand an einem Punkt bleiben, in Meditation wird ihm selbst dieser Punkt genommen … Dem Verstand wird nicht erlaubt, da zu sein." (Osho 2009, Kapitel 10, Frage 2) Der Verstand ist also Abwesenheit von Meditation. In dem Moment, in dem Sie in Meditation gehen, ist Ihr Verstand nirgends mehr zu finden – zumindest in der Theorie.

Sie werden sich jetzt vielleicht fragen ob, Meditation Ihnen überhaupt etwas bringen kann. Schließlich ist Ihr Verstand genau eine Ihrer Stärken. Das stimmt absolut und damit das so bleibt, ergibt es Sinn, sich mit Meditation zu befassen und sie möglichst als festen Bestandteil in Ihr Leben zu integrieren. Der Verstand braucht genauso eine Reinigung wie der Körper oder, etwas bildlicher ausgedrückt, auch der Verstand braucht immer mal wieder einen Ölwechsel. Beim Auto muss das alte verbrauchte Öl entfernt werden, damit das neue Öl den Motor wieder besser vor Verschleiß schützt und die beweglichen Teile schmiert. Der Abrieb durch die Nutzung des Motors wird gleich mitentsorgt.

So ähnlich ist es, wenn wir in Meditation gehen. Der Verstand wird gereinigt, auf „null" gesetzt. Sie erfahren tiefe Entspannung. Aber was ist Meditation? Meditation ist nicht stilles Sitzen, nicht das Singen von Mantras, es ist das Verstehen der subtilen Mechanismen des Verstandes. Wenn Sie verstehen, wie Ihr Verstand funktioniert, dann überkommt Sie die Bewusstheit förmlich und die ist groß und gehört nicht dem Verstand. Diese Bewusstheit kommt aus Ihrem Sein, Ihrem Inneren, Ihrer Seele.

In der Frauenzeitschrift Brigitte vom 19.02.21 habe ich gelesen, dass das Thema Meditation in den letzten Jahren immer mehr in den Mittelpunkt des öffentlichen Bewusstseins gerückt ist. Der Autor Timo Koether schreibt: „Waren es früher vor allem Gurus, Mönche oder andere Spirituelle – bieten heutzutage sogar Unternehmen Meditationskurse für ihre Mitarbeiter an." Er schreibt weiter. „Das Problem: Viele Meditationstechniken, darunter die Vipassana Meditation, erfordern sehr viel Übung und einen starken Willen, um eine längere Zeit still zu sitzen. Wir haben oft tausend Gedanken und schaffen es nicht, diese abzustellen." (Koether 2021)

Sie als Erhalter sind für diese Vipassana-Meditation (s. Abschn. 6.1.6) allerdings geradezu prädestiniert, denn Sie haben sowohl einen gut funktionierenden Verstand als auch eine gute Beobachtungsgabe. Nutzen Sie diese Fähigkeiten, um Ihren Verstand zu beobachten. Die Ruhe dazu bringen Sie bereits mit.

Starten Sie trotzdem nicht mit einer Vipassana-Meditation, sondern mit einer einfachen Meditation, die sowohl Bewegungselemente als auch stille Elemente enthält. Ich kann diese Art der Meditation all jenen empfehlen, die Rückenprobleme von ihrer Schreibtischarbeit haben.

Osho Kundalini Meditation
Die Kundalini-Meditation eignet sich perfekt, um sich nach einem langen Arbeitstag aktiv zu erholen. Ziel ist es, die tieferen Ebenen des Körpers zu erreichen und innere Verspannungen aufzulösen. Die Meditation besteht aus vier Phasen à 15 Minuten und dauert somit eine Stunde.

- **1. Phase – Sich schütteln (15 Minuten)**
  Stellen Sie sich hin und spüren Sie die Energie in Ihrem Körper. Bauen Sie vorhandene Spannungen ab und fangen Sie an, sich locker zu schütteln. Tun Sie alles auf natürliche Weise – machen Sie keine Gymnastik daraus!
- **2. Phase – Tanzen (15 Minuten)**
  In dieser Phase können Sie noch mehr aus sich rausgehen und sich aktiv bewegen. Tanzen Sie so, wie es sich für Sie in diesem Moment gut anfühlt. Ob exzessiv oder langsam – lassen Sie den ganzen Körper so bewegen wie er es will! Die Augen lassen Sie dabei offen oder geschlossen.
- **3. Phase – Wahrnehmen (15 Minuten)**
  In der dritten Phase dieser Meditation schließen Sie Ihre Augen und sind komplett still. Fühlen Sie einfach, was in Ihnen vorgeht und beobachten Sie es lediglich. Alle aufkommenden Gedanken und Körperempfindungen sind absolut in Ordnung. Verurteilen Sie nichts. Sie können sich in dieser Phase hinsetzen oder stehen bleiben.
- **4. Phase – Still liegen (15 Minuten)**
  Die letzte Phase entspricht wohl eher dem, was Sie bisher unter einer Meditation verstanden haben. Sie schließen Ihre Augen und bleiben für die letzten 15 Minuten einfach still. Dazu legen Sie sich ausgestreckt auf den Boden, die Arme liegen seitlich neben dem Körper. Wenn Sie es bequem haben wollen, legen Sie in der letzten Phase eine Yogamatte unter Ihren Körper. Das Liegen macht es angenehm, den Körper zu entspannen und loszulassen. Die Stille passiert und ist daher eine willkommene Erfahrung für Einsteiger.

Was ich mir für Sie auch noch gut vorstellen kann, ist eine Meditation im Sitzen, die vorzugsweise am Nachmittag gemacht wird. Sie kommt Ihrem Naturell sehr entgegen, aber nur dann, wenn Sie sich tagsüber bereits gut bewegt haben. Hier ist die Anleitung:

Osho Nadabrahma Meditation
Die Nadabrahma-Meditation ist eine einstündige Meditation und besteht aus drei Phasen. Im Anschluss gönnen Sie sich am besten 15 Minuten Ruhe.

- Die erste Phase dauert satte 30 Minuten, in denen Sie durchgängig summen. Legen Sie dazu Ihre Lippen locker aufeinander und summen Sie so laut, dass Sie keine Nebengeräusche mehr hören. Versuchen Sie, zum Beobachter Ihres Summens zu werden. Ich stelle mir dabei immer vor, dass ich ein leerer Bambus bin und die Vibration des Summens diesen Bambus erfüllt.
- Die zweite Phase unterteilt sich in zwei Teile, von jeweils siebeneinhalb Minuten. Im ersten Teil drehen Sie Ihre Handflächen nach oben und Sie bewegen die Hände sehr langsam in einer kreisförmigen Bewegung nach außen. Ausgehend vom Bauchnabel bewegen Sie die Hände zuerst nach vorne und dann in zwei großen Kreisen spiegelbildlich nach rechts und links. Die Bewegung sollte so langsam sein, dass Sie Ihnen gar nicht als solche vorkommt. Stellen Sie sich vor, dass Sie Energie nach draußen an das Universum abgeben. In den zweiten siebeneinhalb Minuten drehen Sie die Handflächen um und bewegen die Arme in umgekehrter Richtung in kreisenden Bewegungen von außen nach innen. Nun kommen die Hände zum Nabel hin zusammen und bewegen sich seitlich des Körpers nach außen. Stellen Sie sich vor, dass sie dabei Energie in sich aufnehmen.
- Die letzte Phase schließen Sie mit 15 Minuten Stille, im Sitzen oder Liegen ab. Die Hände ruhen jetzt.

Wie gefallen Ihnen Ihre Meditationen? Überlegen Sie bitte nicht, ob Sie sie ausprobieren wollen und was es Ihnen bringen könnte. Machen Sie es einfach. Was es Ihnen bringt, sind ein freier Verstand, eine geschärfte Wahrnehmung und größere Flexibilität. Sie können das nur beurteilen, wenn Sie sich aktiv auf Meditationen einlassen.

6.3.7 Achtsamkeit

Da Sie ein hervorragender Beobachter Ihrer Außenwelt sind, möchte ich Sie dazu motivieren, nicht nur Ihre Außenwelt zu beobachten, sondern auch sich selbst. Ja, sich selbst. Beobachten Sie sich bei Ihren Spaziergängen oder beim Nordic Walking. Schauen Sie sich beim Gehen zu. Beobachten Sie, wie der rechte Arm mit dem Stock nach vorne geht, Sie den Stock aufsetzen, während Ihr linkes Bein nach vorne geht und dann Ihr Fuß aufsetzt, dann der linke Arm nach vorne geht und dabei das rechte Bein nach vorne schwingt und dann der rechte Fuß aufsetzt. Klingt einfach? Ist es aber nicht. Es ist verrückt, wie schwer es uns fällt, achtsam zu sein. Sobald wir versuchen, unseren Körper zu beobachten, vergessen wir den Bewegungsablauf. Aber Übung macht bekanntlich den Meister, und Sie können es schaffen, zum Meisterbeobachter Ihrer körperlichen Bewegungen zu werden. Nicht nur beim Sport, sondern auch im Alltag. Sind Sie häufig achtsam und beobachten sich immer mehr, kann es mit der Zeit passieren, dass Sie eine Tasse zum Mund führen und sich dabei zusehen, wie sich Ihr Arm bewegt. Dabei kommt es Ihnen so vor, als wäre der Arm gar nicht Ihrer, sondern der einer anderen Person. Diese Übungen machen Sie nach und nach zum Profi der inneren und äußeren Beobachtung, und sie hilft Ihnen außerdem bei der Anwendung des Double-Arrow-Effekts während Meetings und im Umgang mit anderen Geschäftspartnern.

6.3.8 Wie fördern Sie den Erhalter?

Auf jeden Fall fördern Sie den Erhalter nicht mit einem riesigen Schokoeisbecher und einer extra Portion Sahne. Auch wenn der Erhalter Sie dafür anstrahlen würde. Der Erhalter ist für Beständigkeit, Durchhaltevermögen, Genauigkeit und Verhandlungsgeschick bekannt. Er hat ein sehr gutes Gedächtnis und ist liebenswert. Diese Eigenschaften kann er am besten in Ihr Unternehmen einbringen, indem Sie ihm entgegenkommen, so gut Sie können. Einen Gefallen können Sie ihm beispielsweise tun, wenn Sie die wichtigsten Meetings nicht auf 8:30 Uhr legen. Es könnte sein, dass er beim Meeting geistig sonst nicht zu Höchstleistungen fähig ist, sondern nur körperlich präsent ist. Geeigneter sind Meeting-Zeiten ab 11:00 Uhr, auch wenn er schon früher, also etwa gegen 9:30 Uhr im Büro sein sollte, um in die Gänge zu kommen.

Nehmen Sie Ihrem Erhalter bitte keine Wege ab, er darf und muss sich bewegen, von einer Etage in die nächste und wieder zurück und von einem Gebäude in das nächste. Gehen Sie schnell mit ihm die Stufen hoch oder herunter, wenn Sie noch eine Kleinigkeit zu besprechen haben. So erinnern Sie ihn an die Bewegung. Meiden Sie den Aufzug, wenn Ihr Erhalter mit Ihnen gemeinsam in eine andere Etage muss.

Schlagen Sie ihm nach dem Mittagessen einen Verdauungsspaziergang vor, um dabei noch das letzte Meeting kurz zu besprechen oder um noch ein paar Fragen zu klären. Vielleicht können Sie sich auch zum gemeinsamen Training am Abend im Fitnessraum verabreden. Wenn Sie für Bewegung sorgen, wird der Erhalter Sie nicht enttäuschen, er bleibt dann lange Zeit dynamisch und beweist Ausdauer.

In den Meetings sorgt der Erhalter dafür, dass die Wogen, die vielleicht hochgeschlagen sind, geglättet werden. Wenn Konflikte allerdings in der Gruppe brodeln, ist er nicht derjenige, der sie gerne offen anspricht. Sie tun ihm einen Gefallen, wenn Sie das stattdessen tun. Sind die Konflikte erst einmal offenbar, wird er sie mit viel Geschick zu klären wissen.

Der Erhalter kann gut auf viele Geschäftsreisen gehen, er wird sich dabei nicht erschöpfen. Im Gegenteil, er wird dadurch dynamischer werden. Die Geschäftsessen verlegen Sie aber bitte auf den Mittag, denn wenn er abends ausgiebig diniert, wird er am nächsten Tag träge sein.

Und, wie schon mehrfach erwähnt: Sind Sie selbst kein Erhalter, dann werden Sie es ihm im Erinnerungsvermögen nicht gleichtun können, denn in dieser Disziplin ist er unschlagbar. Geht es hingegen um Innovationen oder zügige Umsetzung von neuen Projekten, wirkt er eher projektverzögernd. Schnelle Umsetzung und plötzliche Veränderungen sind einfach nicht sein Ding. Er ist lieber für eine stetige Umsetzung und gut durchdachte und geplante Veränderungen im Unternehmen zuständig. Das müssen Sie bei der Teamarbeit bedenken.

Kommt der Erhalter mit seiner Stetigkeit zum Einsatz, werden Projekte erfolgreich verlaufen, das Betriebsergebnis wird erhalten und der Gewinnzuwachs wird steigen. Beim Thema Investitionen ist er vorsichtig und bedacht, was ihn beispielsweise zu einem guten Chef der Einkaufsabteilung machen würde.

Welche Einrichtung im Unternehmen sind für Ihre Erhalter förderlich?

- Qualitativ hochwertige Möbel im Büro
- Keine kurzen Wege
- Stehtisch zum Arbeiten
- Laufband mit der Möglichkeit, darauf das Laptop und das Telefon zu bedienen
- Fitnessraum mit Hanteln und Geräten
- Ingwerwasser und trockene fettarme Snacks in der Kantine

6.3.9 Erhalter und die Zusammenarbeit mit anderen

Erhalter in Zusammenarbeit mit Kreativen
Als Kreativer fühlen Sie sich mit einem Erhalter sehr wohl. Sie fühlen sich durch seine Anwesenheit geerdet und genährt. Sie werden seine Nähe suchen, weil Sie in seiner Gegenwart Ihre Nervosität verlieren. Nicht selten sitzen in Meetings Kreative und Erhalter nebeneinander. Jeder hat eine positive Wirkung auf den anderen. Der Erhalter wird durch den Kreativen aktiviert und der Kreative durch den Erhalter entspannter.

Wenn Sie als Kreativer die Zustimmung des Erhalters für Ihr noch nicht gänzlich durchdachtes und durchkalkuliertes innovatives Projekt wünschen, beißen Sie wahrscheinlich auf Granit. Da möchte der Erhalter mehr über Ihre Zahlen, Daten, Fakten wissen. Er ist sehr genau und wird Ihnen die entsprechenden Fragen stellen.

Ihre Ideen als Kreativer kommen und gehen, Sie spielen damit und lassen Sie wieder los. Vermeiden Sie es, den Erhalter in all Ihre Ideen zu verstricken oder ständig um Rat zu fragen. Sie sind ihm zu schnelllebig. Er wird dann irgendwann auf die Bremse treten und Ihnen nicht mehr folgen. Vieles, was Sie ihm vorschlagen oder vorlegen, ist ihm noch zu hastig und unausgegoren, und Sie möchten ja nicht, dass er Sie als „Spinner" sieht und nicht mehr ernst nimmt. Weihen Sie ihn nur dann ein, wenn Sie Ihre Idee mehrfach durchdacht und auch schon eine Kalkulation auf die Beine gestellt haben. Vielleicht nehmen Sie sich vorher noch einen Macher an Ihre Seite, der Ihnen bei der Kalkulation behilflich ist. Haben Sie das gemacht, dann wird Ihnen der Erhalter gerne beratend zu Seite stehen und Ihnen bei der Umsetzung Ihres Herzensprojekts behilflich sein.

Erhalter in Zusammenarbeit mit Machern
Sie als Macher wollen Ihr Projekt durchziehen und sich dabei nicht stoppen lassen. Schließlich sind Sie der Projektmanager und in Ihrem Metier kann Ihnen keiner etwas vormachen. Doch häufig müssen Sie einen Erhalter mit ins Boot holen, etwa bei kleineren finanziellen Zuschüssen. Da sitzen Sie nun, der Erhalter hat Zeit und fragt Sie sehr genau nach allen Details, die zur Entscheidungsfindung notwendig sind. Eine solche Situation könnte Ihr Feuer ordentlich in Wallung bringen und Sie könnten sogar nach Luft schnappen: Was fällt diesem Klotz vor Ihnen wohl noch alles ein? Er erinnert sich an jedes Detail vom vorigen Projekt und auch, dass Sie sich verkalkuliert hatten und

die geplante Investitionssumme zu niedrig angesetzt war. Was hat das Bitte mit dem jetzigen Projekt zu tun? Sie als Macher müssen in solchen Fällen tief durchatmen und geduldig sein. Wenn Sie die Eile ablegen und sich auf die Abstimmung aller Einzelheiten mit dem Erhalter einlassen, werden Sie feststellen, dass es gut ist, noch einmal alles genauestens ins Kalkül zu ziehen. Es ergibt Sinn, was der Erhalter da hinterfragt. Spätestens jetzt fällt es Ihnen auch auf.

Mein Tipp für Sie als Macher ist, tief durchzuatmen und sich Zeit zu nehmen, dann klappt Ihre Zusammenarbeit mit dem Erhalter bestens. Ihr Projekt wird keine Überraschungen erleben, es wird bestens geplant sein, es wird nur etwas länger dauern, als Sie dachten. Aber dafür wird es von Erfolg gekrönt sein.

Es liegt nicht am Erhalter, wenn die Zusammenarbeit nicht funktionieren sollte, sondern immer am Macher! Das passiert, wenn er zu schnell eine Entscheidung erzwingen möchte, sich im Recht sieht oder gerade Scheuklappen aufhat. Der Erhalter ist verständnisvoll und konfliktscheu, also bitte lieber Macher, lassen Sie den Erhalter zu Wort kommen und beschäftigen Sie sich mit seinen Fragen. Er sieht mehr als Sie im Moment, denn er berücksichtigt immer auch das Spektrum vergangener Projekte.

Literatur

Aditee D, Pankaj M, Neil B, Nayereh P, Dali F, Srivatsa NU (2020) Meditation for improved clinical outcomes in patients with implantable defibrillators for heart failure- pilot study. J Atr Fibrillation 12(6):2314. https://doi.org/10.4022/jafib.2314

Bansal A, Mittal A, Seth V (2016) Osho dynamic meditation's effect on serum cortisol level. J Clin Diagn Res 10(11):CC05–CC08. https://doi.org/10.7860/JCDR/2016/23492.8827

Hölzel BK, Carmody J, Vangel M, Congleton C, Yerramsetti SM, Gard T, Lazar SW (2011) Mindfulness practice leads to increases in regional brain gray matter density. Psychiatr Rese 191(1):36–43. https://doi.org/10.1016/j.pscychresns.2010.08.006

Koether T (2021) Osho meditationen: lebhaft meditieren lernen. https://www.brigitte.de/gesund/entspannung/stress-bewaeltigen-osho-meditation-lebhaft-meditieren-lernen-11495456.html. Zugegriffen am 08.03.2022

Kondo M, Sonenshein S (2020) Joy at work: Aufgeräumt und erfolgreich im Arbeitsleben. Rowohlt Verlag GmbH, Hamburg

Lin Y, Eckerle WD, Peng LW, Moser JS (2019) On variation in mindfulness training: a multimodal study of brief open monitoring meditation on error monitoring. Brain Sci 9(9):226. https://doi.org/10.3390/brainsci9090226

Osho (1987) The Great Zen Master Ta Hui. http://www.alaalsayid.com/ebooks/OSHO%20pdf/The%20Great%20Zen%20Master%20Ta%20Hui.pdf. Zugegriffen am 08.03.2022

Osho (2009) Das Buch der Geheimnisse – 112 Meditations-Techniken zur Entdeckung der inneren Wahrheit. Arkana, München

Wikipedia (2022) Siddhartha Gautama. https://de.wikipedia.org/wiki/Siddhartha_Gautama. Zugegriffen am 08.03.2022

7

Psycho-mentale Eigenschaften

Sie sind inzwischen mit dem Führungstyp Kreativer, Macher und Erhalter vertraut. Ich hoffe, Ihnen ist dabei klargeworden, dass jeder Mensch einen genetischen Print hat. Jeder von uns ist unterschiedlich und einzigartig, doch es gibt gewisse körperliche Gemeinsamkeiten. Diese Diversität habe ich in den drei Grundtypen zusammengefasst. Sie wissen nun auch, wer Sie selbst sind, wie Sie sich körperlich auf Vordermann bringen können, welche Stärken Sie als Führungskraft haben, welche Entspannungsmethode ideal für Sie ist und welche mentalen Vorzüge Sie haben.

Vielleicht haben Sie bei der Lektüre der vergangenen Kapitel aber auch festgestellt, dass Sie Eigenschaften zweier unterschiedlicher Typen in sich vereinen. Wenn das der Fall ist, sind Sie ein Mischtyp. Häufig vorkommende Mischtypen sind Kreativer-Macher oder auch Machender-Erhalter. In diesen Fällen vereinen Sie die Vorzüge aus beiden Führungstypen, also nutzen Sie Ihr vorhandenes Potenzial zu Ihrem Wohl und zum Wohl anderer Personen. Entdecken Sie, was alles in Ihnen steckt und ermuntern Sie andere, es Ihnen nachzumachen. Und hier noch ein Tipp: Wenn Sie oder Ihre Kollegen über die Erläuterungen in diesem Buch hinaus noch mehr über die Mischtypen in Erfahrung bringen möchten, dann machen Sie den Führungstypentext auf meiner Webseite: www.harshagramminger.de.

Allerdings sind wir nicht nur unser Körper. Schon der römische Dichter Juvenal erkannte: Mens sana in corpore sano. (Ein gesunder Geist in einem gesunden Körper.) Daher möchte ich an dieser Stelle ganz speziell unser psycho-mentales Verhalten unter die Lupe nehmen. Denn was bedeutet dieses Zitat genau? Heißt es, dass unser Geist nur in einem gesunden Körper wirklich optimal funktioniert? Was ist dann mit Menschen wie Stephen Hawking oder Vincent van Gogh, die über einen brillanten Geist und außergewöhnliche Fähigkeiten verfügten, deren Körper sie allerdings – nach landläufiger Meinung – teilweise im Stich ließ? Gibt es noch etwas, was „dahinter" liegt? Lassen Sie uns einmal genauer hinsehen:

Was das rein Körperliche angeht, ist Ihnen nun klar, dass es genetische Prints gibt. Solche Prints gibt es auch im mentalen Bereich: Jeder von uns hat eine ganz individuelle Art, auf das Leben zu schauen, Erlebtes zu verarbeiten und im Leben vorwärts zu gehen. Dieser genetische Print hat nichts mit möglichen körperlichen Einschränkungen zu tun, sondern geht weit darüber hinaus. Falls Sie beispielsweise mehrere Kinder haben, haben Sie wahrscheinlich schon festgestellt, dass jedes Ihrer Kinder anders denkt und anders im Leben voranschreitet, auch wenn alle die gleiche Erziehung genießen, Sie ihnen Ihr persönliches Verhalten vorleben und auch dann, wenn körperliche Einschränkungen vorliegen. Denn wir sind nicht nur unser Körper. Wir sind eine Einheit aus Körper und Geist.

Vielleicht ist Ihnen in Ihrer Laufbahn auch schon das ein oder andere Persönlichkeitsmodell begegnet. Ein heute noch viel verwendetes Modell ist das von Hippokrates von Kos, einem griechischen Arzt, der 460–370v. Chr. gelebt und gewirkt hat. Er hat ein Persönlichkeitsmodell entwickelt, wonach Menschen nach ihrem Grundtemperament unterschieden werden. Hippokrates teilte sie in Choleriker, Sanguiniker, Melancholiker und Phlegmatiker ein. Ich finde dieses Modell aufgrund der medizinischen Herangehensweise höchst interessant, weil sich einiges davon in den aus dem Ayurveda stammenden Körpertypen wiederfindet. Allerdings kann ich dem Modell nur teilweise zustimmen. Denn Blut, Schleim, gelbe und schwarze Galle waren ein guter Anfang der Humoralpathologie und der erwähnten Vier-Elemente-Lehre, für mich ist das aber nicht weitreichend genug, denn weder die Körpertypen noch die psycho-mentalen Eigenheiten lassen sich hierbei klar erkennen. Was ich damit vor allem zeigen möchte, ist, dass es auch hierzulande und nicht nur in Asien schon lange den Versuch gibt, die Menschen in eine Körper- und Temperament-Typologie einzuordnen. So weit, so gut.

Unsere angeborenen Eigenschaften, die uns zu Machern, Erhaltern oder Kreativen machen, werden durch unsere psycho-mentalen Zustände *Klarheit*, *Dynamik* und *Trägheit* ergänzt. Und genauso, wie wir unsere körperlichen Eigenschaften annehmen und optimieren können, können wir auch unseren psycho-mentalen Zustand durch Ernährung und Verhalten bis zu einem gewissen Grad beeinflussen. Wir sind weder unserem Geist noch unserem Körper ausgeliefert. Wir entscheiden zu einem großen Teil, wie gesund unser Geist und Körper sind und wie wir leben möchten. Das klingt doch großartig, oder?

7.1 Das Zusammenspiel.........?????

Haben Sie sich schon gefragt, weshalb Herr Mecker immer so aggressiv in den Meetings reagiert? Oder warum Frau Wirbelwind ständig von einer Weiterbildung zur nächsten hetzt und nie zur Ruhe kommt? Oder warum Herr Entspannt aus der Logistik sich keinen Kopf um gar nichts macht? Es ist völlig normal, dass Ihnen solche Fragen durch den Kopf schießen, wenn Sie ein oder mehrere Teams leiten. Am liebsten hätten Sie ein Patentrezept, doch dass es so etwas nicht gibt, ist Ihnen mittlerweile klar. Trotzdem möchten Sie die menschliche Natur besser verstehen und das Verhalten der Kolleginnen und Kollegen deuten können. Sie möchten Ihr Team zum Erfolg führen, und schon deshalb müssen Sie erkennen, wie unterschiedlich die Charaktere in Ihrem Team sind. Gehen wir der Ursache für das Verhalten von Herrn Mecker, Frau Wirbelwind und Herrn Entspannt also auf den Grund:

Um ein zufriedenes, glückliches Leben zu leben und unsere Arbeit erfolgreich bewältigen zu können, benötigen wir alle drei psycho-mentalen Eigenschaften: *Klarheit* im Blick auf unser Leben, *Dynamik* in unseren Aktionen und eine gewisse *Trägheit*, um uns von den besonders aktiven Phasen wieder zu erholen. Im Gegensatz zur angeborenen körperlichen Konstitution, die in Kap. 6 beschrieben wurde, sind die geistigen Eigenschaften dynamischer und können leichter beeinflusst und verändert werden. Dies geschieht hauptsächlich mit Anpassungen unserer Lebensart und unserer Ernährung.

- Die *Klarheit* sorgt für unsere mentale Stabilität, die innere Balance, die Reinheit unserer Gedanken, unsere Achtsamkeit und die Persönlichkeitsentwicklung.
- Die *Dynamik* sorgt für unsere geistige Bewegung im Leben, für den ständigen Wandel und dafür, dass wir emotional werden und uns im Leben vorwärtsbewegen. Es gäbe keinen Fortschritt ohne diese *Dynamik*.
- Die *Trägheit* sorgt mit ihrer Schwere dafür, dass wir nachts entspannt schlafen können und Ruhe finden.

Anhand der Kurve in Abb. 7.1 sehen Sie, dass *Klarheit* nur im Zustand geistiger Ausgeglichenheit herrscht (x-Achse). In diesen Zustand kehren wir immer wieder zurück. Der *dynamische* Zustand (positive Amplitude) steht für Aktivität und Bewegung im Leben. Der *träge* Zustand (negative Amplitude) steht für die Erholphasen und das Ausruhen.

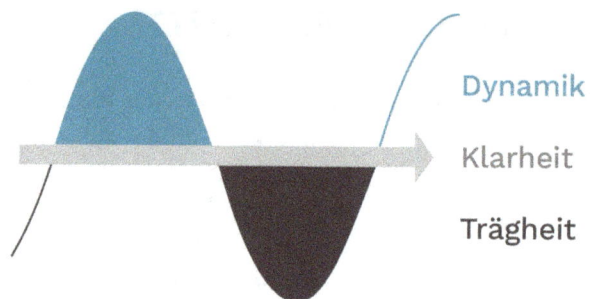

Abb. 7.1 Das Zusammenspiel von Klarheit, Dynamik und Trägheit

„Rooooooobert!" Na, haben Sie die Stimme von Carmen Geiss auch im Ohr? Die dynamische Carmen lebt ihren Zustand aus. Sie wuselt durch die Gegend und macht damit Robert, der gerne zwischen Klarheit und Trägheit verweilt, ordentlich Feuer unter dem Allerwertesten. Da sich beide durch ihr Verhalten gegenseitig beeinflussen, profitieren sie allerdings auch von ihren Zuständen, und eine gewisse Stabilität im Miteinander entsteht. Schlägt das Pendel allerdings zu sehr in Richtung dynamischer Carmen oder trägem Robert aus, kann es auch schon einmal passieren, dass Kleinigkeiten zu Streit führen und die Fetzen fliegen – oder, dass sogar die Polizei anrückt, um eine wilde Party zu beenden.

Nun könnte man vermuten, dass es prima wäre, ständig in einem klaren Zustand zu verweilen. Absolute Balance, Zufriedenheit und Ausgeglichenheit, kein über die Stränge schlagen und ein permanent Yogi-ähnlicher Zustand, bei dem man glücklich in sich hineinlächelt. Hört sich doch toll an, oder? Doch zu lange in Balance sein ist genauso schädlich wie ein Zuviel an *Dynamik* oder *Trägheit*. Außer, Sie haben sich in den Himalaya zurückgezogen und wollen wirklich das Nirvana erlangen, doch ich vermute einmal, das gilt heute und hier nicht für Sie. Wenn Sie sich also zu lange in Ihrem sogenannten „Still-Point" befinden, also über längere Zeit in einem *klaren*, ausgeglichenen Zustand, wollen Sie vielleicht gar nicht mehr in das nächste Meeting gehen, weil Sie so zufrieden und ruhig sind, dass sich nichts mehr bewegen möchte – und dass Sie nichts mehr bewegen wollen. Alle Entspannungsmaßnahmen sind gut, solange Sie herunterfahren können, aber nicht mehr, wenn Sie bereits heruntergefahren sind.

Wir wissen heute, dass ein Kurzurlaub für viele erholsamer ist als ein langer Urlaub. Viele kurze Urlaube zwischen drei bis fünf Tagen sind besser für die Psyche als ein langer Urlaub von vier Wochen. Befinden Sie sich allerdings in einem extrem erschöpften Zustand, dann gilt für Sie, dass drei bis vier Wochen besser sind als einige Kurzurlaube. Genauso verhält es sich mit der inneren Balance. Wir müssen wissen, wie wir sie erreichen können und dann dort einige (oder längere) Zeit verweilen, um Kraft zu schöpfen. Doch danach gilt es, wieder aktiv zu werden. Ohne totale Anspannung gibt es keine effektive Entspannung und umgekehrt.

Geistige Balance entsteht – anders als die Balance auf körperlicher Ebene – durch eine Maximierung der *Klarheit*. Die drei psycho-mentalen Eigenschaften werden demnach nicht gleichwertig behandelt. Ein psycho-mentales Gleichgewicht basiert immer auf einem ausgewogenen Verhältnis von *Dynamik*, *Trägheit* und einem Zurückkehren in die *Klarheit*, dem ausgeglichenen Zustand.

7.2 In welchem psycho-mentalen Zustand befinden Sie sich?

Wie äußern sich nun diese drei Eigenschaften im täglichen Leben? Woran erkennen Sie, in welchem psycho-mentalen Zustand Sie sich befinden? In Tab. 7.1 sind drei psycho-mentale Tendenzen aufgeführt. Wie Sie sehen, arbeitet jeder entsprechend seiner persönlichen Ausprägung. Die Grundprägung bleibt bestehen, auch wenn Sie sich durch Ernährung, Bewegung und Meditation beeinflussen lässt. Carmen bleibt Carmen. Schauen Sie doch direkt einmal, ob Sie bei sich die ein oder andere Tendenz in Ihrem Verhalten erkennen können, auch wenn hier Beispiele gewählt sind, mit denen Sie zunächst nichts anzufangen wissen. Wie auch schon in der Beschreibung der Führungstypen ist auch hier absolute Ehrlichkeit gefragt. Denken Sie bitte daran: Wenn Sie hier schummeln, beschummeln Sie sich nur selbst.

Nachfolgend erhalten Sie Anregungen, wie Sie Ihre Eigenschaften fördern, erhalten oder verändern können. Denn Lust, Leidenschaft und Lebenskraft gibt es nicht nur in *Dynamik*, *Trägheit* oder *Klarheit*. Für „Vital Leadership" benötigen Sie alle drei psycho-mentalen Eigenschaften. Mal mehr von dem einen, mal mehr von dem anderen. Mal mehr Carmen, mal mehr Robert und manchmal vielleicht auch eine Mischung aus allem. *Mens sana in corpore sano.*

7.2.1 Die durch das Prinzip der Klarheit agierende Führungskraft

Klarheit bedeutet hier Reinheit. In einem von *Klarheit* geprägten Geist dominieren Harmonie, Ruhe, Intelligenz, Friede, Demut und Erkenntnis. Ein Teamleiter, der vorwiegend diese Eigenschaften lebt, ist nicht nur beliebt,

Tab. 7.1 Psycho-mentale Tendenzen

Eigenschaften & Wirkweisen	Klarheit	Dynamik	Trägheit
Interesse bei Handlungen	Freude während des Handelns	Zufriedenheit beim Erreichen eines selbstgesteckten Ziels	Interesse am unmittelbaren Resultat
Typische Sichtweise	Die Gemeinschaft/das Team einbeziehend	Zielorientiert, planend	Sieht hauptsächlich das unmittelbar vor ihm Liegende
Angestrebte Wirkung bei offiziellen Anlässen	Zurückhaltende, eher devote Haltung	Inszenierung, Effekt, Show	Träge, rohe Kraft ohne Empathie
Quelle von Freude	Überschreiten der Egogrenzen	Intellektueller Genuss, Kultur, Erreichen von persönlichen Zielen	Sinnesgenüsse, körperliche Freuden
Bedürfnisse	Erkenntniserweiterung	Egobedürfnisse, Anerkennung	Körperliche Bedürfnisse
Umgang mit Konflikten	Mitgefühl, liebevolle Sympathie, versucht, mit dem Konfliktpartner eine annehmbare Lösung zu finden	Durchsetzungswillen; versucht, durch selbstsicheres Agieren zu gewinnen	Angst, Verdrängung, Wut, Jähzorn; schreckt nicht vor zerstörerischen Handlungen zurück
Beziehungen	Denkt nicht an eigenen Profit, denkt an den Vorteil für das Team/Firma	Geben und Nehmen; möchte, dass die Teammitglieder ebenso viel von der Beziehung profitiert, wie er selbst	Möchte gemocht werden. Fragt nicht nach dem Nutzen für das Team
Einstellung zur Arbeit	Gerade passend, erreicht selbst ein schwieriges Ziel scheinbar mit Leichtigkeit	Überschwänglich, Energie verschwendend	ist der Meinung, dass er bereits genug gearbeitet hat
Arbeitsmotivation	Arbeitet um der Arbeit willen	Arbeitet, um persönliche Genugtuung zu erhalten	Arbeitet, weil äußerer Druck vorhanden ist

(Fortsetzung)

Tab. 7.1 (Fortsetzung)

Eigenschaften & Wirkweisen	Klarheit	Dynamik	Trägheit
Langfristige berufliche Wirkung	Befreiend, verbessernd, gewinnt durch Absichtslosigkeit	Fesselnd, bleibt auf gleichem Niveau trotz Anstrengung	Eher auf niedrigerem Niveau, wirkt herabziehend, zerstörerisch
Weitere typische Wirkungen	Friedfertig, in sich ruhend, selbstlos, mit sich im Einklang	Kampfbereit, leidenschaftlich, unruhig, chic bei Kleidung und Wohnung	Stolz, trotzig, im Widerstand, träge, nachlässig, faul

sondern sorgt auch für positive Stimmung im Team. Er wird diszipliniert, friedfertig und geschickt durch Meetings führen und alle Punkte auf der Agenda gewissenhaft ansprechen. Auftretende Konflikte klärt diese Person in Ruhe und mit Bedacht. Eine in der *Klarheit* ruhende Führungskraft agiert besonnen und weise. Sie ist freundlich und höflich, kommuniziert respektvoll und lässt anderen die Würde. Sie geht auf ihr Gegenüber ein, ohne sich selbst zu verleugnen. Sie setzt sich für ihre Überzeugungen ein, ohne fanatisch zu werden. Ihr Wille ist stark, allerdings ohne sich selbst oder andere unter Druck zu setzen. Der Verstand dieser Führungsperson ist brillant, das erlernte Wissen wird gut behalten und umgesetzt. Sie ist ehrlich und aufrichtig in ihren Gefühlen zu sich und anderen. Diese Personen werden als Herzensmenschen wahrgenommen, ihre Körperbewegungen sind anmutig. Sie haben eine positive, spirituelle Grundhaltung, spenden gerne für humanitäre Zwecke und setzen sich mit existenziellen und Sinnesfragen auseinander.

Eine solche positive geistige Grundhaltung lässt sich sehr gut durch die Ernährung beeinflussen. Hilfreich sind eine vegetarische Ernährung mit viel frischem Obst, Salate, Gemüse und Vollkornprodukten. Wer Milchprodukte verträgt, kann auch diese wählen. Für Veganer gibt es gute Alternativen. Warum ist das so? Machen Sie die Probe aufs Exempel: Ernähren Sie sich mal 14 Tage lang rein vegetarisch, essen Sie nur frisch zubereitete Speisen und lassen Sie weißen Zucker, Weizen und Alkohol weg. Sie werden sich wundern, wie fit Sie jetzt mental sind. Sie können sich mehr merken, sind ausgeglichener und geistig klarer.

Nach einem schweren Essen, ist der Verstand träge, der Körper möchte sich entsprechend hinlegen und schlafen. Wenn der Magen-Darm-Trakt schwer Verdauliches zu verarbeiten hat, geht alle Energie nicht in den Verstand, sondern in das Verdauungssystem. Folglich sind wir im Verstand träge. Nach einem frischen und leicht verdaulichen vegetarischen Essen hingegen haben wir Energie gewonnen und fühlen uns nach dem Essen leicht und dynamisch, der Verstand mag arbeiten.

Überlegen Sie einmal: Wie fühlen Sie sich normalerweise nach dem Essen? Leicht, träge oder sogar schwer? Sofern Sie sich träge und schwer fühlen, lohnt es sich, einige Tage wie oben beschrieben eine Veränderung zuzulassen. Die Umstellung ist kein Muss, nur eine absolute Empfehlung. Passen Sie nach Bedarf und Gefühl an.

Die bewusste friedliche Ausrichtung der Kommunikation kann durch Übung des Double-Arrow-Effects, tägliche Yoga- oder Meditationspraktiken gefördert werden. Wichtig ist es, regelmäßig an den Ort der inneren Stille zurückzukehren. Das gelingt jedem auf unterschiedliche Weise. Egal, ob Sie nun Kreativer, Erhalter oder Macher sind: Sie wissen am besten, wie es sich anfühlt, wenn Sie an Ihrem Ort der Zufriedenheit und inneren Stille angekommen sind.

7.2.2 Die durch das Prinzip der Dynamik agierende Führungskraft

Ein von viel *Dynamik* erfüllter Geist steht für Leidenschaft, Bewegung und Vorwärtsdrängen. *Dynamik* steht hier dafür, mehr erreichen zu wollen: mehr Besitz, mehr Status, mehr Anerkennung. Carmen Geiss in Reinkultur. Die vorwiegend durch *Dynamik* agierende Führungskraft bildet sich gerne weiter, ist immer up to date auf ihrem Gebiet und hat genau die Eigenschaften, die im Unternehmen gerngesehen sind. Diese Personen wollen sich durchsetzen und Erfolg haben. Sie sind diejenigen, die vorneweg gehen, während alle anderen folgen.

Diese Führungskräfte müssen auf Ihre Konzentrationsfähigkeit achten, denn diese fluktuiert leicht, wenn zu viele Gedanken über andere Themen aufkommen, die vielleicht momentan nicht unbedingt wichtig, aber trotzdem vorhanden sind. Trotz all dieser positiven Eigenschaften ist Vorsicht geboten, wenn das Pendel einer Person zu lange in Richtung Aktivität und *Dynamik* ausschlägt. Der Hang zur Anhaftung an persönliche Ziele kann überhandnehmen und die Ablehnung gegenüber Unerwünschtem zur Fehlerquelle werden, wenn persönliche Vorlieben und Abneigungen zu sehr im Vordergrund stehen. Eventuell entsteht ein Drang zu übertreiben, und während Meetings kann es auch einmal hektisch oder zynisch werden. Stark dynamisch agierende Personen verlieren unter Umständen dann das Interesse an eher kraftlosen Menschen, also etwa Kollegen, die mit ihrer geistigen Geschwindigkeit und Flexibilität nicht mithalten können. Ohne die Rückführung in einen entspannten klaren Zustand kann es bei diesen Menschen zu Rastlosigkeit, Egoismus und Selbstüberschätzung kommen. Nicht nur das, ein fehlender Ausgleich kann auch zum Burnout oder in eine Depression führen.

Wenn beispielsweise der Chef des Vertriebs zu lange im dynamischen Geisteszustand verweilt, kann es passieren, dass sein Team darunter leidet und die Verkaufszahlen diese Situation sogar am Ende des Quartals aufzeigen. Denn es wird dann Ende des Monats ersichtlich, dass er sein Vertriebsteam nicht korrekt wahrgenommen und sich selbst überschätzt hat. Das Soll konnte nicht erfüllt werden, obwohl die aktive, dynamische Führungskraft voller Energie, Leidenschaft und Motivation war. Eine solche Situation kann dazu führen, dass die Führungskraft sich gedanklich vom Team löst und in völliger Selbstüberschätzung alle in die Bredouille hineinsteuert.

Wir alle brauchen *Dynamik*, denn dieser Zustand ist unsere Quelle der Motivation und der Antrieb zum Erreichen großer Ziele. Selbst unsere täglichen Aktivitäten verrichten wir unter dem Einfluss des aktiven Prinzips. Ohne *Dynamik* gibt es keinen Fortschritt, keine Bewegung, keinen Erfolg. Doch irgendwann darf auch wieder etwas Ruhe einkehren, und wir sollten sehen, dass wir das Pendel auch wieder in Richtung Ausgleich, in Richtung *Klarheit* schwingen lassen.

Sich in eine übertriebene *Dynamik* befördern

Sie denken, dass es doch klar ist, zwischen Pausen und Anspannung abzuwechseln? Schließlich ist das doch normal … Nun ja, so sollte es zwar sein, doch leider ist es gar nicht so schwierig, sich in eine erhöhte Aktivität zu befördern. Wenn Sie pausenlos arbeiten, an sieben Tagen 24 Stunden die Woche erreichbar sind (natürlich auch im Urlaub) und sich rein materiell orientieren, landen Sie früher oder später in der Übertreibung Ihrer dynamischen Seite. Einmal aus dem psycho-mentalen Gleichgewicht gekommen, neigen viele dazu, verstärkt Stimulantien wie Kaffee und Schokolade oder Zigaretten und andere Genussmittel einzusetzen, schließlich wollen sie nichts von Ihrer *Dynamik* verlieren.

Denn diese *Dynamik* fühlt sich super an! Was soll daran verkehrt sein? Meistens sind diese Menschen in den verschiedensten Bereichen ihres Lebens im Dauervergleich mit anderen. Sie befinden sich im ständigen Wettkampf. Zur Regeneration scheint ihnen die Zeit zu schade zu sein, dabei geht die Arbeit danach viel leichter von der Hand. Also achten Sie bitte auf sich, wenn Sie sich in meinen Worten wiederfinden. Anspannung ist in Ordnung, doch Entspannung darf folgen.

7.2.3 Die durch das Prinzip der Trägheit agierende Führungskraft

Ist der Geist von *Trägheit* geprägt, so äußert sich dies in Lethargie, Dumpfheit, innerem Widerstand, chaotischem und scheiterndem Verhalten. *Trägheit* hemmt die wache Intelligenz. Wir erkennen den trägen Geist bei Menschen, die offen für jeglichen Klatsch und Tratsch in der Firma sind. Weiterbildung ist nicht ihr Fall, nein, das sollen lieber andere machen. Die nach dem *Trägheit*s-Prinzip agierenden Personen konsumieren auch gerne beispielsweise Pizza, Alkohol und Chips, und der Abend endet regelmäßig vor dem Fernseher. Auffallend ist auch, dass diese Menschen nicht mehr zuhören und sich ebenfalls nicht mehr in die Gemeinschaft einbringen. Die Konzentrationsfähigkeit ist eher gering, also genauso, wie wenn wir große Müdigkeit und einen angefüllten Verstand verspüren. Manche mit vorwiegend trägem Verstand kommen aus dem Nörgeln und der negativen Sichtweise auf das Leben nicht mehr heraus. Von diesen Menschen nehme ich generell Abstand. Ein vorübergehend von *Trägheit* geprägter Geist lässt sich ändern. Der Zustand lässt sich nur dann nicht ändern, wenn *Trägheit* in der Grundprägung des Menschen überwiegt.

Bei Menschen in einer beruflichen oder privaten Krise kann eine vorübergehende *Trägheit* durchaus vorkommen. Vielleicht kennen Sie das auch von sich selbst: Egal, was in einer belastenden Situation jemand zu Ihnen gesagt hat, es hat Sie nicht erreicht. Motivation, nette Worte oder auch Inspirationen, nichts davon fällt in einem trägen Zustand auf fruchtbaren Boden. Solche Phasen kennen wir alle und dauern diese an, machen Sie sich bitte keine Sorgen: Es liegt nicht an Ihnen. Der Zustand geht vorüber. Wir alle hängen mal durch. Wir alle befinden uns von Zeit zu Zeit in einem dunklen und trägen Zustand, das ist völlig normal. Dauert dieser Zustand allerdings sehr lange und wir fühlen uns nach einiger Zeit sogar wie gelähmt, dann dürfen wir uns am Schopf packen und ein paar Methoden für zielgerichtete Aktivität (z. B. Sport) heranziehen, um uns wieder in einen aktiven Zustand zu befördern. Alternativ ist auch therapeutische Hilfe sinnvoll. Alles, was uns in eine dynamische, aktive Energie versetzt, ist das richtige Antidot. Hierzu eine kleine Geschichte aus meiner Praxis.

Eine kleine Geschichte aus der Praxis
Im Jahr 2012 kam eine 55-jährige Patientin in meine Praxisklinik in der Eifel, die in einem mittelständischen Unternehmen eine leitende Funktion innehatte. Sie zeigte sich mir gegenüber stark verschlossen, depressiv und psy-

cho-mental dumpf und emotionslos. Es fiel ihr schwer, meine Fragen zu beantworten. Sie überlegte immer sehr lange, um dann ganz knapp zu antworten. Ich habe direkt erkannt, dass sie sich in einem lähmenden lethargisch-mentalen Zustand befand. Folglich verordnete ich ihr in kleinen Schritten zunächst eine Wochenend-Detox-Kur mit täglichen Atemübungen sowie kleine Spaziergänge von zwei mal zehn Minuten am Tag. Zudem sollte sie einige ayurvedische Kräuter zu sich nehmen, die ihren Stoffwechsel fördern und sie mental stärken. Nach 20 Tagen kam sie zur Kontrolluntersuchung. Sie hatte offenbar meinen Rat befolgt, antwortete entsprechend schon etwas zügiger und zeigte sich wacher. Jetzt war es an der Zeit, sie noch aktiver werden zu lassen, weshalb ich ihr einen Massage-Workshop vorgeschlagen habe. Sie konnte sich zwar nicht vorstellen, Menschen anzufassen, hat aber trotzdem zugestimmt.

Nach dem Massage-Wochenende war sie wie ausgewechselt. Sie musste dort aktiv werden und konnte sich nicht unter der Schutzglocke ihrer Depression verschanzen. Ich glaube zwar, dass sie während des Workshops durch die Hölle und wieder zurückging, aber als ich sie zehn Tage nach dem Workshop wieder in meiner Praxis sah, hatte sie sich nicht nur die Haare abgeschnitten, sondern auch noch obendrein ihr komplettes Styling geändert. Das war ein riesiger Erfolg für sie selbst. Was also war durch den Massage-Workshop geschehen? Durch das Arbeiten mit den Händen konnte sie ihre Trägheit loslassen und sich mehr mit ihrem Körper anfreunden. Lebensfreude kommt bekanntlich nicht über den Verstand, sondern über den Körper.

Sie sehen, es lohnt sich, Menschen aus der *Trägheit* zu verhelfen, sie nicht aufzugeben, um sie wieder in ihre Kraft und Lebensfreude zu führen. Die Dame sah beim ersten Besuch in meiner Praxis zwar mental gestört aus, was sie aber gar nicht war. Sie war lediglich in den Zustand der *Trägheit* und Dunkelheit abgerutscht, was in ihrem Fall aufgrund privater Umstände geschehen war. Sie hatte erkannt, dass sich etwas ändern muss, um wieder Aktivität in ihr Leben zu lassen. Schon kleine Änderungen und ein Therapie-Wochenende reichten aus, um ihre Lebensfreude wach zu rütteln.

Der Zustand der *Trägheit* und Negativität führt die Führungskraft ins Aus
Ins Aus möchte wohl niemand von uns – weder wir selbst noch unsere Mitmenschen. Und, wie eben schon beschrieben, wir alle befinden uns von Zeit zu Zeit in Situationen, die in einen Zustand der *Trägheit* führen können. Erkennen Sie eine solche Tendenz bei einer Ihrer Führungskräfte, sollten Sie versuchen, gegenzusteuern. Sie erkennen den Zustand bei sich oder anderen am Desinteresse an den Mitmenschen. Den stark in der *Trägheit* befindlichen

Kollegen interessieren weder das Weltgeschehen noch die Befindlichkeiten seiner Kollegen. Er verweigert plötzlich, auf Fortbildungen zu gehen und bestimmte Arbeiten auszuführen. Sie dürfen und müssen bei Ihrem Kollegen an dieser Stelle eingreifen und ihm helfen, das Warum seines Verhaltens zu erkennen.

Dafür ist es notwendig zu wissen, wodurch der träge Zustand verstärkt wird: Übermäßiger Schlaf, zu schweres Essen, exzessiver Alkohol- oder Drogenkonsum können schnell dazu führen, dass sich der träge Zustand verstärkt.

Aus dem bisher Gesagten ergibt sich, dass bei einem idealen psycho-mentalen Zustand

- *Klarheit* maximiert
- *Dynamik* kontrolliert
- und *Trägheit* minimiert ist.

Die psycho-mentalen Geisteshaltungen existieren natürlich nie in reiner Form, sondern vermischen und vermengen sich, um immer wieder Neues hervorzubringen. *Klarheit*, *Dynamik* und *Trägheit* bestimmen unser Verhalten, unsere Handlungen und Reaktionen, genauso wie unsere Vorlieben und Abneigungen.

7.3 Den psycho-mentalen Zustand besser erkennen – Beispiele

Wenn der Partner nicht mehr vom Fernseher wegkommt, sich um gar nichts mehr kümmert, weil ihm alles egal zu sein scheint, überwiegt der Zustand der *Trägheit*. Wenn in Ihrem Team jemand nur noch Vorwände hat, alles negativ beurteilt, nichts Positives mehr sieht, ist Überzeugungsarbeit zwecklos. Diese Person befindet sich eindeutig in der *Trägheit*. Finden Sie heraus, ob es ein vorübergehender oder ein schon über Jahre währender Zustand ist. Stehen in einer Abteilung Konflikte und Missverständnisse auf der Tagesordnung, haben die *Trägheit* und die damit verbundene Negativität zu sehr das Handeln bestimmt. Finden Sie heraus, welche Personen dazu beigetragen haben und wo etwas im Argen liegt.

Wenn die Kollegin nur noch aggressiv auf Ihre Anfragen reagiert, hat sie ein Übermaß an *Dynamik*. Wird am Kundentelefon nur noch gezetert und ungehalten reagiert, überwiegt auch hier das dynamische Prinzip. Sprechen Sie mit der Person und machen Sie ein paar Vorschläge, wie sie sich schnell wieder ausgleichen kann.

Im Freundeskreis haben Sie vielleicht schon einmal jemanden entdeckt, der vor der Realität zu fliehen scheint und der seine materiellen Belange nicht geregelt bekommt. Bei dieser Person ist dann ein zu viel an *Klarheit* und Reinheit zu erkennen und somit zu wenig Feuer und Tatendrang, um die materiellen Belange zu bedienen. Diese Person fühlt sich im immateriellen Bereich so wohl, dass er keine Beine mehr auf die Erde bekommt. Ein zu viel an *Klarheit* und Reinheit erleben wir in den Führungsetagen eher nicht, erhöhte *Dynamik* am häufigsten und ein zu viel an *Trägheit* über längere Zeit ist auch äußerst selten.

Um ein erfolgreiches Team zu führen, ist es wichtig, sich selbst zu erkennen und sich im Klaren darüber zu sein, welche Eigenschaften und Kräfte gerade am meisten aktiv sind. Überwiegt bei Ihnen gerade die *Klarheit*, die *Dynamik* oder die *Trägheit*? Durch diese Eigenwahrnehmung wissen Sie, wie der Hase gerade läuft und welche Energien zurzeit vorherrschen. Darauf können Sie Ihre Aktionen und Interaktionen während eines Meetings abstimmen und, vor allem, für sich selbst sorgen und sich beispielsweise, falls notwendig, gedanklich in Ihre Mitte versenken. Angenommen, Sie stellen bei sich fest, dass Sie gerade sehr ungehalten in einer Sache reagieren und die *Dynamik* überhandnimmt, dann können Sie in diesem Fall zum folgenden Tool greifen:

Sie konzentrieren sich für einen Moment auf Ihren Bauch und spüren wie sich Ihre Bauchdecke hebt und senkt. Atmen Sie dabei ruhig und bewusst in Ihren Bauch. Zählen Sie dabei langsam bis drei beim Einatmen und ebenfalls bis drei beim Ausatmen. So reguliert sich die Atmung und Sie beginnen, sich zu entspannen. Eventuell hilft es Ihnen, wenn Sie Ihre Hand kurz auf den Bauch legen, um ein besseres Gespür für die Atmung zu bekommen. Das geht auch inmitten eines Meetings. Es dauert nur etwa zwei Minuten, vielleicht auch nur ein paar Atemzüge und Sie sind sofort wieder bei sich und auch bald wieder im Zustand der *Klarheit*.

Durch solche Übungen und vor allem, indem wir uns bewusstmachen, in welchem psycho-mentalen Zustand wir uns gerade befinden, lernen wir, uns nach und nach selbst zu steuern und uns bei Bedarf von einem Zustand in den nächsten zu befördern. Wir können in einem Moment ausgleichend wirken und im nächsten Moment aktive Handlungsenergie ins Meeting geben. Angenommen, Sie fühlen sich sehr träge und wissen, dass Sie in der Sache mehr *Dynamik* zeigen müssen, weil Sie sonst Ihre Meinung nicht durchsetzen können. In diesem Fall beschleunigen Sie die Atmung, atmen ein paarmal kräftig durch die Nase aus und ziehen dabei den Bauch nach oben unter den

Rippenbogen ein. Vielleicht gehen Sie auch rasch vor die Tür und geben sich zwei Minuten Zeit, um die kräftige Ausatmung durch die Nase forcieren zu können. Setzen Sie sich dazu mit dem Rücken gerade hin und stellen Sie Ihre Füße nebeneinander auf den Boden. Sie sind nach ein paar kräftigen Ausatmungszügen direkt zurück in der *Klarheit* und der *Dynamik*, die Sie für den nächsten Schritt in der Sitzung brauchen.

Durch diese kleinen Atemtechniken lernen Sie, die *Klarheit* für weise Kommunikation und klare Entscheidungen einzusetzen, die wissbegierige, nach Erfolg strebende *Dynamik* für Ihre Fortbildungen zu nutzen und mit einer guten Portion *Trägheit* am Abend einen erholsamen Schlaf zu bewirken. Sie schaffen die Grundlage für Lust, Leidenschaft und Lebenskraft, für eine Führungskraft, die Vital Leadership in allen Situationen und psycho-mentalen Zuständen lebt.

Ich möchte Sie jetzt nicht länger auf die Folter spannen. Wahrscheinlich sind Sie schon neugierig darauf, welcher Zustand bei Ihnen stärker ausgeprägt ist und welcher mentale Typ Sie sind. Diese Erkenntnis wird auf jeden Fall Ihre Selbstbeobachtung schärfen, und Sie können dadurch aktiv auf Ihre psycho-mentalen Eigenschaften durch Meditation, Wellness und Ernährung einwirken. Es geht im Folgenden darum, dass Sie sich zuerst selbst erkennen und lesen lernen. So werden Sie nicht nur sich, sondern auch die Handlungen Ihrer Teammitglieder besser verstehen.

Versuchen Sie im folgenden kleinen Test ehrlich zu antworten, auch wenn Ihnen die ein oder andere Überschrift besser gefallen sollte. Es geht hierbei um eine ehrliche Selbsteinschätzung und nicht um ein Idealbild, wie Sie sich selbst am liebsten sehen. Versuchen Sie, nach Möglichkeit nur ein Häkchen in jeder Zeile zu setzen. Sollte dies nicht möglich sein, setzen Sie maximal zwei Häkchen je Zeile (Tab. 7.2).

Je nachdem, wie viele Häkchen Sie in den verschiedenen Bereichen gesetzt haben, erkennen Sie, welche psycho-mentale Grundprägung Sie haben. Auch wenn Sie das Gefühl haben, dass eigentlich alles auf Sie zutreffen könnte, werden bei Ihnen ein bzw. maximal zwei psycho-mentale Eigenschaften von Geburt an im Vordergrund stehen.

Ich hoffe, Ihnen sagt Ihre psycho-mentale Mischung zu. Falls das Ergebnis für Sie nicht zufriedenstellend ist, finden Sie im Folgenden einige Tipps wie Sie Ihren Zustand beeinflussen können:

Tab. 7.2 Psycho-Mentaler-Test – wer bin ich mental?

Wahrnehmung	Klarheit	Dynamik	Trägheit
Meditation	regelmäßig	unregelmäßig	nie
Spirituelle Kraft	für die ganze Menschheit	egozentrisch	destruktiv
Mentale Klarheit	fällt leicht	mäßig	fällt schwer
Innerer Frieden	oft friedlich	mäßig	selten friedlich
Zufriedenheit	meistens	teilweise zufrieden	selten zufrieden
Verhalten	freundlich	aggressiv	destruktiv
Hingabe	total	gelegentlich	nie
Konzentration	gut	fluktuierend	wenig
Achtsamkeit	gut	fluktuierend	wenig, sorglos
Willenskraft	gut	unbeständig	wenig
Gedächtnis	gut	unbeständig	wenig
Versöhnlichkeit	leicht	schwierig	kaum, grollt
Sauberkeit	gut	mäßig	wenig
Sexuelle Aktivität	hin und wieder, spirituell ausgerichtet	wechselhaft, mit Genuss	exzessiv mit Gier
Spenden	anonym	gelegentlich, nicht anonym	selten, nur zum eigenen Nutzen
Liebe	universal, ohne Erwartungen	selbstbezogen, mit Erwartungen	besitzergreifend
Gefühle	offen	verneint	unterdrückt
Anhaftung	selten, kurz	in Maßen wiederkehrend	oft, langanhaltend
Furcht	selten, kurz	in Maßen wiederkehrend	oft, langanhaltend
Wut	selten, kurz	in Maßen wiederkehrend	oft, langanhaltend
Verwirrung	selten, kurz	in Maßen wiederkehrend	oft, langanhaltend
Gier	selten, kurz	in Maßen wiederkehrend	oft, langanhaltend
Hass	selten, kurz	in Maßen wiederkehrend	oft, langanhaltend
Kummer	selten, kurz	in Maßen wiederkehrend	oft, langanhaltend
Depression	selten, kurz	in Maßen wiederkehrend	oft, langanhaltend
Stolz	wenig	mäßig	viel
Wahrnehmung	klar	fahrig	gestört
Gesichtsausdruck	ruhig, zufrieden, glücklich	unterschiedlich, unruhig	ausdruckslos, finster
Augen	ruhig, klar	rastlos	ausdruckslos, finster
Sprechweise	klar, ruhig, friedlich	schnell, unruhig	langsam, monoton

(Fortsetzung)

Tab. 7.2 (Fortsetzung)

Wahrnehmung	Klarheit	Dynamik	Trägheit
Diät	vegetarisch, liebt alle sechs Geschmacksarten in Maßen, zwei Mahlzeiten pro Tag	isst manchmal Fleisch, liebt scharfes, gewürztes Essen, zwei bis drei Mahlzeiten pro Tag	isst viel Fleisch, liebt süßes und schweres Essen im Übermaß, vier bis fünf Mahlzeiten pro Tag
Verdauung	gut, normal	unterschiedlich	langsam, gierig
Ausscheidung	regulär	irregulär	träge
Alkohol/Drogen	keine	bei Gesellschaft	oft
Schlaf	gut, kurz, zufriedenstellend	unterbrochen, unzureichend, gestört, nicht ausreichend	schwer, tief, lang
Nach dem Aufwachen	frisch, zufrieden	gestört, besorgt	benommen, Gefühl der Schwere
Körperliche Aktivitäten	Bewegungen mit Achtsamkeit	hyperaktive Bewegungen	langsam, schwerfällige Gewohnheitsbewegungen
Übungen	sanfte, tägliche Übungen, wie z. B. Yoga, Gehen, Schwimmen	aggressive, gelegentliche Übungen, wie z. B. Spinning	schwere langsame Übungen, wie z. B. Gewichtheben, ist Übungen eher abgeneigt

7.4 Einfluss der Ernährung auf das psycho-mentale Verhalten

Ihre *Klarheit* können Sie durch Achtsamkeitstraining, Atemübungen und Yoga erhöhen. Schauen Sie, was davon Sie am besten in Ihr tägliches Programm einfügen können. Einige Übungen finden Sie im Anhang.

Wie bereits erwähnt, hat unsere Ernährung einen nicht zu unterschätzenden Einfluss auf unsere Geisteshaltung und unser Verhalten. Wir sind mental, was wir essen. Sie kennen die hitzigen Südländer, die gerne scharf essen, mit viel Knoblauch würzen und gegenüber Fleisch und Wein nicht abgeneigt sind. Da wird häufig lautstark gestritten. Und denken Sie jetzt mal an die Inder, die sich vorwiegend vegetarisch ernähren: wie friedliebend sie durch die Straße gehen oder auch wie ruhig und fokussiert sie sich in Meetings verhalten. Nicht umsonst sitzen viele Inder inzwischen in den Vorständen westlicher Firmen. Sie behalten den Überblick und agieren weise. Daran sehen Sie, welchen Einfluss Ernährung auf unser mentales Verhalten hat. Wenn wir uns also vorwiegend rein ernähren, können wir unsere Art zu denken beeinflussen, wir werden wacher und aufmerksamer durchs Leben gehen und werden uns schneller an veränderte Umstände anpassen. Unser Geist wird rege, wir haben ein besseres Erinnerungsvermögen und brillieren in Meetings durch *Klarheit*.

Speisen, die die *Klarheit* erhöhen und rein sind, schenken Energie und stärken die Lebenskräfte. Nach einer solchen Mahlzeit fühlen Sie sich rundum zufrieden und voller Tatendrang. Das übliche Nachmittagstief bleibt aus.

Nahrungsmittel können wahre Wunder wirken. Wenn Sie selbst erkannt haben, welcher Führungstyp Sie sind (und dies auch bei anderen erkennen), sollten Sie aus den jeweilgen Tabellen die Nahrungsmittel auswählen, die für Ihren Typ und psycho-mentalen Zustand optimal sind. Wenn Sie das essen, was Ihnen guttut, haben Sie nicht nur Ihrem Körper, sondern auch Ihrem Geist etwas Gutes getan. Dass bestimmte Nahrungsmittel Erkrankungen fördern, Sie müde machen oder Ihre Leistungsfähigkeit herabsetzen, haben Sie bestimmt schon am eigenen Leib erfahren. Als Ayurveda-Ärztin sehe ich immer wieder in meiner Praxis, welchen enormen Einfluss eine Ernährungsumstellung auf die körperliche Gesundheit hat. Schon Kleinigkeiten, wie das Weglassen von Käse oder Milchprodukten, führt zu teilweise frappierenden Ergebnissen. Doch vielen Menschen ist noch nicht bewusst, dass unsere Ernährung auch einen enormen Einfluss auf unsere Geisteshaltung hat. Mithilfe unserer Ernährung können wir *Klarheit* unterstützen, *Dynamik* fördern und *Trägheit* dann zulassen, wenn wir sie benötigen, also etwa um in einen tiefen, gesunden Schlaf zu fallen.

Die Tabellen mit meinen Empfehlungen entstammen aus meiner langjährigen Praxis und Erfahrung als Ayurveda-Ärztin. Und bitte keine Sorge an dieser Stelle – Sie müssen nicht von heute auf morgen Ihre komplette Ernährung umstellen und nur noch auf dem Boden sitzend Reis und Bohnen essen (übrigens ein absolutes Vorurteil, was die ayurvedische Ernährung betrifft). Ich möchte Sie allerdings ermuntern, sich die Tabellen zu Ihrem Führungstyp genauer anzusehen und sich dafür zu öffnen, Neues auszuprobieren.

Wenn Sie beispielsweise nicht gut schlafen, schauen Sie einmal genauer hin, was sie abends essen. Oder merken Sie nach dem Mittagessen, dass Sie in das sprichwörtliche „Suppenkoma" fallen, dann probieren Sie leichte, klare Kost anstatt schwerer Saucen aus der Kantine. Schon kleine Umstellungen können auf körperlicher und geistiger Ebene eine Menge bewegen. Probieren Sie es aus – Sie werden überrascht sein. Und dann ermuntern Sie andere, Ihnen zu folgen.

Viele Unternehmen haben den positiven Einfluss von Ernährung auf die Leistungsfähigkeit und Gesundheit Ihrer Mitarbeiterinnen und Mitarbeiter bereits erkannt und legen zusehends mehr Wert auf frische, naturbelassene und vorwiegend vegetarische Ernährung. Im Großen und Ganzen sind das „reine Nahrungsmittel" – ein guter Anfang.

Nahrungsmittel mit dynamischer Qualität werden als mehr oder weniger offensichtliche „Stimulantien" zusammengefasst. Dazu zählen rotes Fleisch, scharfe Gewürze, Kaffee, andere koffeinhaltige Getränke, Frittiertes, Knoblauch, gesalzene Erdnüsse, Chips, glutamathaltige Speisen, mittelalter und alter Kuhmilchkäse. Diese Speisen und Getränke sowie Alkohol führen auf Dauer zur Überreizung des Nervensystems und damit zu mehr Emotionalität und Impulsivität.

Schwer verdauliche Lebensmittel machen den Verstand träge. Hierzu gehören Fleisch, konservierte Lebensmittel, Essensreste, die schon lange im Kühlschrank gestanden haben, Tiefkühlkost, in der Mikrowelle aufgewärmtes Essen und alles, was schwer und lange im Verdauungstrakt bleibt. Nach träge machendem Essen fühlen wir uns schwer und müde. Auch wenn wir uns normalerweise gerne leicht nach dem Essen fühlen wollen, darf es auf langen Geschäftsreisen auch mal ein schweres Dessert am Abend sein, damit wir nach einem hektischen Arbeitstag gut einschlafen können.

In dieser Tabelle können Sie nachlesen, welche Nahrung für Ihr psycho-mentales Befinden gerade am besten ist. Damit können Sie Ihr Essen sorgfältiger auswählen und haben es selbst in der Hand, wie Sie sich beim Nachmittags-Teammeeting fühlen wollen. Ich weiß, das klingt hier alles erst einmal kompliziert, doch das ist es nicht, denn durch die Beobachtung Ihres psycho-mentalen Zustands in Zusammenhang mit der Ernährung bekommen Sie Klarheit darüber, weshalb Sie sich vorwiegend in einem bestimmten mentalen Zustand befinden. Diesen können Sie aktiv ändern oder eben nicht. Probieren Sie das unbedingt aus – ist doch spannend, was die Schokolade oder der Apfel mit Ihrem geistigen Zustand machen, oder? Und für Vital Leadership brauchen Sie einen möglichst optimalen psycho-mentalen Zustand. Sonst nützt Ihnen auch der schönste Tischkicker, Besprechungsraum oder die Führungstypen-Einteilung nichts.

Wenn Sie Ihre Ernährung an den von Ihnen gewünschten Geisteszustand anpassen wollen, Sie also mehr *Klarheit* wollen, etwas weniger *Dynamik* und sehr wenig *Trägheit*, können Sie sich die dazu geeigneten Speisen in der Tabelle aussuchen. Ziehen Sie diese Ernährung dann über ein paar Wochen durch und beobachten Sie dabei, wie sich Ihr Verhalten ändert. Sind Sie zum weisen Menschen geworden oder ist aus dem eher trägen Menschen ein sehr dynamischer geworden? Was war Ihr Ziel und haben Sie es durch die geänderte Ernährung erreicht?

7.5 Die Beziehung zwischen Führungstyp und psycho-mentalem Zustand

Wie Sie in Abschn. 7.4 gesehen haben, lässt sich Ihr psycho-mentaler Zustand durch Ernährung und Lebensart beeinflussen, wobei es immer um eine Feinjustierung geht und nicht um eine grundsätzliche Veränderung Ihrer Sicht auf die Dinge. Wie aber erkennen Sie, in welchem psycho-mentalen Zustand Sie sich gerade befinden und wie zeigt sich dieser bei den verschiedenen Führungstypen? Genau darum geht es im Folgenden.

7.5.1 Die psycho-mentalen Zustände des Kreativen

Der Kreative im Zustand der Klarheit und des Lichts
Dieser Zustand bedeutet, dass Sie als Kreativer erblüht sind. Sie sind flexibel und begeisterungsfähig, aber nicht überdreht. Sie sind kommunikativ und fühlen sich gleichzeitig mit sich selbst und Ihrem Gegenüber verbunden. Sie infizieren andere mit Ihrer positiven Einstellung und sind dadurch fähig, Veränderungen in Gang zu setzen. Der Ausdruck Ihrer Kreativität nimmt göttliche Formen an. Sie überraschen mit großartigen, innovativen Ideen und sind dabei nicht von Ihrem Ego geleitet. Sie stellen sich dabei in den Dienst der Gesellschaft.

Finden Sie auch, dass dieser psycho-mentale Zustand für Sie erstrebenswert ist? Vermutlich ja, denn Sie kennen den Zustand, haben ihn bereits erlebt und wissen, dass es Ihnen dann rundum gut geht und Sie sich vom Leben beschenkt fühlen. Wann war das letzte Mal, dass Sie sich so gefühlt haben? Wie waren die äußeren und inneren Umstände? Wie haben Sie sich ernährt? Wie ist Ihr Alltag verlaufen? Überlegen Sie, was davon in Ihrem jetzigen Alltag anders ist und versuchen Sie, wieder in diesen Zustand zurückzugelangen.

Der Kreative im verstärkt dynamischen, aktiven Zustand
In diesem für Sie eher zu dynamischem Zustand ist die Flexibilität der Unentschlossenheit gewichen. Sie wirken nach außen phasenweise eher wirr und oberflächlich, haben die dauerhafte Verbundenheit mit sich verloren. Sie sind dann auch leicht abgelenkt und reagieren ängstlich und nervös. Sie bringen anstelle von Begeisterungsfähigkeit eher Unruhe ins Team. Sie wollen zwar begeistern, es wirkt aber leicht aufgesetzt. Sie wirken in den Meetings überdreht. Wenn Sie in diesem Zustand Ihre neueste Kreation vorstellen wollen,

wird diese, auch wenn sie gut ist, eher abgelehnt werden, weil Sie nicht in Ihrer Mitte ruhen und sich schon deshalb höchstwahrscheinlich nicht auf das Wesentliche konzentrieren können. Sie beginnen zu viel und zu schnell zu reden.

So lange Sie als Kreativer nur vorübergehend im zu stark dynamischen Zustand sind, ist es für Sie zu verkraften. Versuchen Sie, durch Ernährung und etwas mehr Ruhe rechtzeitig gegenzusteuern, um wieder mehr *Klarheit* zu gewinnen.

> **Tipp**
> Am einfachsten gewinnen Sie Klarheit mit der reinen Ernährung (Tab. 6.1 und Tab. 7.3), der Wechselatmung (s. Abschn. 8.1) und/oder der Vipassana-Meditation (s. Abschn. 6.1.6).

Der Kreative im Zustand der Trägheit und Dunkelheit
Wenn Sie als Kreativer nicht nur nachts in einem trägen Zustand sind, sondern über längere Zeit auch tagsüber, dürften Sie in eine Depression abgerutscht sein. Sie werden Ihre *Klarheit* verloren haben und stark von Angst geprägt durch Ihren Alltag gehen. Sie werden sich wertlos vorkommen und das Gefühl haben, dem Dunkel nicht mehr Entfliehen zu können. Vielleicht greifen Sie, um zu vergessen, sogar zu Alkohol oder Drogen, denn Sie fühlen sich so, als würden Sie sich in einer ausweglosen Situation befinden. Jetzt ist es an der Zeit, sich therapeutische Hilfe zu holen, denn alleine wäre es extrem schwierig für Sie, aus dieser Situation wieder herauszufinden.

Bitte scheuen Sie sich nicht, sich Unterstützung zu holen, das ist keine Schande, denn sogar „Profis" kann der Zustand der *Trägheit* und Dunkelheit erwischen.

Ein ehemaliger Geschäftspartner von mir, er war Chefarzt der Psychiatrie in einem großen Krankenhaus in Italien, hatte lange Zeit ein Alkoholproblem, dass er allerdings mit einer Therapie gut im Griff hatte, sodass es seinen Alltag schließlich kaum mehr beeinträchtigte. So dachte er zumindest. Der Griff zur Flasche war bislang für ihn Entlastung und Entspannung vom stressigen Alltag gewesen – nun musste er eine andere Lösung finden. Um sich abzulenken und nicht mehr zu Hochprozentigem zu greifen, verschloss er sich allerdings vor dem Leben. Anstatt Sport zu treiben und sich mit Menschen zu treffen,

Tab. 7.3 Klarheit, Dynamik und Trägheit fördernde Lebensmittel

Nahrungsmittel	Klarheit fördernd	Dynamik fördernd	Trägheit fördernd
Früchte	vor allem Mango, Granatapfel, Kokosnuss, süße Äpfel, Feigen, Datteln, Pfirsiche, Birnen	saure Früchte: Orangen, saure Äpfel, Bananen, Guaven, Tamarinde	Avocado, Wassermelone, Pflaumen, Aprikosen
Gemüse	Süßkartoffeln, Sprossen, Blattgemüse, Zucchini, Spargel	Kartoffeln, Nachtschattengewächse, Blumenkohl, Spinat, Tomaten	Pilze, Knoblauch, Zwiebeln, Kürbis, Aubergine
Getreide	Basmatireis, Quinoa, Tapioca, Gerste	Hirse, Mais, Buchweizen	Weizen, brauner Reis
Hülsenfrüchte	Mungbohnen, Mung Dal, Schnittbohnen, Kichererbsen	braune Linsen, Kidneybohnen, Adzukibohnen, Tur Dal, schwarze Pinto (mexikanisch) und rote Linsen, Erbsen	Urad Dal, große Mengen an schwarzen Pinto und rote Linsen
Milchprodukte	Frische unbehandelte Kuhmilch, Ghee, weicher Käse, frischer selbstgemachter Joghurt, Ziegenmilch,	(saure) Sahne, gesalzene/ gesäuerte Butter, Hüttenkäse, Eiscreme	Käse (hart, gereift), behandelte Milch
Pflanzliche Produkte	Bio-Sojajoghurt, Lupinenjoghurt, Pflanzenmilch	Tofu, Seitan	Genmanipulierte Sojaprodukte, gezuckerte Pflanzenmilch
Nüsse/Samen	Mandeln, weiße Sesamsamen, Cashewnüsse	die meisten Nüsse, braune Sesamsamen	Erdnüsse, schwarze Sesamsamen
Gewürze	Safran, Kurkuma, Kardamom, Koriander, Fenchel, Kreuzkümmel	Curry, Chili, Cayenne- und schwarzer Pfeffer	Muskat
Süßes	frischer Zuckerrohrsaft, Jaggery, Vollrohrohrzucker, roher Honig (wenn die Bienen natürlich gehalten werden)	raffinierter Zucker, künstliche Süßstoffe, gekochter Honig	Melasse, Softdrinks, extrem süßes Essen

(Fortsetzung)

Tab. 7.3 (Fortsetzung)

Nahrungsmittel	Klarheit fördernd	Dynamik fördernd	Trägheit fördernd
Getränke/Genussmittel	Kräutertees (Fenchel, Cumin, Koriander) ayurvedische Tees, Süßholztee, Tulsitee	Kaffee, schwarzer/grüner Tee	Alkohol, Marihuana, die meisten Drogen
Fleisch/Fisch	kein Fleisch	Fisch, Schrimps, Hühnchen	Rind, Schwein, Eier

ging er kaum noch vor die Tür, vermied Zusammenkünfte mit Freunden und Familie und versuchte anscheinend, seinen Drang nach Alkohol mit TV-Serien zu betäuben. Nach außen hin sah weiterhin alles „normal" aus. Er arbeitete wie ein Besessener, nahm wenig Urlaub und war morgens der Erste in der Klinik und abends der Letzte, der seine Patienten verließ.

Seine Klinikkollegen versuchten, auf ihn einzuwirken und ihn zu entlasten, denn sie bemerkten, dass er körperlich mehr und mehr abbaute. Doch er gab ihnen zu verstehen, dass er durch die vielen Schichtdienste einfach müde sei und seine Ruhe brauchte. Das akzeptierten sie natürlich, hatten sie selbst doch die gleichen Herausforderungen. Mehr und mehr rutschte er in die *Trägheit* und Dunkelheit ab, und niemand von außen nahm es so richtig wahr, denn irgendwie funktionierte er im Klinikalltag trotzdem noch.

Eines Tages erhielt ich von einer gemeinsamen Bekannten den Anruf, dass dieser Arzt sich selbst in eine Klinik eingewiesen hatte. Die Diagnose: Burnout. Glücklicherweise hatte er erkannt, dass er die Reißleine ziehen musste, wer weiß, was sonst noch passiert wäre. Ihm war bewusst geworden, dass *Trägheit* und Dunkelheit in seinem Körper und Geist überhandgenommen hatten. Ein tragischer Einzelfall? Ich denke eher nicht und schaue seitdem sehr genau hin, wenn ich von Bekannten und Freunden eine Zeitlang nichts höre. Bitte seien Sie achtsam mit sich und anderen.

Ich hoffe natürlich, dass Sie als Leser dieses Buches und auch Ihr Umfeld nie in einen solchen Zustand kommen, aber es gibt ihn leider doch, und genau deshalb erwähne ich ihn auch. Auch, damit Sie sehen, dass Sie nicht plötzlich in einer Depression gelandet sind, sondern Ihrem Zustand meist schon eine Weile der Unausgeglichenheit vorausgegangen ist. Ihr Pendel hat zu lange in Richtung *Dynamik* und Aktivität ausgeschlagen, um schließlich in dem dunklen Stadium der *Trägheit* zu verharren.

7.5.2 Die psycho-mentalen Zustände des Machers

Der Macher im Zustand der Klarheit und des Lichts
Sie als Macher befinden sich im Zustand der *Klarheit* in einem positiven Ausnahmezustand. Sie erfassen und erkennen die Sachlage sehr schnell und gehen den Dingen auf den Grund. Sie handeln unabhängig und selbständig. Sie arbeiten an schwer erreichbaren Zielen mit scheinbarer Leichtigkeit. Sie sind voller Mitgefühl und Sympathie für Ihr Gegenüber, auch in Konfliktsituationen. Sie werden nicht vom Ego geleitet und setzen sich vorbehaltlos für Ihr Team ein. Sie sind gleichzeitig offen, hören Ihrem Gegenüber zu und sind dennoch zentriert. Selbstloses Verhalten zeichnet Sie aus, und das Arbeiten, ob allein oder im Team, bereitet Ihnen große Freude. Das klingt perfekt für Sie, wer möchte da noch jemals in einem anderen Zustand sein?

Der Macher im extrem dynamischen und bewegten Zustand
In diesem Zustand ist zu viel Bewegung. Das kann sich bei Ihnen als Macher in einer überkritischen Haltung äußern. Sie werden sich und andere zu stark kontrollieren, was Ihrer Teamfähigkeit nicht so gut bekommt. Unter Umständen treibt der Ehrgeiz Sie so stark an, dass Sie sich eine „Scheuklappen-Mentalität" zulegen, die in Rücksichtslosigkeit, Stolz und Eitelkeit ausufern kann. Wenn Ihre Kollegen nicht Ihrer Meinung sind, reagieren Sie ungehalten und aggressiv.

Sie kennen diesen Zustand mit Sicherheit, denn schließlich sind Sie da, wo Sie heute stehen, auch ein wenig aufgrund Ihrer Ellbogenmentalität gelandet. Aber irgendwann führt Sie dieses Verhalten auf der Karriereleiter nicht mehr weiter nach oben, und es macht Sie erst recht nicht zufriedener in Ihrem Leben. Wenn Sie das erkennen, dann sollten Sie schnell die Kurve kriegen, denn ansonsten ist ein Burnout vorprogrammiert.

Wie kommen Sie nun schnellstens zurück in den Zustand der *Klarheit*? Tipp: Nehmen Sie eine zwei- bis dreitägige Auszeit, in der Sie sich sportlich austoben und sich Wellness nach Wunsch gönnen. Lassen Sie Wein und Fleisch weg, ernähren Sie sich rein und genießen Sie täglich eine dynamische Meditation oder laufen Sie eine größere Runde. Damit dürften Sie der Richtung, die Sie eingeschlagen haben, rechtzeitig Energie entziehen, und der emotionale Burnout bleibt aus.

Der Macher im Zustand der Dunkelheit und Trägheit
Diesen Zustand möchte ich nur erwähnen, denn ich glaube nicht, dass er auf Sie zutreffen wird. Aber vielleicht kennen Sie ja Menschen, die sich in einem solchen Zustand befinden und können Sie entsprechend mit Ihrem Wissen unterstützen, wieder ins Lot zu kommen oder sich Hilfe zu holen.

Ist der Macher in der Dunkelheit gelandet, kann er gemein handeln und sogar kriminelle Energien entwickeln. Er kann sogar gewalttätig und hasserfüllt sein. Denken Sie an Drogenbosse und Menschenhändler, die menschenverachtend agieren. Sie können davon ausgehen, dass ein Macher, der sich so stark in der Dunkelheit befindet, nicht durch eine vorübergehende Störung dorthin gekommen ist. Stattdessen ist er schon mit einer guten Portion Dunkelheit im Gepäck in dieses Leben gekommen.

7.5.3 Die psycho-mentalen Zustände des Erhalters

Der Erhalter im Zustand der Klarheit und des Lichts
Sie als Erhalter im Zustand der *Klarheit* im Team zu haben, ist mehr als eine Freude. Sie sind liebevoll, friedfertig und in sich ruhend. Sie verhalten sich den Teammitgliedern gegenüber loyal und vergebend, falls mal Fehler vorkommen. Sie sorgen sich hingebungsvoll um das Team. Sie kümmern sich geduldig um diejenigen, die die Sachlage noch nicht ganz verstanden haben und erklären es gerne erneut. Sie können Lob empfangen und annehmen.

Sie sind zufrieden mit dem, was Sie erreicht haben, können sich aber dennoch leidenschaftlich für die Sache einbringen. Sie tragen ein spürbares Urvertrauen in sich und wissen, dass alles gut gehen wird. Leidenschaftlich und gleichzeitig verständnisvoll sind Sie eine Freude für sich selbst und andere.

Der Erhalter im dynamischen, bewegten Zustand
Die Frage ist, ob es Sie überhaupt in einem bewegten Zustand gibt. Ja, durchaus, nur anders als die anderen beiden Menschentypen. Sie neigen im übermäßig bewegten Zustand zu Sentimentalität und haben ein großes Sicherheitsbedürfnis. In diesem Zustand befürchten Sie, dass die Situation nicht zu Ihrer Zufriedenheit gelöst wird. Deshalb beginnen Sie zu kontrollieren. Sie mischen sich in diesem Fall auch gerne dort ein, wo Sie es besser nicht tun sollten.

Sie werden maßlos, Ihr Bedürfnis nach Luxusgütern wächst. Sie brauchen es noch komfortabler, noch luxuriöser und pompöser und beginnen zu horten. Sie möchten immer mehr haben und das, was Sie haben, auch behalten. Das gilt nicht nur in materiellen Dingen, sondern kann sich auf Personen und Beziehungen ausdehnen. Hierbei kommen Sie mit Ihrem Geiz in Kontakt. Sie mögen dann nicht mehr großzügig geben, sondern fixieren sich auf das Behalten. Dieses Verhalten macht Sie unbeliebt. Wie kommen Sie da raus? Gibt es ein Gegenmittel, ein Antidot?

> **Tipp**
>
> Versuchen Sie es mit körperlicher Bewegung und ein paar Fastentagen. Starten Sie mit täglichem Walken, einer Kundalini-Meditation und einer 7-tägigen Fastenkur (s. Abschn. 8.5).

> **7-tägige Fastenkur für den Erhalter**
>
> Als Erhalter haben Sie keinerlei Probleme mit dem Fasten. Sie fühlen sich dabei energetisiert und sind leistungsfähiger als bei normaler Ernährung. Sie sind der einzige Führungstyp, der sich ein längeres Fastenprogramm auferlegen kann und dabei nur gewinnt. Zwar sind Sie ein Genießer und fasten deshalb nicht regelmäßig, aber Sie können es, also sollten Sie es auch tun, wenn es nötig ist.
>
> Während der sieben Tage bereiten Sie sich morgens 1,5 l Ingwerwasser zu. Schneiden Sie sich hierzu von einer geschälten und gewaschenen frischen Ingwerknolle ein paar Scheiben ab und lassen Sie diese in kochendem Wasser ca. zehn Minuten ziehen. Gießen Sie sich vom Ingwerwasser eine Tasse ein, und wenn dieses etwas abgekühlt ist, fügen Sie einen Teelöffel Honig dazu. Das restliche Ingwerwasser füllen Sie in eine Thermoskanne und nehmen Sie mit ins Büro. Trinken Sie über den Tag verteilt immer wieder ein Schlückchen Ingwerwasser. Wenn Sie mögen, können Sie sich auch etwas Zitrone hineingeben, aber keinen Honig mehr.
>
> Am Abend essen Sie ein Kitchari, das Sie beispielsweise nach den beschriebenen Rezepten (s. Abschn. 8.3) zubereiten. Sie können so viel davon essen, wie Sie wollen. Ändern Sie das Gemüse im Kitchari, und es schmeckt jeden Tag anders. Mangelerscheinungen gibt es beim Kitchari-Fasten nicht. Haben Sie also keine Angst vor einer Unterversorgung.
>
> Während des siebentägigen Fastens empfehle ich Ihnen, täglich zu walken, zu golfen oder sich auf andere Art zu bewegen. Sie werden sich danach wie neugeboren fühlen. Sowohl Ihr Verstand als auch Ihr Körper fühlen sich nach der Detox-Kur wieder frisch, sauerstoffdurchflutet und klar. Sie fühlen sich leicht und von den Emotionen befreit, haben Ihre innere Stabilität wieder.

Der Erhalter im Zustand der Dunkelheit und Trägheit

Diesen Zustand kennen Sie wahrscheinlich schon: Ich vermute, fast jeder von uns kennt diesen Zustand von Zeit zu Zeit. Sie sind dann faul und lethargisch, was für eine kurze Zeit in Ordnung ist. Falls Sie allerdings in diesem Zustand verweilen, können Sie in eine Depression oder eine Art Apathie abrutschen. Das Leben fühlt sich dann öde und langweilig an, und irgendwann schläft Ihr Gefühlsleben komplett ein.

Sie denken dann langsamer als normalerweise und auch die physiologischen Prozesse im Körper beginnen zu stagnieren. Sie kennen die Symptome? Wassereinlagerungen, Herz-Kreislauf-Probleme, Bluthochdruck oder Diabetes sind die Folge, um nur einige zu nennen.

Da fällt mir gerade noch eine Geschichte ein: Vor wenigen Monaten wurde ich vom Geschäftsführer eines mittelständischen Maschinenbau-Unternehmens angerufen. Die Entwicklungsabteilung des Unternehmens stagnierte. Es gab keine innovativen Vorschläge mehr, die Stimmung in der Abteilung und unter den Ingenieuren wurde zunehmend schlechter und auch die Kommunikation mit anderen Abteilungen, insbesondere der Fertigung, ließ zu wünschen übrig. Alle bisherigen Maßnahmen, also Gespräche seitens der Führungskräfte und auch ein Wochenend-Workshop, hatten keine greifbaren Verbesserungen gebracht. Der Geschäftsführer war ratlos.

Eine Woche später fuhr ich zu diesem Unternehmen, um im ersten Schritt an einem Teammeeting teilzunehmen und mir die Situation live vor Ort anzusehen. Schon beim Betreten des Besprechungsraums fiel mir die gedrückte Atmosphäre auf. Es wurde kaum gesprochen, geschweige denn gelacht. Alle saßen still auf ihren Plätzen, die Köpfe gesenkt oder mit ihren Smartphones beschäftigt. Der Teamleiter stellte mich kurz vor und einige der Anwesenden nickten mir zu. Wo war ich hier hineingeraten?

Das Meeting begann. Der Teamleiter, ein erfahrener, 53-jähriger Diplomingenieur, der sich mit seinen bisherigen Ideen im Unternehmen einen Namen gemacht hatte, schien allerdings nicht richtig bei der Sache zu sein. Zwar leitete er das Meeting, aber es schien ihm schwerzufallen, sich zu konzentrieren. Seine Gesten und Bewegungen waren langsam und schwerfällig und die gesamte Stimmung im Raum hatte eine Schwere, die förmlich greifbar war. Wie sollten in einer solchen Atmosphäre kreative, neue Ideen entstehen? Ein Ding der Unmöglichkeit.

Genauso schwerfällig, wie der Teamleiter agierte, verlief das angesetzte Brainstorming zum Thema „Einsparung von Gewicht bei Schiffsmotoren". Zwar gab es die ein oder andere Idee seitens der anwesenden Ingenieure im

Meeting, doch der Teamleiter erstickte diese mit einer ablehnenden Handbewegung im Keim. „Das ist doch nichts Neues, das hatten wir alles schon." Frustriert setzte er sich auf seinen Stuhl und sank förmlich in sich zusammen, genauso wie die restlichen Teilnehmer des Meetings. Er beendete die Zusammenkunft mit den Worten: „So können wir hier nicht weitermachen. Ich erwarte bis nächste Woche neue Vorschläge von Ihnen allen." Ich sah, wie manche der Teilnehmer die Fäuste ballten und mit hochrotem Gesicht den Raum verließen. Der Teamleiter bemerkte es nicht und sah mit unbewegtem Gesicht auf das leere Flipchart vor ihm.

Ich hatte zwar schon viel erlebt, doch dieses Beispiel war extrem. Der Teamleiter, eigentlich ein machender Erhalter, war offenbar in den Zustand der Dunkelheit und Trägheit abgerutscht. Er befand sich in einer stark depressiven Phase, und ich musste herausfinden, warum er dorthin gelangt war. Ich bat ihn also zu einem Einzelgespräch und öffnete mit den Worten: „Ich weiß, es geht Ihnen gerade nicht gut. Möchten Sie mir erzählen, woran es liegt?"

Es kam heraus, dass seine Frau sich vor zehn Monaten von ihm getrennt hatte. Er durfte seitdem seine beiden Kinder im Alter von acht und zehn Jahren nicht mehr sehen und war aufgrund dieser Situation am Boden zerstört. Er sah keinen Ausweg, wie diese Situation jemals wieder ins Lot kommen sollte, und hatte sich anfangs in die Arbeit gestürzt, die sein einziger Halt gewesen war. Irgendwann bekam er Migräneattacken und begab sich in eine Therapie, um das Geschehene aufzuarbeiten. Doch immer wieder im Schmerz herumzubohren führte ihn nicht aus seiner Situation. Ich dankte ihm für seine Offenheit und machte ihm Mut: „Diese Situation ist lösbar. Aber dafür benötige ich, und vor allem ihr Team, ihre Mithilfe. Sind Sie dazu bereit?" Er nickte und ein kleiner Hoffnungsschimmer huschte über sein Gesicht.

Nacheinander bat ich nun auch seine Main-Teamplayer in kurze Einzelgespräche, um herauszufinden, warum sie sich während des Meetings so verhalten gezeigt hatten. Die Resonanz war bei allen sehr ähnlich. Sie erklärten mir, dass der Teamleiter nicht mehr auszuhalten sei. Er würde nur noch nörgeln, sei negativ und man könne es ihm nicht mehr recht machen. Früher wäre er ein mitreißender, angenehmer Kollege und Chef gewesen, der die Stimmung hochgehalten hätte. Aber jetzt hatte kaum noch jemand Lust, unter ihm zu arbeiten. Jede Idee würde durch ihn sofort im Keim erstickt – ich hätte es doch schließlich im Meeting gesehen, oder? Die Ingenieure fühlten sich wie gelähmt, neue Ideen konnten sie auf diese Art nicht entwickeln.

Diese Gespräche bestätigten mir, was ich mir schon während des Meetings gedacht hatte: Der Teamleiter war vom Führungstyp her ein machender Erhalter, der bisher hoch konzentriert gearbeitet hatte, immer bei der Sache war und der sich gerne jedem Problem angenommen hatte. Doch jetzt befand er sich in einer stark depressiven Phase im Zustand der Trägheit und Dunkelheit.

Ich suchte ihn also in seinem Büro auf und schlug ihm vor, einen Detox-Kurs zu machen und sich zu 100 % darauf einzulassen. Zusätzlich vereinbarte ich mit ihm ein Einzelcoaching zweimal die Woche, um ihn bei dem Programm noch zusätzlich zu unterstützen. Zögerlich willigte er ein. Detox? Na ja, wenn es sein musste …

Ich informierte die Firmenleitung darüber, weshalb die Entwicklungsabteilung keine brauchbaren Ergebnisse mehr lieferte, und vereinbarte einen Termin über ein zweieinhalb-tägiges Bootcamp mit der gesamten Abteilung – direkt nachdem das Detox-Programm des Teamleiters abgeschlossen war. Der Chef des Unternehmens war zwar skeptisch, ließ mir aber freie Hand. Schließlich wollte er seine Entwicklungsabteilung zurückhaben, leistungsfähig und mit frischen Ideen.

Der Teamleiter begann die Detox-Kur, und im letzten Coaching-Termin fiel mir direkt seine wiedergewonnene Klarheit auf. Seine Augen schauten mich klar und bestimmt an. Er wirkte dynamischer und fokussierter, und vor allem fühlte er sich wieder lebendig. Der Detox-Kurs hatte ihm sichtlich gutgetan. Also konnte es mit dem Bootcamp weitergehen.

Zum Start des Bootcamp-Wochenendes stellte ich zunächst den Ist-Zustand des Teams beim Brainstorming-Meeting dar, fasste kurz zusammen, was mir aufgefallen war, und ermutigte jeden, sich voll auf das Wochenende einzulassen. Noch waren die Teilnehmer nicht überzeugt, doch sie stimmten zu, ihren Verstand für zwei Tage etwas außen vor zu lassen.

Nach meiner Präsentation begannen wir mit körperlichen Übungen, um die Dynamik in der Gruppe zu fördern, gefolgt von einer Kurzmeditation. Geist und Körper waren damit aktiviert und alle Anwesenden waren komplett präsent. Das war auch nötig, denn nun sollten die Führungstypentests ausgefüllt werden. Anschließend schauten wir uns die Ergebnisse an. Niemand musste hier Sorge haben, sich als ein Typ zu „outen", denn kein Typ ist besser oder schlechter als der andere. Für jeden hatte ich praktische Tipps parat, und in der Gruppe gab es eine Menge Aha-Erlebnisse. Es folgte eine Übung zur Eigenwahrnehmung des psycho-mentalen Zustandes. Die Ergebnisse waren ungemein spannend. Einige der Teilnehmer schätzten sich komplett falsch ein – logisch, denn alle wollten dynamisch sein, träge hingegen niemand. Auch dem klaren Zustand konnten die Teilnehmer zuerst nicht viel Positives abgewinnen. Vertiefend gab es deshalb im Rahmen unserer Gruppenarbeit nochmals Informationen zu den Vorzügen der verschiedenen Geisteshaltungen.

Zum besseren Erkennen des psycho-mentalen Ist-Zustands führten wir anschließend gestalt-therapeutische Übungen in Dreiergruppen durch. Bei einer solchen Übung versetzt sich jeder in die Rolle des anderen, um zu erkennen, wie sich eine Situation mit dessen Mindset anfühlt. Auch hier gab es eine Menge Erkenntnisse und Kopfschütteln, wie einfach letztlich doch alles war. Die Teilnehmer öffneten sich mehr und mehr füreinander und erkannten auch die Andersartigkeit des anderen gerne an.

Am letzten Tag arbeiteten wir mittels körperlicher Übungen an der Auflösung von Glaubenssätzen. Ich freute mich sehr über das Ergebnis des Bootcamps, denn alle Teilnehmer, insbesondere der Teamleiter hatten sich geöffnet. Sie hatten es geschafft, ein neues positives „Wir-Gefühl" in der Abteilung zu schaffen.

Bei meiner Schlussdarstellung am frühen Sonntagnachmittag wurde deutlich, dass wieder Schwung und gegenseitiges Vertrauen innerhalb der Abteilung herrschten. Der neue Ist-Zustand im Team war sogar noch positiver, als ich erwartet hatte, denn die Teammitglieder klopften ihrem Teamleiter zum Schluss alle anerkennend auf die Schulter. Viele Teilnehmer nahmen sich in den Arm und während des Wochenendes waren auch reichlich Tränen geflossen, doch das zeigte mir, dass der Prozess gut funktionierte. Schwere und Trägheit hatten sich gelöst.

Einige Wochen nach dem Bootcamp erhielt ich eine Nachricht von der Firmenleitung: „Frau Gramminger, wir sind begeistert. Die Abteilung ist wie neugeboren und hat in den vergangenen Tagen schon fünf völlig neue Ansätze präsentiert. Die gute Laune überträgt sich sogar auf das gesamte Unternehmen, bis hin zur Fertigung!" Ich freute mich ungemein über diese Rückmeldung, zeigt sie doch, dass ein Turnaround meist noch möglich ist.

Also am besten Situationen gar nicht lange stagnieren lassen, sondern rechtzeitig gegenarbeiten. Wenn es nicht direkt ein Bootcamp sein soll, dann hilft in jedem Fall alles, was einer Stagnation entgegenwirkt. Fasten und das Bewegen des Körpers helfen – und das bitte täglich. Sport ist das Mittel der Wahl, um aus dem Zustand der *Trägheit* herauszukommen.

7.6 Was bringen diese Erkenntnisse Ihrem Unternehmen?

Wie Sie am Beispiel des Meetings einer Firma der Getränkeindustrie gesehen haben (s. Abschn. 5.1), haben sich die Teammitglieder im Meeting ideal und fast schon unüblich verhalten. Gegenseitige Wertschätzung und respektvolles Miteinander waren immer präsent, auch bei unterschiedlichen Meinungen.

So haben sich die Chef-Ingenieurin und die Techniker von der Product-Development-Abteilung, alle vom Typus Kreative, schon sehr früh in der Firma getroffen und miteinander ausgetauscht. Das kommt deren Naturell sehr entgegen. Kreative tauschen sich gerne aus und begeistern sich und andere mit innovativen Ideen. In unserer Beispielfirma können sie um 7:00 Uhr mit ihrer Arbeit beginnen und müssen nicht warten, bis es 8:30 Uhr geworden ist. In der Kreativ-Pause konnten sie sich nach Belieben die Beine vertreten und vor allem etwas essen, denn das hatten sie bis dahin noch nicht getan. Da die Kreativen mit sich im Inneren verbunden waren, sich in einem mental klaren Zustand befanden, blieben sie auch dann ruhig, als der Finanzchef von ihrem Projekt abgeraten hat.

Der Teamleiter und CEO traf sich mit dem Vertriebschef, beide vom Typus Macher, um 9:30 Uhr nicht etwa zur Arbeit, sondern zu einem Tennis-Match auf dem Firmengelände, was den beiden guttat, um mit klarem Kopf in den Tag zu starten. Danach tauschten sie sich beim gemeinsamen Frühstück aus, um dann zum Meeting zu gehen. In der Kreativ-Pause haben sich beide von den festgesurrten Gedanken frei geboxt. Der CEO ist in der Lage, die Gespräche im Team zu leiten und sich auch fachlich einzubringen. Aufgrund seines klaren psycho-mentalen Zustands war es ihm möglich, einen situationsgerechten Führungsstil erfolgreich anzuwenden. Dabei halfen ihm seine tägliche Meditation und der Aktivsport. Der Chef des Vertriebs entwickelte nach der kurzen Boxeinheit in der Kreativ-Pause positive Ideen in Richtung Marktzuwachs durch die neue Bio-Drink-Produktlinie. Er macht sich sogar schon Gedanken zu einer möglichen Werbekampagne. Das Zurückkehren in einen klaren psycho-mentalen Zustand half ihm dabei, offen für Neues zu sein.

Der Controller und der Finanzchef hingegen, beide vom Typus Erhalter tranken gemäß ihres Typus vor dem Meeting nur ein Ingwerwasser und Espressi. Sie trafen auch als letzte, nämlich erst um 10:00 Uhr, im Büro ein. Mit einem Frühstück im Bauch hätten sich beide nur schwergefühlt. In der Kreativ-Pause gönnten sie sich einen gesunden Energy Drink, was sie wiederum noch mehr in ihre *Dynamik* brachte. Trotz diverser Bedenken und mit einen sanften Schlenker in Richtung *Trägheit* zeigten sich die Erhalter offen für die Innovation, die stetige Dynamisierung ihres Typus trägt bereits erste Früchte.

7.6.1 Interpretation eines Teammeetings in der Bekleidungsbranche

Am Beispiel des zweiten Meetings (Abschn. 5.3) haben Sie gesehen, dass manchmal aneinander vorbei diskutiert wurde, dass Unverständnis und persönliche Kränkung im Raum standen. Auf Individualität wurde vonseiten des Unternehmens kein Wert gelegt. Alle mussten zu einer bestimmten Zeit vor Ort sein, die Kekse und Getränke waren für ein fokussiertes Arbeiten nicht förderlich. Selbst in der Pause waren die Teammitglieder nicht in ihren persönlichen Flow gekommen, sondern bauten ihren Stress weiter auf.

Die Teilnehmer-Typen
Tab. 7.4 bietet Ihnen einen Überblick über die Teilnehmer.

Der Chef-Designer vom Typus Kreativer war sehr nervös, unsicher, emotional reaktiv, schmollte, war ängstlich und nicht mit sich verbunden. Er befand sich in einem übermäßig dynamischen psycho-mentalen Zustand, wollte nur seine Visionen verfolgen, alle anderen Vorschläge mochte er noch nicht einmal anhören. Gesundheitlich ging es ihm entsprechend, er hat schlecht geschlafen, nicht gefrühstückt und schon deshalb am frühen Morgen Magendruck. Er befand sich im körperlichen und psycho-mentalen Ungleichgewicht, weshalb er sich während des Meetings unwohl und vor allem isoliert fühlte. Er wurde auch von seinen Kollegen als unzugänglich und arrogant empfunden.

> **Tipp**
> Einfache Maßnahmen wie regelmäßige warme, frisch zubereitete Mahlzeiten und warme Getränke, Vipassana-Meditation und Spaziergänge sorgen für einen klaren mentalen Zustand und eine körperliche Balance.

Der Chef der Marketingabteilung vom Typus kreativer Macher wirkt rechthaberisch und arrogant. Er zeigte sich emotional reaktiv, befand sich in kämpferischer dynamischer Geisteshaltung und musste ständig seine Dominanz unter Beweis stellen. Er wollte grundsätzlich im Recht sein und war den anderen Meinungen gegenüber verschlossen. Er wirkte auf die anderen Team-

Tab. 7.4 Meeting 2, die Teilnehmer-Typen

Position im Unternehmen	Führungstyp	Psycho-mentale Haltung
1 Chef-Designer	Kreativer	im Übermaß dynamisch
2 Marketingchef	kreativer Macher	im Übermaß dynamisch
3 Chef des Vertriebs	machender Erhalter	klar/etwas träge
4 Produkt Managerin/Teamleitung	Macher	klar und weise
5 Bereichsleiter der Produktion	machender Erhalter	klar/träge
6 Chefin des Einkaufs	Erhalter	klar und weise

mitglieder respektlos. Grundsätzlich liebt er Extreme, hasst Langsamkeit, mag den Wettbewerb und verkörpert den Ellbogen-Typ. Seine gesundheitlichen Probleme wie Einschlafstörung und Sodbrennen liegen an seinem nicht förderlichen Kaffee- und Weinkonsum. Er befand sich im körperlichen und psycho-mentalen Ungleichgewicht. Ohne die starke Teamleitung wäre das Team nicht auf einen gemeinsamen Nenner gekommen.

> **Tipp**
> Er sollte wegen seiner spürbaren Aggressionen Sport treiben, um diese loszuwerden und um mehr Offenheit seinen Kollegen gegenüber zu entwickeln. Er könnte Oshos Dynamische Meditation über drei Wochen ausüben, mal Alkohol, Kaffee und Fleisch weglassen und dafür viel Salat, frisches Obst und Gemüse essen.

Der Chef des Vertriebs vom Typus machender Erhalter wirkt geduldig, hat ein gutes Erinnerungsvermögen und weiß sich durchzusetzen. Meistens agiert er aus einer klaren Geisteshaltung heraus. Manchmal zeigt er Tendenzen des Anhaftens an Vergangenem auf, also ein leichter Zustand an *Trägheit*. Die gesundheitlichen Probleme wie leichtes Übergewicht sind auf seinen Konsum an Süßigkeiten, Wein und rotem Fleisch zurückzuführen. Er ist ein beliebter Teamplayer, der es sich leichtermachen würde, wenn er seine Trägheit, also die Anhaftung an das Alte, mindern würde.

> **Tipp**
> Eine Entschlackung mit einer kleinen Fastenkur, also das Fleisch und die Süßigkeiten für drei Wochen weglassen und Sport treiben (joggen, Rad fahren, schwimmen), würden ihn in seiner Karriere weiter nach vorne bringen.

Die Produktmanagerin und Teamleiterin vom Typus Macher möchte Ihr Ziel schnell erreichen. Es mangelt ihr manchmal an Geduld. Sie möchte Ergebnisse sehen, ist aber trotzdem optimistisch und wohlgesonnen, also meistens in einem klaren und sogar weisen psycho-mentalen Zustand. Wenn ihre Ungeduld ansteigt, bewegt sie sich mental in Richtung eines Zuviels an *Dynamik* und hat dann Schwierigkeiten, geduldig zu bleiben. Sie meistert es dennoch, im Meeting immer wieder durch ihr direktives Eingreifen alle

Teammitglieder abzuholen und so eine gute Lösung für alle herbeizuführen. Gesundheitliche Probleme hat sie nicht, sie treibt Sport, hat guten Appetit und isst gesund. Sie wird als Teamleiterin respektiert, ist meistens in einem sehr klaren mentalen Zustand und zeigt Verständnis für jeden in der Runde.

> **Tipp**
> Weiterhin Sport treiben und die Ernährung mit veganen Proteinen ergänzen. So kann sie in langen Meetings zentriert bleiben.

Der Bereichsleiter der Produktion vom Typus Machender Erhalter ist sachlich, ruhig und empathisch. Er hat ein sehr gutes Erinnerungsvermögen. Leider beißt er sich manchmal geistig fest und haftet dann zu sehr an vergangenen, wenn auch für frühere Zeiten guten Lösungen. Er rutscht von einer klaren, positiven Geisteshaltung immer wieder in den Zustand der *Trägheit* und der Verhaftung ab und kommt aus dieser Negativität nur schwer wieder heraus. Gesundheitliche Probleme wie das Übergewicht liegen an seiner Ernährung: Er isst zu viel Süßes und gehaltvolle Soßen bei fehlender sportlicher Betätigung. Für seine ruhige und klare Art wird er geschätzt. Aber seine an Althergebrachtem verhaftende Art und sein zu *Trägheit* neigender psycho-mentaler Zustand machen ihn als Teamplayer eher unbeliebt.

> **Tipp**
> Dauerhafte Umstellung der Ernährung, um aus der Anhaftung herauszukommen: viel frisches Gemüse und eine fleischreduzierte und kohlehydratarme Ernährung geben ihm eine optimistischere Sicht auf die Dinge. Dreimal die Woche Sport wie Gym, Schwimmen, Nordic Walking fördern seine *Klarheit* und *Dynamik*.

Die Chefin des Einkaufs vom Typus Erhalter ist friedfertig, ausgeglichen, geduldig und liebenswert. Ihr Gewicht hält sie mit regelmäßigen Detox-Kuren im Zaum. Ihre psycho-mentale Haltung ist klar und weise, sie schaut optimistisch, liebevoll und friedfertig auf das Leben. Ihre Konzentrationsfähigkeit ist exzellent und hält über viele Stunden an. Sie mag geregelte Tagesabläufe. Gesundheitliche Probleme hat sie keine. Sie ist ein exzellenter Teamplayer. Durch ihre Aufrichtigkeit, *Klarheit* und Empathie öffnet sie alle Türen und ist sehr beliebt.

> **Tipp**
> Ausgiebige Spaziergänge sorgen für einen guten Stoffwechsel, und die Extraportion Sauerstoff trägt auch weiterhin zum Erhalt Ihrer brillanten *Klarheit* bei. Das Auslassen der Deserts und das Dinner Cancelling dreimal pro Woche sorgen für gute körperliche Gesundheit und ein gleichbleibendes Körpergewicht.

Wenn Sie achtsam mit sich und anderen umgehen, sind Sie selbst ebenfalls zufriedener und klarer. Schaffen Sie es nun auch noch, Ihren Mitarbeitern und Führungskräften mit ein paar nützlichen Tools unter die Arme zu greifen, Ihnen mehr Entfaltungsmöglichkeiten zu bieten und ein paar kleine Annehmlichkeiten in Ihrem Unternehmen unterzubringen, ermöglicht das auch der nächsten Führungsebene in Ihrem Betrieb mehr Zufriedenheit und *Klarheit*. So bekommen Sie eine zufriedene Belegschaft und Teammeetings sind kein Gräuel mehr, sondern eine Bereicherung, wie Sie am Meeting-Beispiel in Abschn. 5.1 sehen konnten.

7.6.2 Welcher Führungstyp für welche Meetingphase?

Projekte, die mit Teams von unterschiedlichsten Persönlichkeiten realisiert werden, unterliegen in der Regel einem bestimmten Projektablauf. Vermutlich kennen Sie das aus Ihrem unternehmerischen Alltag. Wenn ein Team zusammenkommt, beschnuppern sich alle zunächst, vor allen Dingen, wenn die Teammitglieder bis dato noch nie zusammengearbeitet haben. Diese erste Phase dient der Orientierung. Der Teamleader wird darüber informieren, worum es im Projekt geht, die Frist nennen, innerhalb derer das Projekt abgewickelt werden soll und mit dem Nennen aller Eckdaten den Startschuss für das Projekt setzen. Hierfür ist ein Macher besonders gut geeignet. Er arbeitet zielorientiert, verliert keine Zeit und ist klar in seinen Vorgaben.

Wie ist es aber, wenn das Projekt zu stagnieren droht? Vielleicht kommt irgendwann Frust auf, weil die Teammitglieder nicht mehr gut miteinander kommunizieren, sich verteidigen, anstatt die Sachlage klar zu beleuchten. In dieser Phase stehen Konflikte im Raum, die näher beleuchtet werden wollen.

In diesem Fall bedenken Sie bitte, dass bei stagnierenden Meetings der Erhalter im Zustand der *Klarheit* und des Lichts jede Stagnation durch unbeachtete Konflikte auflösen kann. Er strahlt die notwendige Ruhe und Kompetenz aus und löst so die entstandenen Knoten in der Zusammenarbeit und auch in den Köpfen der Teammitglieder sehr geschickt. Die Teammitglieder fühlen sich von ihm angenommen, die Anspannung lässt nach und siehe da, auf einmal wird wieder kommuniziert.

Läuft ein Projekt bereits gut, kann die Führung reihum stattfinden. Es ist für den Teamspirit wichtig, nicht nur den Macher die Sitzung leiten zu lassen, sondern auch andere Teammitglieder zu bevollmächtigen, die Leitung zu übernehmen, egal welcher Führungstypus sie sind. Das sorgt für eine gute *Dynamik* im Team. Der Macher könnte mit der Zeit zu autark leiten, der Erhalter zu demokratisch. Beides sind Extreme, die nicht für die Dauer eines gesamten Projekts geeignet sind.

Wenn Sie Ihre Teammitglieder dazu anhalten, sich zu erkennen, ihre Stärken zu leben, die Eigenheiten von sich und anderen zu akzeptieren, werden Sie bald ein dynamisches und aufeinander abgestimmtes Team haben. Vital Leadership hält Einzug in Ihr Unternehmen und damit auch mehr Lust, Leidenschaft und Lebenskraft. Vielleicht ist hier und da noch eine annehmliche Neuerung im Unternehmen zu etablieren, um das Triple-L-Konzept ganzheitlich zu etablieren. Schauen Sie einfach, was möglich ist.

7.6.3 Wie geht es weiter?

Zufriedenheit und eine sinngebende Beschäftigung dürfen heute in Unternehmen nicht mehr zu kurz kommen. Die Hollywood-Schaukel im Open Space, eine Rutsche, die nicht nur für Kinder da ist, die Tischtennis Platte zum Austoben, der Raum der Stille, der Fitnessraum und die auf die Menschentypen abgestimmte Ernährung in der Kantine bewirken mehr, als Sie sich jemals vorgestellt haben.

Und auch wenn schon einzelne Maßnahmen zu mehr Lust, Leidenschaft und Lebenskraft führen können – nicht nur bei Ihnen, sondern auch bei Ihren Mitarbeiterinnen und Mitarbeitern –, so führt nur eine ganzheitliche Betrachtung der Führungstypen und deren psycho-mentaler Zustände zum erfolgreich umgesetzten Triple-L-Konzept und damit Vital Leadership. Der Weg dahin mag lang und vielleicht auch steinig sein, doch warum sollten Sie als Unternehmer nicht träumen? Stellen Sie sich vor, wie sich das bunte Treiben auf Ihre Firma auswirken würde. Wie wäre es, wenn die Starrheit das Betriebssystem verlassen und stattdessen Beweglichkeit einkehren würde? Innovationen geschehen in der Bewegung, in der Ver-*rückt*-heit und fern der grauen Anzüge und der stringenten Firmenpolitik. Haben Sie keine Angst vor Veränderung oder vor Kontrollverlust. Haben Sie Vertrauen, dass die linke Hirnhälfte, also Ihre Ratio, auch nach kleinen Veränderungen in Ihrer Firma immer noch funktionieren wird.

Ich möchte Sie mit meinen Anregungen für Neuerungen öffnen und vollständiger leben lassen. Mit der rechten Hirnhälfte wird kreatives Denken gefördert und ganzheitliche Zusammenhänge werden besser erfasst. Das sind wichtige Attribute für einen Leader. Auch Ihnen werden bei stärkerer Nutzung der rechten Hirnhälfte mehr neue Ideen kommen und damit wird es Ihnen leichterfallen, Althergebrachtes loszulassen. Möchten Sie nicht auch wie Elon Musk oder Steve Jobs denken lernen und sich unternehmerisch ausleben? Warum sollte die Andersartigkeit nur wenigen anderen überlassen bleiben? Nutzen Sie Ihre Sinne. Leben Sie Lust, Leidenschaft und Lebenskraft in Ihrem Unternehmen. Erträumen und erschaffen Sie sich Ihre Traumfirma, wo Sie vom Pförtner bis zu Ihren Führungskräften angestrahlt werden, weil jeder sich selber lebt und Freude an der Arbeit hat. Klar, muss dazu noch einiges praktisch umgesetzt werden. Doch das ist einfach, wenn Sie Ihre Visionen und Ihre Mission klar formuliert haben.

8

Anleitungen und Rezepte

In diesem Kapitel habe ich einige ausgleichende Yoga-Übungen und Detox-Rezepte für Sie zusammengestellt.

8.1 Wechselatmung

Die Wechselatmung (s. Abb. 8.1) bewirkt eine Harmonisierung des unruhigen Geistes und einen Ausgleich der Aktivitäten zwischen rechter und linker Hirnhälfte.

- Setzen Sie sich hierzu aufrecht auf einen Stuhl oder auf ein Kissen auf dem Boden. Die Augen bleiben während der Atmung geschlossen. Die Nasenlöcher werden mit der rechten Hand mittels Daumen und Ringfinger abwechselnd geschlossen und geöffnet. Der Mittel- und der Zeigefinger bleiben gebeugt.
- Zunächst atmen Sie mehrere Male tief ein und aus.
- Verschließen Sie dann den rechten Nasenflügel und atmen Sie durch das linke Nasenloch ca. vier Takte (Sekunden) ein.
- Verschließen Sie jetzt beide Nasenlöcher und halten Sie über vier Takte die Luft an.
- Öffnen Sie jetzt das rechte Nasenloch und atmen Sie sechs Takte aus.
- Verschließen Sie beide Nasenlöcher und halten Sie die Luft vier Takte an.
- Öffnen Sie das rechte Nasenloch und atmen Sie wieder vier Takte ein.
- Verschließen Sie beide Nasenlöcher und halten Sie für vier Takte die Luft an.

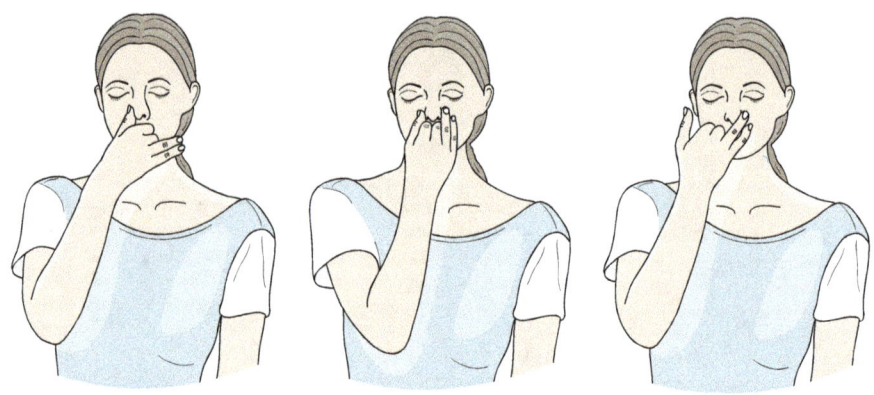

Abb. 8.1 Wechselatmung. (Quelle: dityazemli/Shutterstock)

- Öffnen Sie das linke Nasenloch und atmen Sie sechs Takte aus.
- Wiederholen Sie den Vorgang fünf- bis 20-mal.

Danach bleiben Sie noch ein paar Minuten sitzen und genießen den klaren ausgeglichenen Zustand. Der Verstand ist jetzt ruhiger, der Körper entspannter, die Atmung gleichmäßiger. Die Wechselatmung bewirkt eine Harmonisierung des unruhigen Geistes und einen Ausgleich der Aktivitäten zwischen rechter und linker Hirnhälfte.

8.2 Sonnengruß

Um den Körper mit Energie aufzuladen und den Kreislauf in Schwung zu bekommen eignet sich der Sonnengruß perfekt. Kreative und Macher führen ihn eher sanft, die Erhalter hingegen etwas flotter aus. Er wird in elf ineinanderfließenden Bewegungsabläufen in Verbindung mit der Ein- und Ausatmung durchgeführt (s. Abb. 8.2).

1. In der Grundstellung sind die Füße geschlossen, der ganze Körper ist gerade aufgerichtet, die Arme hängen locker nach unten. Beim nächsten Ein- und Ausatmen die Hände vor der Brust zusammenführen, in eine so genannte Gebetshaltung.
2. Beim Einatmen die Arme nach oben ausstrecken und leicht öffnen.

Surya Namaskar

Abb. 8.2 Sonnengruß. (Quelle: Kaimen/Shutterstock.com)

3. Beim Ausatmen den Oberkörper nach unten beugen, die Beine bleiben gestreckt, die Hände werden neben den Füßen aufgesetzt. Wer nicht bis zum Boden kommt, kann die Knie auch leicht anwinkeln.
4. Beim Einatmen das rechte Bein weit nach hinten bringen in die so genannte Sprinterstellung. Der Kopf schaut nach vorne.
5. Die Luft kurz anhalten, während das linke Bein nach hinten gebracht wird, um in eine gerade Liegestützhaltung zu kommen.
6. Beim Ausatmen erst die Knie und dann Brust und Stirn auf den Boden aufsetzen. Das Gesäß ist leicht nach oben gehoben.
7. Beim Einatmen den Kopf und Oberkörper aufrichten zur Kobrastellung. Die Hände liegen unterhalb der Schultern, die Ellenbogen sind dicht am Körper.
8. Beim Ausatmen das Gesäß nach oben strecken zur Stellung des herabschauenden Hundes. Die Fersen werden in Richtung Boden gedrückt. Der Rücken sollte gerade sein.

9. Beim Einatmen das rechte Bein nach vorne zwischen die Hände bringen zur Sprinterstellung. Das vordere Bein sollte in einem rechten Winkel, die Füße zwischen den Händen aufgestellt sein.
10. Beim Ausatmen den linken Fuß nach vorne zwischen die Hände geben, den Körper aufrichten und die Arme nach oben führen.
11. Beim Ausatmen die Hände vor der Brust in der Gebetshaltung zusammenführen (Abb. 8.11).

Bei der nächsten Runde wird nun wie in Position 3 der Oberkörper bei gestreckten Beinen nach unten gebeugt und alles beginnt von vorne.

Danach sollten Sie für einige Augenblicke mit leicht geöffneten Beinen Ihren schnelleren Atem wahrnehmen und auch wie er sich langsam wieder beruhigt. Ihre Muskeln sind nun gut aufgewärmt und vorbereitet für weitere Yogaübungen oder einfach, um dynamisch in den Tag zu starten. Der Sonnengruß kann so oft wiederholt werden, wie es Ihnen gefällt und so lange Sie sich dafür Zeit nehmen wollen.

8.3 Kitchari

Kitchari ist ein Eintopfgericht, das aus dem asiatischen Subkontinent stammt und über Jahrtausende alte Referenzen verfügt. Durch den geschickten Einsatz von Gewürzen und Gemüse können ausgleichende Effekte für alle drei verschiedenen Menschentypen erzielt werden. Kitchari hat viele Qualitäten, und seine schnelle und einfache Zubereitung machen es zu einem beliebten Gericht für fast jeden Lebensstil.

Kitchari ist eine Mischung aus Mung Dal und Basmati Reis. Dieses Gericht ist sowohl gut sättigend als auch leicht verdaulich. Basmatireis und Mung Dal ergeben zusammen ein ausgewogenes Gericht, das eine gute Proteinkombination hat und für jeden Menschentypen passend ist. Dieses Gericht schenkt Kraft und Vitalität. Es nährt alle Gewebe des Körpers. Kitchari ist die bevorzugte Nahrung bei einem Monofasten oder bei Reinigungsprogrammen wie ayurvedischen Detox-Kuren (Panchakarma). Kitchari eignet sich hervorragend zur Entgiftung, zum Abnehmen ohne Mangelerscheinungen und zur Verjüngung der Körperzellen.

Sie können mit dem Kitchari verschiedene Gemüse mitkochen, beispielsweise Zucchini, Spargel, Süßkartoffel, Fenchel, Kürbis, Möhren. Befinden Sie sich gerade in einem trägen Zustand oder sind Sie ein Erhalter, der mal etwas länger fasten möchte, fügen Sie dem Kitchari frischen Ingwer oder Ingwerpulver zu. Sind Sie ein Macher oder machender Erhalter, lassen Sie einfach die Mustard Seeds weg.

Rezeptvorschlag 1
Zubereitungszeit 30 Minuten; Rezept für eine Portion

Zutaten
- 1/2 Tasse Basmatireis
- 1 Tasse Mung Dal (gelb gespalten)
- 6 Tassen Wasser
- 1 bis 2 Teelöffel Ingwerwurzel, gehackt oder gerieben
- etwa ¼ Teelöffel Mineralsalz (Kala Namak)
- 2 Teelöffel Ghee oder Kokosöl
- 1/2 Teelöffel Korianderpulver
- 1/2 Teelöffel Kreuzkümmel
- 1/2 Teelöffel Mustard seeds (schwarze Senfsamen)
- 1/2 Teelöffel Kurkumapulver
- 1 Prise Asafoetida (Hing)
- eine handvoll frische Korianderblätter
- 1 bis 1,5 Tassen verschiedenes Gemüse

Zubereitung
Reis und Dal gründlich waschen, besonders wenn es keine Bio-Produkte sind. Fügen Sie die 6 Tassen Wasser zum Reis und Dal hinzu und kochen Sie es zugedeckt, bis es weich wird, etwa 20 Minuten.

Bereiten Sie während des Kochens Gemüse zu, das Ihrem Typ entspricht. Schneiden Sie es in kleinere Stücke. Fügen Sie das Gemüse zu der gekochten Reis-Dal-Mischung hinzu und kochen Sie es für weitere 10 Minuten.

In einem separaten Topf rösten Sie die Senfsamen und Kreuzkümmel in Ghee oder Kokosöl an, bis sie springen. Dann die anderen Gewürzpulver hinzufügen. Rühren Sie alles zusammen, um die Aromen freizusetzen. Die sautierten Gewürze in die gekochte Dal-Reis-Gemüse-Mischung einrühren. Das Mineralsalz und den gehackten frischen Koriander hinzufügen und servieren.

Das Fasten können Sie mit den zur Fastenkur geeigneten Tees unterstützen. Am besten trinken Sie den für Sie geeigneten Tee über den Tag verteilt. Klar, dass in einer Detox-Kur Kaffee und Zigaretten keinen Platz haben.

Rezeptvorschlag 2
Zubereitungszeit 30 Minuten; Rezept für eine Portion

Zutaten
- 3 Esslöffel Mung Dal (gewaschen)
- 1/2 Teelöffel Zimt
- 1 Esslöffel kleingeschnittener frischer Ingwer
- 3 Esslöffel Basmatireis (gewaschen)
- 1 handvoll kleingeschnittenes Gemüse (z. B. Karotten, Süßkartoffeln, Fenchel)
- Saft von 1/2 Zitrone
- 1/2 bis 1 Teelöffel Kala Namak (schwarzes Salz)
- frisch gemahlener schwarzer Pfeffer
- frische Kräuter grob gehackt (z. B. Koriander, Petersilie)
- Graham Masala (Gewürzmischung)
- 1 Esslöffel Kokosöl
- 1/2 Teelöffel Kreuzkümmelsamen
- 1/2 Teelöffel Kurkumapulver
- 1 Prise Asafötida
- 1/2 Chilischote

Zubereitung

Einen Kochtopf ca. drei Zentimeter hoch mit Wasser füllen und den Mung Dal darin aufkochen. Für zehn Minuten köcheln lassen und den entstehenden grauen Schaum immer wieder abschöpfen. Den Basmatireis und das geschnittene Gemüse dazugeben, kurz umrühren und alles für weitere 15 Minuten köcheln lassen. Am besten nicht umrühren. Wenn nötig, noch etwas Wasser hinzugeben, sodass alles gut bedeckt ist.

In einer kleinen Pfanne das Kokosöl erhitzen und die Kreuzkümmelsamen darin für ca. 1 Minute anrösten. Nun die restlichen Gewürze dazugeben und kurz weiterrösten. Dann den klein gehobelten Ingwer dazugeben und kurz andünsten. Die fertige Gewürzmischung in das Kitchari geben, gut umrühren und nochmal aufkochen.

Das Kitchari mit etwas Salz und Zitronensaft abschmecken und vor dem Servieren mit gehackten Kräutern (Koriander oder Petersilie) bestreuen. Guten Appetit.

8.4 Getränke

Tee für Kreative: Mischen Sie zu gleichen Teilen frischen, klein gehackten Ingwer, Kreuzkümmel und Koriander

Tee für Macher: Mischen Sie zu gleichen Teilen gemahlenen Kreuzkümmel, Koriander und Fenchel

Tee für Erhalter: Mischen Sie zu gleichen Teilen gemahlenen Ingwer, Zimt und geben eine Prise Gewürznelke dazu.

Übergießen Sie den Gewürztee mit nicht mehr kochendem Wasser und lassen Sie ihn für 5 Minuten ziehen. Nehmen Sie danach den Teefilter heraus und trinken Sie ihn ungesüßt.

8.5 Sieben-Tage-Detox-Kur

Für eine 7-tägige Fastenkur ist eine Mono-Diät mit Kitchari besonders geeignet. Während der sieben Tage können Sie das Kitchari-Gericht entweder zweimal oder bei starkem Hunger sogar dreimal täglich essen. Variieren Sie dann einfach immer nur die Gemüse, die Sie mitkochen.

Sind Sie ein Erhalter, der auch an Gewicht abnehmen möchte, genehmigen Sie sich morgens nur einen Tee oder ein Ingwerwasser und essen Sie den Kitchari mittags und abends.

Sind Sie ein Kreativer, der mal entgiften möchte, essen Sie das Kitchari am besten dreimal täglich. Verfeinern Sie das Kitchari mit Kokosmilch. Schmeckt ausgezeichnet!

Und sind Sie ein Macher, der über längere Zeit ungesund gelebt hat, dürfen Sie natürlich auch dreimal täglich Kitchari essen. Das lässt Sie ruckzuck entgiften und die Klarheit hält wieder Einzug in Ihr Leben.

Noch effektiver ist Ihre 7-tägige Detox-Kur, wenn Sie sich dabei auch bewegen, also ruhig mal wieder die Sportschuhe anziehen. Viel Spaß beim Detoxen!

Schlusswort

Wie fühlen Sie sich jetzt? Erschöpft oder ermutigt? Neugierig und voller Schaffenskraft oder eher skeptisch? Mir ist absolut bewusst, dass viele der Empfehlungen, sei es nun zu den Themen Ernährung oder auch geistige Haltung sowie die Einteilung von Menschen in Führungstypen auf den ersten Blick vielleicht nicht Ihre hundertprozentige Zustimmung finden werden. Vielleicht denken Sie nach der Lektüre dieses Buches, dass Rutschen und Schaukeln etwas für kleine Kinder ist, Meditation nur etwas für Yogis, und auf eine Umstellung Ihrer Ernährung haben Sie schon gar keine Lust – und damit meine ich nicht, die Kekse von rechts nach links auf dem Schreibtisch zu stellen. Ja, mir ist bewusst, dass vieles, das Sie gelesen haben, auf den ersten Blick „spooky" klingt. Vor allem, wenn Sie sich noch nie mit Ayurveda in seinen Facetten auseinandergesetzt haben, denn viele der Tipps in diesem Buch stammen aus dieser traditionellen indischen Heilkunst. Ayurveda bedeutet im Sanskrit „Wissen vom Leben", und genau dieses Wissen gepaart mit meinen Erfahrungen aus vielen Begleitungen von Einzelpersonen und Unternehmen habe ich in diesem Buch vereint.

Doch vielleicht haben Sie auch schon viele Aspekte entdeckt, die Sie spannend finden, die Sie ausprobieren möchten und werden. Eventuell ist es ein Stirnguss, Ingwerwasser im Büro oder ein leichtes Kitchari zum Abendessen. Trauen Sie sich! Seien Sie mutig – und vor allem, lassen Sie sich nicht von althergebrachten Routinen oder gesellschaftlichen Vorurteilen aufhalten, Neues zu entdecken. Lassen Sie Gefühle zu! Entdecken Sie Ihre Intuition neu! Ihr Bauchgefühl hat Sie zu diesem Buch geführt und Sie haben es bis hierhin gelesen. Es wäre doch schade, wenn Sie es nun einfach weglegen. Also entdecken Sie, was noch alles in Ihnen steckt – und in Ihrem Unternehmen.

Ich habe versucht, Ihnen zu vermitteln, dass Sie goldrichtig sind, so wie Sie sind. Ein vitaler Leader sind Sie, wenn Sie sich leben und vor allem mit allen Ecken und Kanten anerkennen und zelebrieren. Und auch, wenn Sie schon erkannt haben, welcher Führungstyp Sie sind: Den „Leadertyp" gibt es nicht vorgefertigt, denn Sie bilden ihn ja gerade mit jedem Ihrer Schritte aus. Wir alle lernen ständig dazu, lernen uns kennen und lieben. Schauen Sie nicht zu anderen auf, schauen Sie zu sich selbst auf. Ja, Sie sind der Vital Leader – einer, der das Triple-L-Konzept in der Firma lebt und zelebriert, egal ob Sie mehr Anteile vom Kreativen, vom Macher oder dem Erhalter in sich tragen. Sie sind einzigartig und ein wunderbarer Mensch. Es gibt Sie nur deshalb, weil Sie genau so, wie Sie sind, mit all Ihren Qualitäten, mit all Ihrer Leidenschaft auf diesem Planeten und in dieser Firma gebraucht werden.

Genau diesen Menschen – also Sie – möchte das Leben in der Führungsetage sehen. Authentisch, offen, reflektiert, über seine eigenen Macken lachend und respektvoll im Umgang mit anderen. Voller Lust und Lebenskraft. Wie wunderbar, wenn Sie sich selbst und anderen zuhören, offenbleiben, auch wenn jemand anderer Meinung ist. Sie sehen das Andersdenken als Bereicherung des Lebens an.

Geben Sie diese Stärken an Ihr Team weiter. Jeder von uns hat das Recht, sich zu leben, zu erleben, zu kreieren und andere zu fördern. Ein Team ist stärker als jeder einzelne von uns – und auch als die Summe seiner Teile. Die Verschiedenartigkeit bereichert uns, die Andersartigkeit macht das Leben reicher. Viele Ideen kommen nur durch die Zusammenarbeit Einzelner in Teams zustande. Vital Leadership entsteht nur zusammen, niemals getrennt, es entsteht durch Interaktionen, es entsteht durch die gegenseitige Ermächtigung und dadurch, dass auch der Stille zu Wort kommt.

Sicher haben Sie im Laufe dieses Buches bereits hier und da darüber sinniert, welcher Führungstyp Herr Maier und Frau Krause sind und ob Sie sich während des Kick-off-Meetings am Morgen gerade im Zustand der *Klarheit* oder doch eher im psycho-mentalen Zustand der *Dynamik* befunden haben. Wunderbar, wie Sie mit dem Wissen um die Führungstypen bereits umgehen können.

Mit dem Know-how um die Andersartigkeit fühlen nicht nur Sie, sondern auch Ihr Umfeld sich angenommen und damit viel wohler in ihrer Haut. Sie wissen nach dieser Lektüre allerdings auch, dass sich psycho-mental einiges verändern lässt. Vielleicht haben Sie auch schon Ideen, wie das Kantinenessen oder Ihre persönlichen Essgewohnheiten verändert werden können und was Sie für sich mit Hilfe des Wohlfühlprogramms tun können, um Stress abzubauen. Wenn Sie sich selbst leben, strahlt auch Ihre Aura, Sie wirken authentisch, charismatisch und sind bei sich zu Hause.

Neue Ziele gehen Sie mutig und voller Lust und Leidenschaft an. Die Lebenskraft, die in Ihnen steckt, unterstützt Sie dabei. Ihr psycho-mentaler Zustand ist in Balance, und Sie wissen auch, dass es in Ordnung ist, ab und zu in *Trägheit* zu verfallen oder enorm dynamisch zu agieren. Auch bei Ihren Mitarbeiterinnen und Mitarbeitern lassen Sie diese Phasen zu, denn Sie haben im Blick, wenn es zu einseitig wird. Macher, Kreative und Erhalter arbeiten gemäß ihrer Stärken im Unternehmen Seite an Seite.

Ich weiß, dass es funktioniert. Das bestätigen die Rückmeldungen meiner Seminarteilnehmer immer wieder:

- „Einige wenige kleine Änderungen haben sich positiv auf alle Teams ausgewirkt." (Pharmazeutin)
- „Endlich ein Konzept, das ohne größere Betriebsstudien auskommt und sich sofort und leicht in den Betrieben durchführen lässt." (Unternehmensberater)
- „Als wir mit individuellen Arbeitszeiten, andersartigen Pausen und dem Rückzug in den Stilleraum begonnen haben, hat sich nach ein paar Monaten der Krankenstand gegen Null bewegt." (Steuerberater)
- „Mir war nicht bewusst, dass so manche Erkrankung durch gezielte Detox-Programme über das Wochenende so einfach in den Griff zu bekommen sind." (Betriebsarzt)
- „Erst jetzt ist mir klar, welchen Einfluss die Ernährung und die Wellness auf unser Verhalten haben." (Kommunikationsexpertin)

Sie alle leben Vital Leadership. Und Sie werden das vielleicht auch bald tun. Vital Leadership – nicht als „noch" ein neues Konzept, sondern als etwas, das zu Ihnen und Ihrem Unternehmen gehört. Ein Unternehmen voller Lust, Leidenschaft und Lebenskraft.

Ich wünsche Ihnen bei der Umsetzung in Ihrem Unternehmen viel Erfolg!
Ihre Harsha Gramminger

GPSR Compliance

The European Union's (EU) General Product Safety Regulation (GPSR) is a set of rules that requires consumer products to be safe and our obligations to ensure this.

If you have any concerns about our products, you can contact us on

ProductSafety@springernature.com

In case Publisher is established outside the EU, the EU authorized representative is:

Springer Nature Customer Service Center GmbH
Europaplatz 3
69115 Heidelberg, Germany